[改訂版]

国際貿易総論

小川智弘［著］

創成社

PREFACE
まえがき

　21世紀に入り，ビジネスのグローバル化がますます進み，企業活動も国際化が著しい。それに伴って，海外との取引はますます増加してきている。貿易は今や特別なビジネスではなく，極めて日常的なビジネスになってきており，そうした方面の仕事に従事する機会は以前と比べてずっと多くなってきた。

　本書はそうした分野で仕事をしたいと思っている人，高等教育機関で国際貿易について学習したいと思っている人など，初学者に向けての国際貿易についての入門書として書かれたものである。国際貿易についての基礎的な知識を幅広く学習してもらうことをその狙いとしており，貿易に携わる者としての常識を身に付けることを目的にしている。従って，本書では新しい理論や，高度に技術的な問題は扱ってはいないので，そうしたことを期待する人は別の学術書や専門書を読まれることをお勧めする。

　貿易に限らず，より良い仕事をするためには，単にその業務についての浅薄な実務的知識や技能を持っているだけでは十分ではない。今行われている仕事の背景となっている事柄の歴史や理論などをしっかりと理解した上での，幅広い知識に裏付けられた能力が求められているのである。

　本書はそのような意図から執筆されたもので，先の拙著『実践貿易実務入門』がやや実務重視であったので，その点を補い，より広い知識の学習に資することが出来るようにしたものである。この新しい書物の読者が，1人でも多く国際人としてビジネスの世界で活躍できることを祈念する次第である。そのために本書を役立てていただければ，著者の望外の幸せである。

　本書の出版に際しては，創成社出版専務の塚田尚寛氏と廣田喜昭氏には大変お世話になった。ここにあらためて感謝の意を表するしだいである。

平成19年10月吉日　　　　　　　　　　　　　　　　　　　　代沢にて

　　　　　　　　　　　　　　　　　　　　　　　　　　　　小川智弘

改訂にあたって

　本書の出版後，国際貿易関係にいろいろな変化がみられた。そうした時代の流れに添うように改訂の必要性を強く感じたので，今回新たに一章を書き加え第19章に貿易政策についての章を追加した。世界の経済運営に携わる人たちの発想が自国の利益優先の狭量なナショナリズムに回帰しているように思われる最近の動向を見ていると，何が一番重要なことなのかということをもう一度振り返ってみる必要があると思われたので本章を加えた次第である。本書を通じて学習される方々にそうした問題意識を持ってもらえれば幸いである。

　また，貿易の実務の面では，インコタームス®が改訂されたので，その改訂に合わせて，今回その部分を中心に書き換え，同時に，その他の所で説明の足らなかった所に加筆し内容の一層の充実を図るように努めた。

　国際的に活躍する貿易マンの育成に資することを目的として本書は書かれているので，そうした志を持つ人たちの貿易マンとしての教養とセンスおよび実務知識の学習に役立てていただければ幸いである。

　本書の改訂にあたっては，株式会社創成社の塚田尚寛社長と編集部の廣田喜昭氏には大変お世話になった。

　ここにあらためて感謝の意を表する次第である。

平成25年4月吉日

代沢にて

小川智弘

CONTENTS
目　　次

まえがき
改訂にあたって

第一編　総　　論 ──────────────── 1
第1章　貿易の目的……………………………1
1．貿易とは何か　1
2．貿易の対象　2
第2章　貿易の形態……………………………4
1．取扱い品目の加工レベルによる分類　4
2．取引関係による分類　6
3．政府の規制の有無による分類　9
第3章　貿易の歴史……………………………11
1．概　　説　11
2．戦後のわが国の貿易の歴史　12

第二編　国際貿易の理論 ─────────── 18
第4章　古典派以前の貿易理論………………18
1．前期重商主義　18
2．後期重商主義　19
第5章　古典派の貿易理論……………………21
1．比較生産費説　21
2．相互需要の原理　24
第6章　近代貿易理論…………………………26
1．ヘクシャー・オリーンの定理　26

2．ゲーム論的アプローチ　28
　　3．新重商主義－新しい保護主義の台頭　30
　　4．経済発展と国際貿易　31

第三編　外国為替と国際収支 ──────── 34
第7章　外国為替 ……………………………………34
　　1．外国為替の仕組み　34
　　2．外国為替相場　35
　　3．為替相場変動リスク回避の方法　40
　　4．外国為替相場決定の理論　41
第8章　国際収支 ……………………………………45
　　1．経常収支　45
　　2．資本収支　46
　　3．国際収支の変動要因　47

第四編　国際マーケティング戦略 ──────── 51
第9章　貿易マーケティング ………………………51
　　1．有力市場の選定について－概説　51
　　2．経済の発展段階　52
　　3．カントリーリスク　53
　　4．プロダクトライフサイクル　55
第10章　マーケティング戦略 ………………………57
　　1．製品計画　57
　　2．価格政策　58
　　3．商標政策　63
　　4．物流政策　64
第11章　市場化と国際分業 …………………………71
　　1．国境を超えた企業活動－グローバルからグローカルへ－　71

2．企業内分業と産業内分業　73

    3．垂直的分業と水平的分業　75

第五編　国際貿易の実務 ―――――――――――――― 78

第12章　契約の実務 …………………………………………78

    1．取引のための事前準備　78

    2．契約のための事前準備　84

    3．契約の締結　89

第13章　貿易決済の実務…………………………………107

    1．決済の仕組み　107

    2．信　用　状　108

    3．D/P，D/Aと送金　116

    4．荷為替手形と手形買取　117

第14章　船積の実務………………………………………129

    1．船積のための準備　129

    2．輸出通関　139

    3．船　　積　143

    4．海上保険　152

    5．船荷証券と船積書類　165

    6．輸入の実務　173

    7．クレームとその処理　185

第六編　海外投資と環境問題 ――――――――――― 191

第15章　海外投資………………………………………………191

    1．直接投資と技術移転の問題　191

    2．間接投資　193

    3．リスクマネージメント　194

    4．開発輸入　198

第16章　国際環境問題················200
　　1．環境保全と企業活動　200
　　2．資源管理とナショナリズムの台頭　205

第七編　世界貿易機関（WTO）と地域経済協定 ─── 209
　第17章　世界貿易機関················209
　　1．ブレトンウッズ体制とGATT　209
　　2．WTOと多角的貿易交渉（ラウンド）　211
　第18章　地域経済協定················213
　　1．EU（欧州連合）の誕生　213
　　2．FTAからEPAへ　215
　　3．生産要素移動の自由化　217
　第19章　貿易政策··················219
　　1．貿易政策の目標　219
　　2．産業の国際競争力強化の方法　220
　　3．グローカリズムへの道　222

参考文献　225
附　　録　227
索　　引　245

第一編　総　論

第1章
貿易の目的

1．貿易とは何か

　貿易（Trade）とは外国と通商をして，お互いに余剰物を交換することによって，より豊かな生活を実現しようとする人々の経済活動の1つである。われわれは1ヶ所に住むことによって得られる利益もあるが，限られた物しか手に入らないという不利益も合わせて持っている。同時に，その場所で有利に手に入る物もあるし，逆に不利な物もある。人々がより良い生活を志向して，弛まぬ努力をし続けてきたのは，まさに「エデンの園」を追われた人間の宿命でもあったのである。

　このような交易・通商・貿易は人類がこの世に誕生して以来，遠くメソポタミア文明のころから，日本でも縄文時代から行われてきたのである。おそらく，われわれが知る最古の産業廃棄物の遺跡である貝塚から知られるように，人々はすでにその頃から，自分自身の消費のためにではなく，交換のために，生産をしていたのである。もちろん，貝塚はただの産業廃棄物などではない。それは特殊な財の生産工場の廃棄物であった。即ち，そこで生産されていたのは「貨幣」として流通させることが出来た，貝の干し身であり，その工場は貝の剥き身工場であったのである。つまり，貝塚は造幣局の遺跡というわけである。

　このように，交易はわれわれが想像する以上に古くから行われていたのであ

り，それが増加する集落の人口を養うための最も有力な手段であることを知っていたのである。交易は戦いよりも集団の生存にとってはるかに優れた手段であることを学んでいたのである。

　今日では，一部の強国を除いて，ほとんどどの国も自分達の欲しい物を通商によって平和的に手に入れるようになった。現在では，豊かな国ほど通商が活発に行われているのである。それはその国が豊かであるからではなく，通商を活発に行った結果なのである。

　しかし，そのような通商も，国際間の取引の複雑化によって，新しい問題を生み出してきている。貿易が取引当事国の両方に，あるいはさらに進んで，第三国にも利益をもたらすべきものであるはずが，現実には取引相手の弱い方の一方に社会的負担が負わされるという問題（ゴミ輸出問題や国境を超えた公害問題など）や，取引量の拡大は次の世代に引き継ぐべき天然資源を現代世代が過剰に消費してしまっているという，資源の枯渇問題や環境問題で世代間の不公平の問題も生ぜしめている。

　こうした問題は，世界的な話合いの場を通じて解決されていくであろうし，そうしなければならない。貿易を通じて，われわれはさらに豊かな生活をすることが出来るので，貿易に対する障壁をなるべく早く取り去るべきである。これは一国だけの問題ではなく，地球上のすべての国にいえることなのである。

2．貿易の対象

　かつて貿易・通商の対象となったのは，いわゆる目に見える「物」（商品）であったが，20世紀後半から急速に進んだ貿易の自由化の動きと，企業の活動領域の**世界化**（Globalization）の進展によって，その対象は単に「物」だけではなく，「サービス」という商品に，さらに「商品」だけではなく，生産要素である資本や労働の取引や，技術やノウハウなどの工業所有権や知的財産権にまで拡がってきている。最近では，CO_2の「排出権」というものまで取引の対象になっている。即ち，具体的に目に見えるものから抽象的な目に見えないものにまで拡がってきたということである。

このように取引の対象が拡がるのにつれて，各国の利害関係がより複雑になり，その調整にも時間とエネルギーを必要とするようになってきている。さらに，それぞれの国の税制や産業補助政策などが絡み合い，問題を一層複雑にしている。大型航空機を巡る **EU**（**欧州連合：European Union**）とアメリカとの「補助金」についての対立や，**WTO**（**世界貿易機関：World Trade Organization**）のラウンド交渉における農業に対する補助金問題に関しての日本や EU やアメリカの対立といったことにもその一端がみられるのである。

　世界経済の発展に伴って，貿易の対象となるものの範囲が拡がるのは当然であるが，巨大化した企業が国家を超える存在になってくると，一国の通貨さえもその取引の対象にされてしまうという，新しい，しかも厄介な問題が生じてきている。1997年に生じた**アジア通貨危機**はまさにそうした問題の典型的な例であった。これまでは国家が企業を選別してきたが，これからは企業が国家を選別する時代である。すでに企業の所得に課税する法人税については，国家間による引下げ競争が始まっている。

　もう1つの新しい問題は，世界的なインターネットの発達による，「情報」という商品の国際間での取引の増加である。それまでは考えられなかった個人が「情報」の取引に参加するようになったことである。コンピュータの発達により，まったく新しい形の「商品」が登場してきた。アップルコンピュータが始めた「iPod」による音楽配信サービスなど，いわゆる「コンテンツ」といわれるものが「商品」として取引されるようになってきたのである。このような新しい商品の登場により，取引の形態も当然に変化せざるを得なくなってきている。

第2章
貿易の形態

1．取扱い品目の加工レベルによる分類

　貿易で取引される商品が時代とともに変化していくので，その取引の形態も当然に変わってくる。太古の時代はおそらく個人間で取引がなされることが多かったに違いない。しかし，人々が集団生活を始めてからは，取引は集団間で行われるようになった。それは1個の集団の中で統一の取れた行動が，その集団にとってはより有利であったからである。こうして取引の集中化が行われ，その支配権はより強力な集団に移っていった。それを統制する組織として国家が誕生する。以来，貿易は国家的重要な事業とされたのである。

　ローマ・カルタゴの時代から東インド貿易の時代までは主として**二国間貿易**が中心であったが，イギリスが東インド貿易を独占するようになると，イギリスはインドから持ってきた商品を自国内で消費するだけではなく，広くヨーロッパに持っていって販売するという，いわゆる**三国間貿易**を活発に行うようになった。国際的分業が発達した現代では，こうした三国間貿易がむしろ大きな割合を占めるようになってきているのである。日本で購入されるナイキのシューズもデルのパソコンも，製品はアメリカからやってくるのではなく，第三国の東南アジアの諸国からやってくるのである。

　生産の迂回化が進むと，取扱われる商品の加工の段階が複雑になってくる。その加工の程度から貿易を分類してみると，次のような4つの段階に分けることが出来る。

　①一次産品貿易
　②二次産品（中間加工品）貿易

③最終製品貿易
④知財貿易

　一次産品貿易とは，未加工の原油や鉄鉱石のような天然資源や，小麦や魚などの農林水産物で，採取されたそのままの状態で取引される。資源には恵まれているが資本や技術が十分にない国が一番簡単に行える貿易のスタイルで，発展途上国の輸出にこの形態が多い。

　二次産品貿易とは，半加工品（中間加工品）や部品で，最終製品の組立に必要とされるものの貿易で，加工の程度は様々である。従来は未加工の原油で輸出していた国が，より付加価値の高いナフサやガソリンに加工して輸出をするようになってきている。世界的な垂直的分業が発達しているパソコン業界ではこうした中間加工品の部品が社内，社外を問わず広く世界的に取引されている。

　最終製品貿易とは，その名の通り最終的に出来上がった商品で，そのまますぐに使用出来るものの貿易で，チョコレートからバッグや洋服，家庭電化製品や自動車などに至るまで，消費者を含めた，いわゆる最終需要家向けの商品の貿易である。外貨事情から，長いこと日本は最終製品の輸入を抑えてきたが，先進工業国として貿易の自由化を強く要求されるようになり，今では，わが国の輸入に占める最終製品の割合はかなり高められ，金額ベースで50％を超えるようになった。

　知財貿易とは，知識や情報や技術など目に見えないものの取引で，代表的なものに特許があげられる。最近では，インターネットで配信される音楽や映像などの「コンテンツ」に関わる著作権取引などがある。この分野で取引される「商品」の特色は，目に見える商品が代金を支払った者だけが使用することが出来るという意味で「排除原理」が働いているのに対し，代金を支払わずに，無断で使用することが可能であるという点で「排除原理」が働かない「商品」であるということである。経済学的には一種の「公共財」のような性質を持つ特殊なものである。言い換えれば，同一の「商品」を同時に多数の相手に売ることも出来るものでもある。コンピュータのソフトウエアなどもこの分野の商品である。経済のサービス化とかソフト化とかいわれるように，これからの時

代はこういう分野の貿易が急速に成長していくことになるだろう。
　以上みてきたように，貿易は従来型のものを**「ハード貿易」**と呼ぶならば，この新しい分野の貿易は**「ソフト貿易」**と呼ぶことが出来るだろう。そして，今後ますますその重要性を増すのはこの「ソフト貿易」である。

2．取引関係による分類

　貿易は少なくとも二国間にまたがる取引であるから，取引の相手は外国に居ることになる。このような外国にいる人または法人（国籍は日本であっても）を外国為替及び外国貿易法では「非居住者」という。これに対し，本邦内で活動している人または法人（国籍を問わない）を「居住者」という。従って，貿易を定義し直せば，「貿易とは，居住者と非居住者の間で行われる取引である」ということが出来る。このような取引関係による分類は，その取引関係者間の関わり方によって，（1）関係者の数による分類と，（2）関係の性質による分類の2つに大別できる。

（1）取引関係者の数による分類
　1）二国間貿易
　輸出国と輸入国との間で直接取引が行われるケースで，最も一般的な取引の形態である。最も単純な取引では決済もこの二国間で行われるが，やや複雑な場合には，決済については第三国が関わる場合もある。
　2）三国間貿易
　取引が三国にまたがる貿易形態で，これはさらに（ア）仲介貿易，（イ）中継貿易，（ウ）委託加工貿易に分けられる。
（ア）仲介貿易
　売買契約はA国の企業とB国の企業の間で結ばれるが，商品は第三国であるC国から出荷されたり，C国に出荷されたりする。あるいは，A国の企業とC国の企業の取引をB国の企業（たとえば商社など）が仲介するような貿易の形態。

（イ）中継貿易

A国の企業がB国の周辺地域の複数のC国の顧客に商品を供給したい時，A国からでは時間も運賃もかかるので，商品はB国にストックしておき，注文に応じてそこから出荷するような場合，売買契約はA国の企業とC国の個々の企業との間で結ばれるが，商品は蔵置（保管）されているB国から行われる。この場合，船積はB国からなされているが，これはB国からの輸出とはならない。B国は単に中継地点となっているに過ぎないからである。

（ウ）委託加工貿易

A国の企業がB国の企業に製品の製造や加工を委託し，出来上がった製品を第三国ないしはA国本国に向けて出荷する。このように委託を受けて加工や製造を行うB国の立場で，これを委託加工貿易といい，委託したA国の立場ではこれを逆委託加工貿易といっている。戦後しばらくの間は日本はまだ低賃金であったので，外国からの委託加工貿易が多かったが，賃金が高くなった今日では，反対に日本の企業が賃金の安い外国に委託する逆委託加工貿易のケースがほとんどになった。Made in KoreaやMade in Chinaの日本ブランドの商品が珍しくなくなったし，自社製品を製造している企業同士が，お互いに手薄な製品を相手方企業に製造してもらう**OEM**（Original Equipment Manufacturing：**相手方ブランドによる受託生産**）供給が活発に行われるようになってきたので，国際間でもこうした取引が増加している。

（2）取引関係の性質による分類

輸出入当事者の資本関係があるか，ないかで分けることができる。

1）輸出入両当事者間に資本関係がある場合

（ア）本支店関係

輸出企業と輸入企業が同一企業の本社とその支店である取引。いわば国をまたいだ社内取引であるので，しばしばその社内の移転価格が不当に安かったり，不当に高かったりして問題になることがある。すなわち，価格を操作して，より税率の低い方の国に利益が行くようにして，税金をのがれようとする

からである。税関でも輸入申告に先立って，輸入の評価申告をさせるが，この時も特殊な取引関係として厳しく審査される。

（イ）親子関係

　輸出企業と輸入企業が，同一資本の親会社と子会社（あるいはその逆）の関係にある取引。この場合も前記の本支店間の取引に非常に近いので，同様のことが起こりうるので，税務当局は厳しい目で見ている。ただし，親会社の子会社に対する支配がどの程度であるかは，一般的には，出資の割合（株式の保有割合）によるから，出資の割合が50％を超えるかどうかが一応の分水嶺になると考えてよい。

　2）輸出入両当事者間に資本関係が無い場合

（ア）代理店関係

　輸出企業が**本人**（Principal）で輸入企業がその**代理人**（Agent）（輸入代理店）となっている場合と，輸入企業が本人で輸出企業がその代理人（輸出代理店）となっている場合がある。代理店の場合，資本関係がある場合もあるので，上記と同様に，税務当局からは厳しい目で見られることがある。代理人はあくまでも本人の意向に従って行動し，その代わりを務めるだけであるので，その取引によって生じる結果はすべて本人に帰属する。代理人は**代理店契約**（Agency Agreement）に決められた**代理店手数料**（Agent Commission）を受け取ることになる。

（イ）販売店関係

　輸出企業が本人で，輸入企業が**販売店**（Distributor）である取引。この場合，販売店も自己の勘定と危険負担で法律行為を行う本人であるので，両者は本人対本人として取引を行うことになる。基本的には両者の間には特殊な関係は無いのが一般的であるが，稀に資本関係がある場合もありうる。販売店は代理人とは違い，独立した一個の本人として行動することになるので，その取引の結果はすべて本人たる販売店に帰属することになる。

（ウ）並行輸入

　輸出企業の商品を輸入する場合，通常，代理店または販売店を通して輸入さ

れる。これを「正規輸入」と呼んでいるが，これに対し，代理権や販売権を持たない第三者が，「正規輸入」とは別のルートで輸入することを「並行輸入」という。以前は，このような並行輸入は商標権を侵害するものとして輸入が差し止められていた。しかし，並行輸入されたものが真正品である以上，商標権の侵害に当たらないと判断されるようになり，今日では正規輸入と並んで並行輸入も認められるようになった。代理店や販売店が高いマージンを取っている「内外価格差」の大きい業種ではこの並行輸入が盛んに行われている。また，個人が通信販売などで外国からブランド品などを購入する「個人輸入」も，一種の並行輸入とみなされ，今日では誰でも行うことができるようになった。

3．政府の規制の有無による分類
（1）自由貿易
　一般市民の日常に必要な物の輸出入について，原則的には，通商上も，外国為替の取扱いについても，何ら政府により規制されない貿易の形態。現実にはまだ先進国といわれる国においても輸入関税がかけられているので，完全な自由貿易とはいえないが，自由化は進んでいる。特に最近では，関税同盟を超えた形態の **FTA**（Free Trade Agreement：自由貿易協定）やさらに一歩進めた **EPA**（Economic Partnership Agreement：経済連携協定）といった，地域経済協力協定が結ばれるようになると，その地域内では貿易の自由化は促進されることになる。最近，国論を二分するような大きな問題として **TPP**（Trans Pacific Partnership：環太平洋経済連携協定）に参加するかどうか議論されているが，国の発展を考えれば当然参加すべきであることは明らかである。

（2）保護貿易
　国内産業の保護や外貨の流出を防止する目的で，輸入に高い関税をかけたり，厳しい数量規制をしたり，または国内の輸出企業に奨励金を出したり，様々な補助金を出すなどして，国内企業の保護を優先させる政策のもとで行われる貿易の形態。一国の保護主義は他の国の保護主義を誘発させ，その連鎖は

結局，貿易量の世界的な縮小に繋がり，自国の繁栄さえも失ってしまうということを学んで，今日では，国の外貨事情が悪化したり，国内企業が未成熟で競争力が弱い場合を除いて，保護主義的貿易政策は好ましくないものとされている。

現実には完全な自由貿易も，完全な保護貿易もない。自由貿易を掲げている国においても，何らかの規制がなされているのが普通で，その意味では，国家という行政組織が存在する以上，管理されるのは仕方がないのであろうか。

第3章
貿易の歴史

1. 概　説

　交易・通商あるいは貿易という取引（交換）行為は，通常われわれが想像する以上に古くから行われていたのである。それは増加する集落ないし部族の人口を養うために必要であったからである。幾多の戦の結果，交易は戦いよりも集団の生存にとってはるかに有利であることを学んだのである。しかし，世界にはまだこのことを知らない指導者が少なくないのは嘆かわしいことである。

　前述したように，わが国でも縄文時代において，（あるいはそれよりも前からかもしれないが，証拠となるものが発見されていないため，確認出来ていないだけであろう）すでに交易が行われていたことは，先に第1章で述べたように貝塚の遺跡から知ることが出来るのである。

　西欧においても，同様に，紀元前数千年の昔から，交易が行われており，地中海が重要な交易の場であったことはカルタゴの歴史がそれをよく物語っている。ローマ帝国の誕生により，安定した時代が長く続くことになるが，そのような長い中世の安定した社会は，再びわれわれに新しいチャレンジを要求してきた。それは人口増加によって，新しい地理的フロンティアの拡大が求められるようになったことである。こうして，いわゆる大航海時代がやってくる。様々な発見や発明，科学の発達により，大型帆船による大海での遠洋航海が可能になると，そのフロンティアは飛躍的に拡大した。それは**「通商革命」**ないしは**「商業革命」**といわれる一時代を造り出した。通商網の飛躍的拡大は新大陸の発見によりピークを迎えた。人々は増加した人口をこのような通商によって，より多くの財貨を手に入れることで養うことを試みたのである。それが近

世といわれる時代であり，その後に続く近代の資本主義の社会を生み出すための様々な要素が熟成されていった時代である。

　通商によって豊かな生活が可能になると，一方では，出生率が上昇し，人口増加をもたらす。他方では，豊かな生活により食生活が改善され，衛生状態も改善され，科学の進歩による医療の発達は，生存率の改善と人々の寿命を長くさせる。こうして，再び人類は人口増加により，新しいチャレンジを要求されることになる。

　資本主義は，もはやこのような通商網の拡大では増加する人口を賄いきれなくなって，生産そのものの根本的改革が要求されて生まれてきた制度である。それは，「産業革命」という形で具体化されていくことになる。そのような近代資本主義が生まれるためには，M. ウエーバー（Max Weber）が見事に分析してくれたように，技術の集積と，資本の集積と人々の意識の改革が必要であり，そのすべてがちょうどその時期にうまく揃ったのがイギリスであったのである。

　このようにして新しい生産システムが導入され，人々はもはや自分のために何一つ作らないし，作ることも出来ない，完全に相互依存する生活を始めたのである。そのような時代においては，交換・通商はその重要性をますます高めることになったのである。

2．戦後のわが国の貿易の歴史

　第二次世界大戦の原因の１つが経済のブロック化であったことを反省して，1944年５月に連合国の経済担当者がアメリカ合衆国ニューハンプシャー州ブレトンウッズ（Breton Woods）に集まり，戦後の世界経済の体制の再構築について話合った。

　その結果は，イギリス代表のケインズの案より，アメリカ代表のホワイトの案を中心としてまとめられることになった。パックスブリタニカの時代が終わり，新しい時代であるパックスアメリカーナの時代の幕開けであった。それまで世界の基軸通貨はイギリスのポンド（Sterling Pound）であったが，それが

アメリカのドル（US Dollar）に切り替わったのである。もちろん，改革はそれだけではない。世界経済の復興と円滑な発展のために**国際通貨基金**（**IMF：International Monetary Fund**）が設立され，ヨーロッパの復興に必要な資金を賄うために**国際復興開発銀行（世界銀行）**（**IBRD：International Bank for Reconstruction and Development**）が設立された。アメリカのドルは金との交換が保障されていたので，一種の金為替本位制として始められたのである。また，為替はその平価を一定の水準に維持することが各国に義務付けられた**固定相場制**（**Fixed Exchange Rate System**）がとられた。さらに，貿易の世界的な発展のために全世界に共通の原則とルールを決めた。それが，**関税と貿易に関する一般協定**（**GATT：General Agreement on Tariffs and Trade**）である。それは自由，平等，互恵，無差別を原則とする世界貿易体制を構築することであった。

　1945年8月15日に終戦を迎え，日本のすべての行政機能は連合軍総指令部（G.H.Q.: General Headquarters）の管理下におかれることになった。当然貿易においても，私的な通商は一切禁止され，すべてG.H.Q.が行うこととなった。G.H.Q.が許可した輸出入を政府の名において行う政府貿易の形態がとられたのである。為替レートも当初は商品ないし産業により1ドル100円のものもあれば，1ドル500円，600円というものもあり，複数レートが用いられていた。

　1948年8月になると，それまでの政府貿易から民間貿易へとG.H.Q.の方針が転換され，民間貿易業者が外国企業と直接輸出契約を結ぶことが出来るようになった。翌1949年4月25日には1ドル360円の為替レートが決められ，民間による貿易の体制が整っていった。1951年9月にサンフランシスコ平和条約が調印され，翌1952年4月に独立を回復し，国際社会への復帰を実現するとともに，GATTやIMFや世界銀行といった国際経済機構にも加盟した。1963年2月にはGATT12条国から11条国へ，1964年4月にはIMF14条国から8条国へ移行し，貿易，為替の両面で大きく自由化が行われ，先進国の仲間入りを果たした。1951年から1971年までの20年間に輸出は約20倍に，輸入は約10倍に増加し，その後も年平均約10％以上の高い増加率で貿易は拡大し，1965年以降は貿易収支の黒字が定着した。

順調な経済成長に裏付けられ、わが国の貿易量は拡大していったが、1970年代になると、アメリカからのドルの大量の海外流出による世界的なドル・インフレから**外国為替市場**（Foreign Exchange Market）に大きな嵐が吹き荒れ出した。1971年8月15日いわゆる「**ニクソン・ショック**」といわれる一大変革が行われ、アメリカがそれまで保障してきたドルの金との交換を停止したのである。日本や西ドイツなど先進国の一部はそれまで下落するドルを買い支えてきたが、それ以上国内経済を犠牲にしてまで、買い支えてドル相場を維持することが困難になったのである。同年8月28日から一時的に**変動相場制**（Floating Exchange Rate System）を採用。1ドル＝360円というブレトンウッズ以来決められていた**固定相場制**（Fixed Exchange Rate System）を放棄することになった。しかし、取引の円滑さという点では変動相場制は不便であるので、固定相場制への復帰が模索された。その後**スミソニアン合意**に基づき、1971年12月19日から、新レートによる固定相場制に復帰するが、1ドル＝308円という、いわゆるスミソニアンレートの維持もすぐに困難となり、1973年2月14日には全面的な変動相場制に移行した。しかし、日銀はその後9ヶ月間にわたって、1ドル＝265円前後に相場を維持するように陰に陽に市場に介入したので、**ダーティフロート**といわれて非難された。今日では急激な相場の変動が一国の経済活動を不安定にする場合には、急激な為替相場の変動を防止するために、なかば公然と各国でこのような市場介入が行われている。

　このようなドル・インフレを背景として、1973年10月、いわゆる**第一次オイルショック**といわれる原油価格の急激な上昇により、過熱景気で赤字に転じていた経常収支はその赤字幅を大きく膨らませ、1974年度には経済成長率がマイナス0.4％となり、高度成長時代の幕を降ろすこととなった。

　他方、貿易の自由化は加速され、1974年には「原則100％資本の自由化」が打ち出された。輸入の自由化も、それまでのポジティブリスト方式からネガティブリスト方式へと切り替えられ、残存輸入制限品目の数も大幅に減少した。さらに、1980年12月1日には「外為法」が全面的に改正され、それまでの原則禁止から原則自由へと、わが国の貿易・対外政策が180度転換されたので

ある。

　1979年には**第二次オイルショック**に襲われ，原油価格は同年1月にアラビアンライトで1バレル当たり13.34ドルであったのが，夏には30ドルを超え，12月には32ドルまで上昇し，瞬間的には40ドルをも超え，再び貿易収支を赤字に転落させたのである。

　その後の世界的なインフレの中で，円の対ドルレートの上昇という追い風に後押しされた日本経済は急速に国際競争力を付けていく。円高による輸出競争力の低下が懸念される中で，日本の企業は一層の輸出努力をしていったため，いわゆる**Jカーブ効果**（J-curve Effect）といわれる輸出の急増となったのである。それは，円高になり，高くなった円で換算した輸出の売上げ高を維持もしくは成長させようとすると，円高によって失われる売上げや利益である**為替差損**（Exchange Loss）を取り返さなければならなくなるからである。他方，円高によって輸入原材料の実質コストが低下するという効果もあって，結果的には低いインフレ率も手伝って，日本はその円高にもかかわらず強い輸出競争力を持つに至ったのである。

　1985年9月レーガンアメリカ大統領は，「レーガノミックス」といわれる経済政策を行う中で，アメリカの輸出競争力の回復を図るため，先進5ヶ国（G5）に呼びかけて，ドル安誘導のための協調介入についての会議を，ニューヨークのプラザホテルで行った。この**「プラザ合意」**（Plaza Accord）をきっかけに，さらに円高が進んで行く。しかし，これによってアメリカの輸入を減らすことは出来なかった。結局，アメリカの輸入品価格の上昇という形で，アメリカの消費者の負担増に終わったのである。

　日本からの洪水的輸出により，戦後しばしば日米間で貿易摩擦の問題が生じたが，これは日本の先導的産業が生産性向上を目指して生産能力を高めていった結果である。すなわち，国内市場が成長している段階では問題は生じないが，やがて国内市場が成熟し飽和状態になると，向上した生産能力が生み出す膨大な生産物を国内市場では捌ききれず，余剰生産物は海外へと向かって行かざるを得なかったのである。こうして1950年代後半に日米綿製品摩擦が生じ

る。続いて1960年代には鉄鋼製品で，1970年代ではカラーテレビで，そして1980年代には自動車でと次々に貿易摩擦が生じていった。鉄鋼製品ではアメリカが日本製品に対してダンピングとして問題にし，トリガー制などがとられた。また，自動車では日本側の輸出自主規制という形で問題を解決したが，本来の自由貿易の思想に反するような制度が導入されていった。

　日米間ではその後，日米構造協議や市場分野別協議などの話し合いが行われていったが，結局，アメリカの国内生産性の問題は解決されず，アメリカの貿易赤字の構造的な問題は改善することはなかった。それはアメリカ国内の賃金の上昇がコストを押し上げ，国際競争力を低下させていったからであり，それに伴い，各企業は工場の海外移転や海外生産の増加などを進めたことから，アメリカ国内での生産の縮小となったからである。今や，アメリカは外国からの輸入品なしでは日常生活が出来ない国になったのである。

　1990年代はバブル経済の崩壊とそれに続く「失われた10年」といわれる戦後最大のデフレを経験する。企業，特に金融機関は不良債権の大量発生の問題でリストラの嵐が吹き荒れた。企業はコスト削減のため，人件費の安い国，特に，中国などに工場を移転したり，生産を委託するようになった。国内の産業の空洞化が懸念され始めたのである。こうして，2000年代に入ると，"世界の工場"はアメリカや日本から，いつの間にか中国に移っていたのである。

　日本の企業ばかりでなく，世界中の大手企業が今では中国に進出しており，中国は2001年11月にWTOに正式に加盟が認められ，年率10％を超える経済成長を続け，2005年にアメリカを抜いて，日本の最大の貿易相手国になったのである。こうして日本を取り巻く貿易の形態は大きく変わっていったのである。

　21世紀に入って大きく変わったもう1つの問題は，経済のグローバル化という問題と軌を一にするものであるが，国境を超えて巨額の資金が移動するようになったことである。もちろん以前から世界企業といわれるような**多国籍企業**（Multinational Enterprise）は巨額の資金を国境を超えて移動させてきたが，それは自社の生産能力の拡大と競争力強化という，規模の利益を追求する普通の企業の姿勢からくる「健全な」ものであった。ところが，最近のそれは単なる資

金の効率的運用から得られる**キャピタルゲイン**（**資本利得：Capital Gain**）を狙ったものであり，決して健全なものとはいえないものになってきているということである。そのようなファンドによる資金移動が活発になってきたことである。こうした資金の移動は生産活動にはほとんど関係しないので，財の生産や供給が増加するということはない。従って，直接的には貿易に関係しないが，為替や物価という面から世界経済に大きく関係してくる。2005年から急上昇してきた世界的な原油価格の上昇や大都市での地価の上昇，為替市場の不健全ともいえるような相場の動きなどが，そうした資金の移動と密接に関連しているのである。2007年になって，ようやくWTOでもこうしたファンドの活動に対して，何らかの規制が必要ではないかという議論が始まったのである。

そうした時に，2007年8月アメリカの住宅バブルが信用力の低い個人向け住宅ローン（サブプライムローン：Sub-prime Loan）問題として発生し，信用収縮の波がアメリカのみならずヨーロッパまで及び，世界経済の大きな不安要素となっていった。損失に耐えきれずに解散するファンドや解約中止を宣言するファンドが出てきた。

幸い日本の金融機関の多くは，まだリスクをとって積極的に投資・運用する元気を持っていなかったため，その影響は他の先進国と比べると軽微であった。しかし，世界経済を襲った金融危機は2008年9月15日にアメリカの大手証券会社・投資銀行のリーマン・ブラザーズ証券の破綻に至り，大手企業に政府支援が行われ，日本が1990年代にバブル崩壊後に政府が金融機関の支援を行った政策を先進国はもちろん多くの国々で導入することとなった。

世界のGMといわれたゼネラル・モーターズもCITIやAIGグループも支援を受けざるを得なかった。日本でも日本航空が企業再生支援機構の支援を受けて再建に向かうことになった。

第二編 国際貿易の理論

第4章
古典派以前の貿易理論

1. 前期重商主義

　航海術の発達により，外国貿易が盛んになり，新大陸が発見され，外国の珍しい商品が手に入るようになった。しかし，それは他方でその国から金銀などの貨幣が外国へ流出することを意味した。つまり，国富としての金銀などの財宝が失われることになる。これは富国強兵策をとる政府にとっては都合の悪いことであり，国を弱体化させるものとして反対した。全ヨーロッパを支配するような帝国がもはや存在しなくなった，いわば"世界的な戦国時代"においては，ある程度まで仕方のないことであったのかもしれない。フランスではJ. B. コルベール（Jean Baptist Colbert）が，イギリスではO. クロムエル（Oliver Cromwell）などがこうした政策を実行した。このように，自国内の産業，特に金銀などの国富の直接的な獲得手段であった貿易を重視し，国民経済に国家が積極的に干渉することを主張する考え方を**重商主義**（**Mercantilism**）と呼んでいる。

　初期の重商主義者達は，通商により自国商品を売り，利潤＝貨幣＝金銀などの財宝を増加させることを重視した。そのためには外国品を買わないように努め，輸入制限なども課し，金銀などの財宝の輸出を禁止した。このように，貴金属を獲得することを重視したので，**重金主義**（ブリオニズム：**Bullionism**）と呼ばれる。イギリスのG. マリーンズ（Gerrard Malynes）や彼の為替管理の強化が時代逆行的であると批判したイタリアのA. セルラ（Antonio Serra）がその代表であ

る。為替の問題は取引の結果としてのものであるから，それを規制するよりも，輸出に有利な産業に力を入れ，貿易差額を得ることを主張したE. ミッセルデン（Edward Misselden）は新しい考え方を示した。その考えは，後の東インド会社の経営についての論争に影響を及ぼした。

しかし，次にみるように，金銀などの過度な流入は通貨の膨張となり，新しい問題を発生させたのである。すなわち，金銀財宝の増加だけでは国民経済は決して豊かにはならないことが知られるようになったのである。本当に国民経済を豊かにするのは，生産力の増加であることが理解されるようになるのにはもう少し時間が必要であった。

2．後期重商主義

15世紀～16世紀にスペインの歴史にみられたように，過大な貴金属の流入によって，彼等の国際競争力が失われてしまったのがその最も顕著な例であるように，金銀財宝の獲得を第一にした結果，貨幣の相対的な量が高まり，物価が上昇し，外国への輸出が不利になることがわかり，次第に金銀財宝の獲得から貿易差額を重視する考え方に変わっていった。

重金主義に対する批判として，T. マン（Thomas Mun）は自社の行う東インド貿易を擁護して，貨幣の流出は金融業者の為替の悪用によるのであり，決して東インド会社の取引によるものではないと主張した。つまり，東インド会社は輸入もしているが，それ以上に輸出をしているのであるから，その差額を貨幣―財宝としてイギリスにもたらしているというのだ。「後家さん創り会社」とまでいわれた東インド会社の貿易が，国益に適うかどうかで大変な議論がイギリスで行われていた時代である。

こうして，金銀財宝を一方的に獲得して溜め込むだけでは国は豊かにならない，国民の幸福には繋がらないことを学び，重金主義から貿易差額を重視するものに重商主義の考え方も変わっていった。

しかし，重商主義の考え方は，基本的には自国内産業の育生，発展のために高い関税をかけて輸入を抑制し，輸出産業を奨励して，今日的にいえば外貨の

獲得を図る政策をとり，国家が積極的に経済活動に介入するという点では変わっていなかったのである。1651年のイギリスの「**航海条例**」や1660年に関税化された悪名高き「**穀物条例**」などはその政策の代表的なものであった。

　このように，その時代——富国強兵制が必要な時代——にはこうした経済体制が必要であったのであるが，世界覇権が確立し，世界が安定化へ向かうと，市民の経済的な水準が向上し，人々はより多様なものを求めるようになると同時に，人口が増加していった。政治的には自由民権運動が進み，より活発な経済活動の必要性が高まってきた。それが一方で資本主義的生産様式の導入となり，もう一方で自由貿易の体制への転換となっていったのである。それらはどちらも，より多くの物を供給するシステムとして，時代が要求したものであった。

　このような経済政策を主張した重商主義に対して，ケインズは「全体としての経済体系を問題にし，体系の全資源の最適利用を確保することを問題にする政策論への貢献としては16世紀及び17世紀における経済思想の初期の先駆者たちの方法は，断片的であれ実際的叡智に到達していたといってよい」[注]と評価していた。しかし，他方で，輸入制限が貿易黒字を生むと考えた重商主義は自由貿易による分業の利益を失わしめ，節度を欠いた過当競争が，賃金の引下げ競争など，隣国の犠牲を通じて，すべての国が同じように被害を被るとして反対した。

　（注）J. M. ケインズ『雇用，利子及び貨幣に関する一般理論』(1936) 塩野祐一訳，第23章，p.339。

第5章
古典派の貿易理論

1．比較生産費説

　近代経済学の父といわれるA. スミス（Adam Smith）は，それぞれの国は相手国と比べて絶対的に有利なものを輸出し，相互に交易をすることによって，両者はともにより多くの物を手に入れることが出来ることから，貿易の利益があると説いた。このようにスミスは「**絶対優位仮説**」といわれる理論を提供してくれたが，この理論によれば相手国より有利なものがない国は輸出が出来ないことになり，一方的な輸入国にしかなれない場合もありうる。これでは支払いの問題から貿易を永続させることは出来ない。すなわち，国民経済的により有利になるはずの貿易が継続して行えないことが理論的には起こりうる。

　この矛盾を解決したのが，同じくイギリスの古典派経済学者の1人である，D. リカードォ（David Ricardo）であった。彼は必ずしも絶対優位がなくとも，それぞれの国は自国内の産業間で比較的・相対的に有利な産業が必ずあるとして，それぞれの国はその比較的有利な産業に特化して，互いに余剰物を交換しあえば，それぞれの国がそれぞれ自給自足をするよりも，より少ない犠牲（費用）でより多くの商品を手に入れることが出来るから，貿易の利益が生まれるのだと説いたのである。これがいわゆる「**比較優位説**」もしくは「**比較生産費説**」といわれるものである。

　彼はイギリスとポルトガルという二国を例にあげ，ラシャとワインの二財からなる単純化された世界を考え，二国二財モデルとして，最も簡単な形で自由貿易の有利性を説いたのである。以下その要旨を簡単に説明してみよう。

　はじめに，イギリスもポルトガルもそれぞれの国で必要としているラシャと

ワインを自給自足しているものとする。今，仮にイギリスではラシャの生産に100エーカーの土地に100人の労働者を投入して400トンのラシャ（単純化のために1トン＝1ポンドの価値としておくと，400ポンドの価値）を生産し，消費している。また，ワインについては同じく100エーカーの土地に100人の労働者を投入して300トンのワイン（単純化のために1トン＝1ポンドとすると，300ポンドの価値）を生産し，消費しているとする。合計200エーカーの土地と，200人の労働者を投入して700ポンドの価値を生み出して，消費している。

他方，ポルトガルも同じように100エーカーの土地に100人の労働者を投入してラシャ300トン（単純化のため1トン＝1ポンドとすると，300ポンドの価値）と100エーカーの土地に100人の労働者を投入してワインを500トン（単純化のために1トン＝1ポンドとすると，500ポンドの価値）を生産し，消費しているとする。こちらは合計200エーカーの土地と，200人の労働者を投入して800ポンドの価値を生み出して，消費している。

これがそれぞれの国が自給自足をしている時の生産額（GDP）である。貿易をしない状態での生活である。しかし，イギリスではラシャ産業に「比較優位」があり，ワイン産業は「比較劣位」の産業であるし，ポルトガルではワイン産業に「比較優位」があり，ラシャ産業は「比較劣位」の産業である。それは，どちらの産業も同じ投入でありながら，産出高が違うからである。産出高の高い方が「比較優位」の産業である。貿易をしない世界では，それぞれの国は比較劣位のものまで生産しなければならないのであるが，ここで，両国間で自由な貿易が出来るものとすれば，それぞれの国は比較劣位のものは作らずに，比較優位の物に特化して生産を行うことが出来る。

上の例では，イギリスは比較優位のラシャの生産に特化し，ポルトガルは比較優位のワインの生産に特化し，余剰物をお互いに交換し合うことによって，同じ投入（犠牲）で，より多くのものを手に入れることが出来るのである。つまり，イギリスはワインの生産に向けられていた100エーカーの土地と100人の労働者を比較優位産業であるラシャ産業に投入し，合計800ポンドの価値の生産額（GDP）を生産することが出来るようになり，ポルトガルはラシャの生産

に向けられていた100エーカーの土地と100人の労働者を比較優位産業であるワイン産業に投入することによって，合計1,000ポンドの価値の生産額（GDP）を生産することが出来るようになるのである。イギリスは従来通り400トン（400ポンド）のラシャを消費しながら，残りの400トン（400ポンド）を同じ価値額の400トン（400ポンド）のポルトガルのワインと交換するならば，従来300トンだったワインが400トン消費出来るようになったのである。同様に，ポルトガルも従来300トンだったラシャが400トン消費出来るようになり，さらに，400トン輸出したワインの残り600トンが消費出来るようになったので，イギリスもポルトガルも従来と同じ投入（犠牲）でありながら，イギリスは700ポンドから800ポンドに消費を増やすことが出来たし，ポルトガルも800ポンドから1,000ポンドに消費を増やすことが出来たのである。

　このことが成立するためには，貿易が自由に行えるということが前提になっているので，高い関税や輸入障壁があって，自由な貿易が妨げられるようでは成り立たないのである。かくして，リカードォは自由貿易を主張し，穀物条例撤廃を主張したのである。

　しかし，リカードォは比較優位の生ずる原因については何も述べていない。この点を明らかにしたのは，E. F. ヘクシャー（E. F. Heckscher）とB. G. オリーン（B. G. Ohlin）である。それを証明したのは後の第6章で詳しくみていく「**要素賦存説**」として知られる，**ヘクシャー・オリーンの定理**（Heckscher-Ohlin Theorem）といわれるものである。

　リカードォはこのように，複雑な現実の問題を単純化してモデル化し，理路整然と説明してくれた功績は大きいが，単純化したモデルで得られた結論をすぐにそのまま現実にあてはめようとする悪い癖があった。これを「リカードォの悪癖」という。原理的には自由貿易が望ましいが，現実の世界ではそれぞれの国は発展段階も違うし，技術レベルも異なるし，人口の大きさも違っているから，競争力が違っており，単純に貿易を全面的に自由化するのがよいとは簡単にはいえないのである。

2．相互需要の原理

　A.マーシャル（Alfred Marshall）はJ. S. ミル（John Stuart Mill）の，貿易は両国の相互の需要を満たすものであるという考え方を発展させ，「**相互需要の原理**」という考え方から，二国間の財の交換比率の決まる仕組みを見出した。単純化のためにD国が提供してもよいという商品の商品バスケットをd包とし，E国が提供してもよいという商品の商品バスケットをe包とする。今，横軸にE国のe包の量を，縦軸にそれと交換に欲しいd包の量をとると，E国のe包と交換したいd包に対する需要のグラフが1本描ける。この曲線は，同じ1単位のe包の提供に対して，はじめは少量のd包との交換でよいと考えているが，d包が次第に沢山輸入されるようになると，E国におけるd包の価格は次第に低下するから，E国は同じ1単位のe包の提供との交換で手に入れるd包の割合を次第に多く求めるようになるので，その曲線は図5－1のように次第に右上がりになるような曲線を描くことになる。これをマーシャル・エッジワースの**相互需要曲線**（Reciprocal Demand Curve）ないしは**オッファーカーブ**（Offer Curve）という。

　同様に，D国のオッファーカーブが，縦軸と横軸を置換えて描くことが出来る。この2つの曲線を1つの図に書き込んだのが図5－2である。

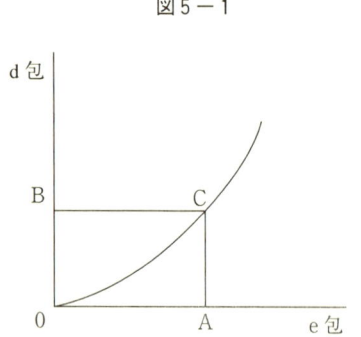

図5－1

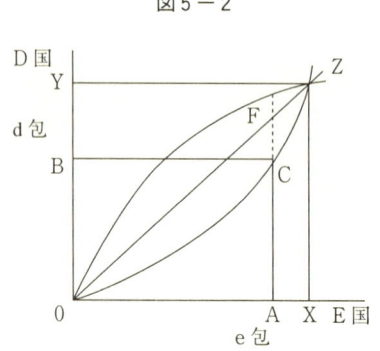

図5－2

図5－1で，OA は E 国が輸出してもよいと考えている e 包の量で，その時 OB は E 国がそれと引き換えに輸入してもよいと考えている d 包の量である。しかし，これは E 国のオッファーであって D 国の希望に合致しているとは限らない。図5－2で，AC＝OB は E 国が輸入してもよいと考えている d 包の量であるが，D 国が OA だけ e 包を輸入するためには d 包を AF だけ輸出しなければならない。即ち，輸出したい量 AF と相手国が輸入したい量 AC とが一致していないので，ここでは取引が成立しないのである。

結局，D 国と E 国の両国のオッファーが合意される点は Z であり，それ以外の所ではそれぞれの国が出す取引の条件が異なっており，合意することは出来ないのである。この Z 点では，D 国は d 包を OY 輸出して，それと引き換えに e 包を OX 輸入し，E 国はちょうどこの OX だけ e 包を輸出して OY だけ d 包を輸入することが出来て，D，E 両国とも満足出来るのである。

こうして二国間の交易条件は直線 OZ の傾きで示されることになる。この直線 OZ は両国の財の交換比率を表しており，それを国際価格比という。

第6章
近代貿易理論

1．ヘクシャー・オリーンの定理

　リカードォはイギリスやポルトガルにそれぞれ比較優位のものがあるとして，それぞれの国の費用構造が与件として与えられた形で議論したのであるが，比較優位が生ずる原因については何も語っていない。それを理論的に解明したのがヘクシャーであり，それをさらに発展させたのがオリーンであるので，今日では2人の名にちなんで，「ヘクシャー・オリーンの定理」（Heckscher-Ohlin Theorem）と呼ばれている。それが導いた結論は次のようなものである。

　各国は，それぞれの国に比較的豊富に存在する生産要素を多用する産業に比較優位を持つ傾向があるというものである。即ち，生産要素として資本と労働を考えるとして，今，日本は労働に対して資本がより豊富に存在すると仮定するなら，日本ではより資本を多用する，**資本集約的産業**に比較優位が生ずるであろうし，タイ国では資本に対して労働が比較的豊富に存在すると仮定するなら，タイ国では労働を多用する，**労働集約的産業**に比較優位が生ずるというものである。

　これを無差別曲線を使って説明してみよう。次の図6－1は生産の無差別曲線を表している図である。図でⅠ（x）は自動車1台生産の無差別曲線（等生産量曲線）である。Ⅰ（y）はコメ10トン**生産の無差別曲線（等生産量曲線）**である。

　日本は資本豊富国なので，労働のコスト（賃金）に比して資本のコスト（利子率）が低いので，その予算線はKLのようになる。他方，タイ国は労働豊富国なので，労働のコストは資本のコストに比べて低くなるので，その予算線は

図6-1

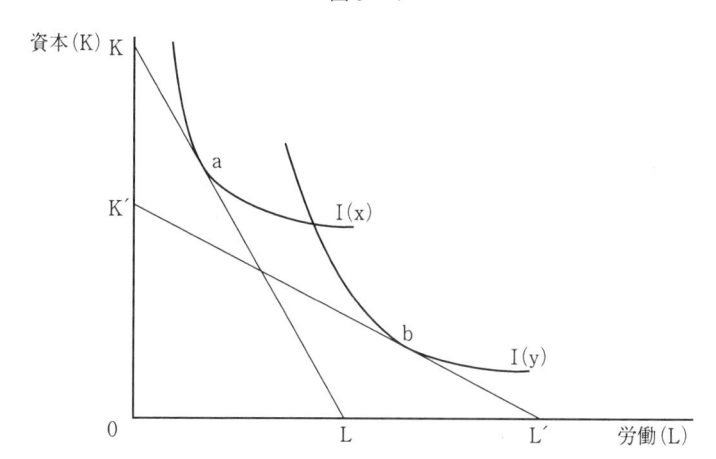

K′L′のようになる。今，仮にこの予算をどちらも100万円とすると，自動車は無差別曲線I(x)と日本の予算線KLとの接する点aで生産が可能である。また，コメの無差別曲線I(y)はタイ国の予算線K′L′と接する点bで生産が可能である。日本ではコメ10トンを100万円では生産出来ないし，タイ国では自動車1台を同じく100万円では生産出来ない。

従って，日本には資本集約型の産業である自動車の生産に比較優位があり，タイ国では労働集約型の産業であるコメの生産に比較優位があることがわかる。

ちなみに，今，両国が自給自足をしなければならないと仮定すると，日本でコメを生産すると150万円かかるだろうし，タイ国で自動車を生産しようとすると160万円かかるかもしれない。どちらの国も自動車1台，コメ10トンが必要である生活をしているものと仮定すると，日本では合計250万円の費用がかかり，タイ国では260万円の費用がかかることになる。

ところが，今度は自由に貿易が出来るとするならば，日本は自動車を200万円の費用で2台作り，タイ国は同じく200万円の費用でコメ20トンを生産し，自動車1台とコメ10トンとをお互いに交換しあえば，どちらも自動車1台，コ

メ10トンの生活をしながら，より少ない200万円の費用（犠牲）で同じ生活が実現出来るようになるのである。

しかし，ここで注意しておかなければいけないのは，この定理はそれぞれの国の生産関数と需要構造が同じであるというかなり厳しい仮定をしていることである。つまり，両国は技術の状態も，国民の嗜好や選好も相似たものであるということであるから，現実とは違った想定がなされているということである。この限定付きでこの定理が成り立っていることを十分考慮に入れておく必要があるのである。

2．ゲーム論的アプローチ

経済の発展により，企業の規模が世界的な規模に拡大してくると，世界市場における競争が，競争相手が無数に存在する"完全競争的市場"から，"寡占市場"の形態に変わってきた。清涼飲料業界では，たとえば，コカ・コーラとペプシコーラとか，大型旅客機ではアメリカのボーイング社とEUのエアバスインダストリー社といったように，お互いに競争相手の顔がよく見えるような間での競争になってくると，相手の行動を意識した戦略を立てて競争するようになる。こうした競争状態においては，それまでの顔の見えない相手との競争で考えられてきた理論とは違った説明が必要になってくる。そうした問題に対する新しいアプローチの仕方として**「ゲーム論」**(Theory of Games)といわれる考え方がアメリカのナッシュ（Nash）によって開発され，J.ノイマン（John von Neumann）とO.モルゲンシュテルン（Oscar Morgenstern）によって経済学に導入された。

競争する相手の得点はこちらの失点となり，その合計はいつもゼロになるようなゲームを，**「ゼロサムゲーム」**(Zero-sum Game)という。パイの取り合いをイメージしてみればわかるように，1人が大きくとれば残りは小さくなってしまう。経済が成長している時には，このパイが大きくなっていく**「プラスサムゲーム」**(Plus-sum Game)なので深刻な問題にはならないが，成熟して高度成長が出来なくなると，「ゼロサムゲーム」となるので深刻な問題になる。

今，A社とB社という2社を考えてみる。両者の**行動**（戦略：Strategy）は協調的か攻撃的の2通りが可能とする。両者が協調すれば**「カルテル」**（Cartel）が成立して，両者はそれぞれ最大の利益を上げられる。しかし，どちらか一方が裏切って攻撃的な戦略をとれば，裏切られた方は利益をすべて失うことになる。また，両者とも攻撃的な戦略をとれば，両者とも高い利益を失ってしまうリスクがある。これを**囚人のジレンマ**（Prisoners' Dilemma）という。図6－2はそうした「ゲーム」を表にしたものである。

図6－2

		企業Bの（行動）戦略	
		協調的	攻撃的
企業Aの戦略	協調的	(50, 50)	(0, 100)
	攻撃的	(100, 0)	(10, 10)

カッコ内の数字は，左がA社の，右がB社の利潤（額）を示す。

　左上の欄は両者が協調的戦略をとる所で，カルテルが生ずる。左下の欄は企業Aが攻撃的な戦略をとって利益を独り占めし，協調的戦略をとった企業Bは裏切られ，その結果利益をすべて失っていることを示す。右上の欄はその逆で，企業Bが攻撃的な戦略をとり利益を独り占めし，協調的戦略をとった企業Aは利益をすべて失っていることを示している。両者が共に攻撃的戦略をとった場合が右下の欄に示されたように，どちらも低い利益しか得られないか，最悪の場合にはどちらも利益を上げられないかもしれない。企業Aも企業Bもこのようなリスクを負いたくないとすれば，どちらの企業も**ミニマックス**の行動をとり，その**鞍点**（Saddle Point）を見つけようとする。それが「カルテル」に繋がることになる。

3．新重商主義-新しい保護主義の台頭

　アメリカで20世紀末から台頭してきた，いわゆる**ネオコン**（**新保守主義：Neo-conservatism**）といわれる勢力が自由貿易に反対して，保護貿易の主張をするようになってきた。ボーダーレス化，グローバル化が世界経済の成長と発展をもたらしたが，同時に，国際間の資源配分と所得の較差の拡大をもたらした。こうした問題は貿易が自由に行われるからであり，その結果，ドルの国外流出となり，外国為替市場でのドルの供給過剰となり，ドルの価値の低下となるとして自由貿易に反対するのである。それがちょうど貨幣の流出に反対して自由貿易に反対した，かつての重商主義の考え方と同じであるので，**新重商主義**（**Neo-mercantilism**）と呼ばれている。

　彼等は自由貿易による**相互依存の費用**が，**貿易の利益**を上回ると考えているのである。相互依存の費用としては，（1）国内の失業をもたらす，（2）国家の安全保障を脆弱化させる，（3）不公正な貿易が行われる，（4）国際収支の不均衡は，外国に対して負債を負うことになる，（5）弱小国は貿易によって損害を受けるなどがあげられる。たとえば，日本からの自動車輸入が急増した時，保護主義を主張する新重商主義の人達は，国内メーカーの自動車が売れなくなり，その結果失業者が出るといって輸入制限を主張した。アメリカの消費者である一般市民は安くてよい自動車が手に入るという貿易の利益を得ているが，ごく一部の自動車会社の従業員達にとっては損害を被ることになるのである。要するに，貿易の利益は国全体に薄く広く及んで，一国全体としての経済状態を向上させるが，それが目に見えにくい。それに対し，相互依存の費用としての損害は，ある特定の集団に対して目に見える形で与えられるからである。

　このように，重商主義的主張はある特定団体の利害と結び付いてなされることが多い。これは**資源ナショナリズム**とも軌を一にする。国際間の自由な競争は，一方で**経済統合**に走らせ，他方で保護主義的な政策の主張を生み出したのである。日本にも，食糧安全保障やエネルギー安全保障などの考え方があり，独立国として，国家の安全を確保することが国益に適うとする考え方がある。

もちろんそれは大事なことであるが，所詮一国だけで，貿易の利益を諦めて，重商主義的政策をとっても，それだけでは国の安全保障は確保出来ない。それどころか，それ以上に国家の存続を危険に曝してしまうことになるであろう。

貿易はこのようにその取引の両者に利益をもたらすものである。驚いたことに，そのことをいまだに理解していない人々が世界には少なくないということである。

4．経済発展と国際貿易

その国の**国際収支**はその国の対外経済関係の結果を示しており，その状態はその国の経済の発展状態を反映している。経済の発展が遅れている国では，外国の製品と競争出来るものが少ないため，貿易は輸出が少なく，輸入が多くなり，経常収支は一般的に赤字で，それを借り入れた外貨で決済するため，資本収支は流入超過となる。経済の発展に連れて，**経常収支**（Balance of Current Account）は改善していくが，その国の経済成長を見込んで，今度は投資資金が流入してくるため，**資本収支**（Balance of Capital Account）はすぐには改善されずしばらく赤字が続く。やがてその国が高度成長を遂げると，生産力が高まり，輸出が拡大し，経常収支は黒字となり，資本収支の黒字と合わせて，国際収支は大幅な黒字となる。高度成長の結果，国民所得が増加すると今度は輸入が増えてくる。こうして経常収支は均衡化していくが，その内容は少し違ってくる。それまでは経常収支の黒字の中で**貿易収支**（Balance of International Trade）の黒字が大きな割合を占めていたが，対外投資の拡大の結果として，次第に海外から受け取る所得が大きくなり，やがて**所得収支**（Balance of Income）の黒字が貿易収支のそれを上回るようになるからである。日本においても2005年度から所得収支の黒字が貿易収支の黒字を超えるようになってきたのである。経済が成長し発展した国では，対外投資が活発になり，資本の流出が進み，資本収支は流出超過となり赤字となる。発展の最終段階になると，こうした対外投資の果実を手にしながら，過去の投資の結果として保有している債権の取り崩しをするようになり，資本収支は改善していく。

このように経済の発展段階によって貿易のあり方が違ってくる。それが端的に現われるのがその国の国際収支である。そこに注目したのがG. クローサー (G. Crowther) で、彼は一国の国際収支の発展段階を図6－3に示されているように、6の発展段階に分類した。

図6－3

国際収支の発展段階	1	2	3	4	5	6
	未成熟債務国	成熟債務国	債務返済国	未成熟債権国	成熟債権国	債権取崩し国
経常収支	－	－	＋	＋＋	＋	－
貿易・サービス収支	－	＋	＋＋	＋	－	－－
所得収支	－	－－	－	＋	＋＋	＋
資本収支	＋＋	＋	－	－－	－	＋

クローサーによれば、イギリスは第二次世界大戦後、6の段階の債権取崩し国となり、アメリカも1980年代以降この段階に入ったといわれている。日本はすでに5の段階の成熟した債権国の段階に入ったといえるであろう。そして30年後は現在のアメリカのように債権取崩し国になっているのであろうか。

この分析は、経済はいつまでも同じ状態でいられるものではなく、常に動態的に変化していくダイナミックなものであるということを示している。そのような経済の発展というダイナミズムを、その国の国際収支の面から捉えているのは大変面白いし、大変意義のある研究であるといえよう。

以上の諸理論はいずれも新古典派的な枠組みの中で、国を主体として貿易を論じている理論であるが、最近では、企業は国家を超えているということから、たとえば、P. クルーグマン (Paul Krugman) などは、多国籍企業の論理として論じた方がより相応しいと考えているようである。最近のグローバリゼーションの大波には、その国が背負ってきた文化や歴史に関係なく、国家さえも

が呑み込まれて揉みくしゃにされているのを見ると，今までの新古典派的な分析では不十分なものであり，彼のような新しい観点からの分析が必要なのかもしれない。

第三編　外国為替と国際収支

第7章
外国為替

1．外国為替の仕組み

　為替とは遠隔地間での決済で，現金の移動をせずに，為替取扱い業者間の信用力を利用して決済する制度。国内取引では振込みや，小切手，約束手形，為替手形などが代表的なものである。これらはいずれも危険で面倒な現金の移動をせずに，金融機関の信用力を利用して，一種の支払いの指図書でもって行われるのである。この仕組みを海外との決済に用いたものが，外国為替といわれるもので，古くはヨーロッパで12～13世紀のイタリアを中心とした地中海の沿岸貿易で，沿岸諸都市間の決済に両替商を媒介として使われていたものから発達したものである。日本でも鎌倉時代に，「かわし」と呼ばれる割符（わりふ）が為替手形の機能を果たすものとしてすでに使われていた。

　外国為替の場合，問題となるのは，二国間で取引が行われるので，それぞれの国で使用している通貨が違っていることである。そのため，2つの通貨の間の交換が行われなければならない。ここに交換比率の問題，すなわち，**為替相場**（Foreign Exchange Rate）の問題が生じることになる。

　たとえば，日本と中国の間で貿易をするとして，決済通貨を円にするか人民元にするか，あるいはそのどちらの国の通貨でもないアメリカドルとするか決めなければならない。いずれにしろ，どちらかの国または両方の国にとって，自国通貨でないもので受領もしくは支払いをしなければならない。今，日本か

ら中国へ自動車を輸出するとしよう。売買契約はドル建て・ドル払いであるとすると，中国の輸入業者はその代金100万ドルを外国為替銀行を通じて日本に決済しなければならない。その時，その輸入業者は自分の持っている人民元で100万ドルを銀行から買って（銀行から見ると，対顧客売り）決済することになる。また，その100万ドルを受け取った日本の輸出業者は，ドルのままでは日本国内では使えないので，その100万ドルを日本国内の銀行に買い取ってもらって，それを日本円にする。こうして日本と中国の両方で外国為替の売買が生じることになる。この100万ドルを買い取った日本のA銀行は，顧客に売り渡すドルを欲しいと思っているB銀行に売却する。こうした外国為替の売買をする所が，**外国為替市場**（Foreign Exchange Market）といわれるものである。それを簡単に図にすると次のようになる。

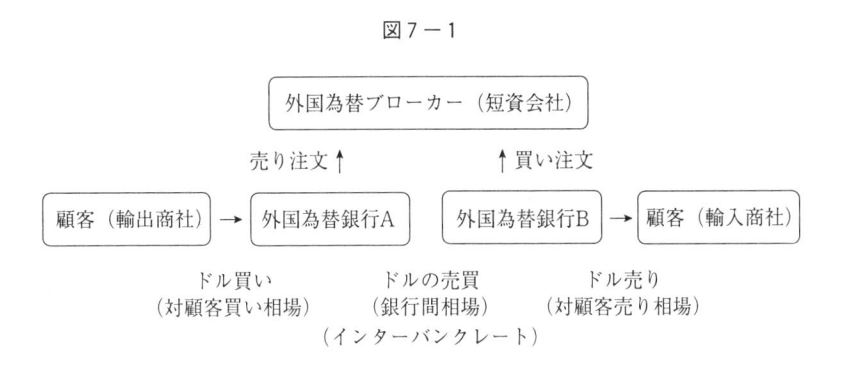

図7－1

```
        外国為替ブローカー（短資会社）
         売り注文 ↑              ↑ 買い注文
顧客（輸出商社） → 外国為替銀行A    外国為替銀行B → 顧客（輸入商社）
         ドル買い        ドルの売買          ドル売り
       （対顧客買い相場） （銀行間相場）    （対顧客売り相場）
                    （インターバンクレート）
```

2．外国為替相場

前記の外国為替市場で売買される二国間通貨の交換比率を外国為替相場（Foreign Exchange Rate）という。今日では，その交換比率である外国為替相場はその取引のつど決められる**変動為替相場制**（Floating Exchange Rate System）になっており，その相場は市場の売り手と買い手の合意した水準で決まる。即ち，その取引される通貨に対する需要と供給の大きさによって決まることになる。

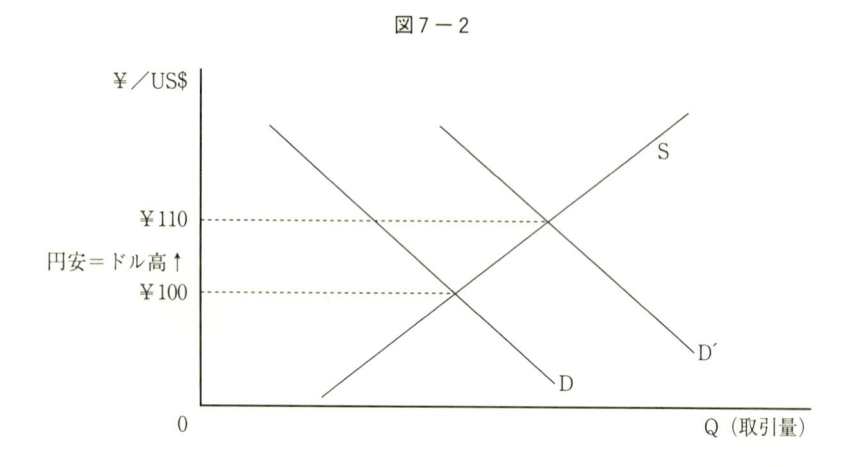

たとえば，東京の外国為替市場で米ドル（US$）が売買されているとして，1米ドル＝¥100の相場が成立しているとする。それは米ドルを欲しいと思っている人（たとえば輸入代金の決済のため）が米ドルに対して需要を持っていて，1米ドルに対して¥100支払ってもよいと考えており，他方では，反対に米ドルを手放したいと思っている人（たとえば輸出代金の決済として米ドルを受け取っている）が米ドルの供給をし，その時，1米ドルに対し¥100を受け取りたいと思っていて，その両者がちょうど同じだけの取引量を持っていることを意味している。このように，為替相場は2つの通貨の市場における需要と供給の一致する所で決まる。これを図示したものが図7－2である。

図7－2

¥/US$
¥110
円安＝ドル高↑
¥100
S
D′
D
0　　　　　　　　　　　　　　　Q（取引量）

　言い換えれば，為替相場はある一国の通貨に対する対外価値（価格）を示しているので，その通貨に対する需要が多くなれば当然その通貨の価格は上がることになる。先の例で，今度は日本の輸入が増加して，米ドルに対する需要がDからD′に増加したとしよう。米ドルの供給量が変わらない（輸出が変わらない）とすれば，米ドルを欲しいと思っている人は前と同じ1米ドル＝¥100では手に入れることは出来ない。輸入代金の決済に米ドルを必要としているわけだから，そのためには多少高くなっても仕方がないと，1米ドル＝¥110支払

うことになる。このように，円の対外価値が1米ドル＝¥100から¥110に低下したことになるので，これを円安＝ドル高という。

上の例とは反対に，輸出が増えて米ドルの供給が増え，輸入が変わらないとすれば，米ドルに対する需要は変わらないので，供給過剰から米ドルの価格は低下する。1米ドル＝¥110から¥100になることを円高＝ドル安という。

以上は原理的（理論的）な外国為替市場を考えてみたものであるが，実際の外国為替の取引の場面ではいくつかの複数の為替相場が存在している。

(1) 銀行間相場（インターバンクレート）

前節で述べた，銀行間で行われる，狭義の外国為替市場で取引される時の為替相場で，A銀行の売り相場はすなわちB銀行の買い相場であるので，その値は売り値も買い値も同じものになる。つまり，A銀行は銀行間相場より安い値で顧客から買い取ってきて，それを市場で売りに出し，差額を得る。B銀行は市場で買った値段より高く顧客に売って，同様に差額を得るわけである。

(2) 対顧客相場

銀行は市場で購入した外貨（たとえば米ドル）を，必要としている顧客に，利鞘を上乗せした相場で売り渡す。この時，期間やリスクによってその利鞘の大きさが違ってくるので，その結果，同一時点でも**対顧客売り相場**（Selling Rate）にいくつかの為替相場が成り立つ。

同様に，顧客が受け取った外貨（たとえば米ドル）を，銀行が買い取る場合にも，期間やリスクによってその利鞘が違ってくるので，**対顧客買い相場**（Buying Rate）にもいくつかの為替相場が成り立つ。

銀行にとって，最もリスクの小さい，しかも資金の遊休が生じない**電信送金**（Telegraphic Transfer：T/T）には少ない利鞘を，反対に，リスクも大きく，資金の遊休が生じ，しかも管理費用がかかる現金（Cash）の取引には大きな利鞘を付けることになる。今ではこの利鞘については自由化されたので，それぞれの銀行が独自に付けられるので，銀行によってその大小に多少の違いがある。

図7－3は各種相場の概念図を示したものである。

図7－3

対顧客買い相場			銀行間相場	対顧客売り相場		
Cash Buying	L/C at sight	T/T Buying	売り相場＝買い相場	T/T Selling	A/C	Cash Selling
97円		99円	100円/US＄	101円		103円

　対顧客相場には，さらに売買される**為替手形の決済方法**（Tenor）や決済までの期間（これを**手形期間：Usance** という）の違いによって相場は違ってくる。

（3）直物相場（Spot Exchange Rate）
　銀行が行う対顧客との外国為替の取引で，予約なしで，その取引当日に外国為替を売買する時に適用される相場を**直物相場**または翌日渡し相場という。たとえば，銀行の店頭で外国人観光客が手持ちの米ドルの現金を円の現金に替えたい時には直物相場である**現金買取相場**（Cash Buying Rate）のレートで銀行はその米ドルの現金を買い取る。また，急に外国に送金する必要が出来て，電信送金の依頼にきた人には，直物相場である**電信為替売り相場**（T/T Selling Rate）のレートで必要な外貨を売り渡し，その金額を仕向け先銀行に送金する。ただし，輸出貨物代金を回収するために輸出業者が振出した荷為替手形の買い取りの場合には，手形の代わり金の円は翌日ないし翌々日に渡される。それは銀行内部での書類の点検と外国為替市場でその為替の売買が完了してからになるので，多少時間がかかるためである。

（4）先物相場（Forward Exchange Rate）
　銀行と顧客との間で，将来のある一定時点で一定の金額の外国為替の取引をすることを予約した時に適用される為替相場で，取引が実行される日の為替相場には関係なく，その予約をした時の相場で売買が出来る。たとえば，いま輸出業者が外国の商社と機械の輸出契約を結んだとする。機械が製造されて船積

表7－1

FOREIGN EXCHANGE QUOTATIONS

OCTOBER 2007
SPOT RATES
(IN YEN PER UNIT)
1

CURRENCIES	CASH SELL	ACC	TTS	TTB	A／S	CASH BUY	COMPARED WITH PREVIOUS DAY	CENTRAL RATE
USD	120.36	118.70	118.36	116.36	116.02	114.36	0.81	117.36
GBP	249.85	243.63	242.85	234.85	234.07	227.85	1.12	238.85
EUR	170.82	166.78	166.32	163.32	162.86	158.82	0.06	164.82
CAD	127.49	120.83	120.49	117.29	116.95	110.29	2.07	118.89
CHF	103.83	100.04	99.83	98.03	97.82	94.03	−0.25	98.93
SEK	21.39	18.44	18.39	17.59	17.54	14.59	0.10	17.99
DKK	24.43	22.49	22.43	21.83	21.77	19.83	0.01	22.13
NOK	23.80	21.87	21.80	21.20	21.13	19.20	0.05	21.50
AUD	114.67	108.04	107.67	102.67	102.30	95.67	1.53	105.17
NZD	99.78	92.70	92.33	87.23	86.86	79.78	1.61	89.78
ZAR	——	19.81	19.72	14.72	14.63	——	0.26	17.22
BHD	——	321.55	320.63	304.63	303.71	——	2.33	312.63
IDR (100)	——	——	——	——	——	——	——	——
KRW (100)	14.32	——	13.02	12.62	——	11.32	0.08	12.82
CNY	——	——	——	——	——	——	——	——
HKD	17.55	15.59	15.55	14.69	14.65	12.69	0.10	15.12
INR	——	——	3.36	2.62	——	——	0.02	2.99
MYR	——	——	——	——	——	——	——	——
PHP	——	——	2.78	2.54	——	——	0.06	2.66
SGD	84.46	80.63	80.46	78.80	78.63	74.80	0.85	79.63
THB	4.22	3.84	3.82	3.66	3.64	3.26	0.03	3.74
KWD	——	431.34	430.16	414.16	412.98	——	2.92	422.16
SAR	——	32.29	32.20	30.60	30.51	——	0.25	31.40
AED	——	——	32.66	31.30	——	——	0.22	31.98
MXN	——	——	14.53	7.13	——	——	0.09	10.83
PGK	——	——	——	——	——	——	——	——

MEMO　1．以下の3通貨については参考値として CENTRAL RATE を提示いたします。
　　　　　CNY　　1 CNY ＝　　15.63 円
　　　　　TWD　　1 TWD ＝　　3.61 円　（1 USD ＝　32.53　TWD）
　　　　　KRW　　　　上記の TTS，TTB，CENTRAL RATE は参考値です。
　　　2．IDR と KRW は100通貨単位としています。

みされるまで3ヶ月かかるとすると，輸出の荷為替手形の買取は3ヶ月後になる。将来の為替相場について誰も正確に予測することは出来ないので，3ヶ月後の為替相場がいくらになっているかわからない。もし先物相場で予約ができないとすれば，3ヶ月後に直物で輸出為替手形を買い取ってもらわなければならない。為替相場が円安に進めば思わぬ**為替差益**（Exchange Profit）が生ずるが，逆に円高に進めば**為替差損**（Exchange Loss）が生じ，採算割れして赤字になってしまうかもしれない。直物相場だけではそうした為替変動のリスクをカバー出来ないため，貿易は非常に危険の高いものとなり，正常な発展が望めないことになる。こうした為替相場の変動によるリスクを回避するために，このような先物相場が作られているのである。

直物相場と先物相場の開き，即ち，現在と将来という時間的な関係による相場の開きは，金利の高さによるが，特に，短期の国内と海外との金利差による。この内外金利差と等しくなるように直物と先物の相場は調整される。この**金利平価〔インタレストパリティ〕**（Interest Parity）によって，為替の直物相場と先物相場という，異時点間の均衡が保たれることになる。

為替市場は世界の各地にあるので，それぞれの市場でそれぞれ異なった相場が成立しているが，地域によって異なっている相場がある一定の範囲に収まるのは，地域間の利鞘かせぎの鞘取取引である**裁定取引**によって均衡化されるからである。即ち，異地点間の均衡，地域間均衡は二国間または三国間の裁定取引によって均衡が保たれているのである。

3．為替相場変動リスク回避の方法

現在では為替相場が変動相場制になっているため，貿易には相場の変動によるリスクが常にある。それを回避する方法を以下にまとめてみる。

　ⓐ為替の先物予約をする。

これは売買契約の取引相手とは関係なく，売り手（輸出業者）もしくは買い手（輸入業者）のどちらか一方だけで対処できるので，大変便利な方法である。

ⓑ貿易保険の1つである為替変動保険をかける。

　ある一定の期間（2年超）の長期の延べ払い輸出に限られるが，為替相場がある一定以上に変動した場合，為替差損の一部をカバーしてくれる。これも輸出者の側で自由にかけられるので便利な方法である。

ⓒリーズアンドラッグス（Leads and Lags）を行う。

　売買当事者間で話し合い，為替相場の状況に応じて，決済の時期を早めたり，遅らせたりして，為替差損を軽減したり，差損が生じないようにしたり，さらに積極的に為替差益を得ようとする方法。ただし，これは送金など決済方法が柔軟なもので，本支店間の取引や，親子関係の取引など，取引当事者間で信頼関係が確立している場合に限られる。

ⓓ円建て・円決済の取引にする。

　日本の業者は為替変動のリスクを背負わないですむが，取引の相手側にそのリスクを負わせることになるので，本質的には，為替相場の変動によるリスクを回避したことにはならない。

ⓔ物物交換（バーター：Bater）か反対買付（Counter Purchase）を行う。

　為替の売買が生じないか，生じたとしても同額の売買がもしくはそれに近い額でその差額が小額であるので，為替相場の変動の影響はあまり受けない。リスクは軽減されるが，相手の欲しいものを提供出来るかが難しい。今日ではこれらの方法は，為替リスクのヘッジに対してより，むしろ外貨準備の不足からくる対外決済の支払いの問題に対する解決策として，特に外貨準備率の低い発展途上国で要求してくる場合が多い。

4．外国為替相場決定の理論

（1）為替相場決定の短期的理論

1）国際貸借説

　これは一国の為替相場はその国の通貨に対する外国における需要と供給によって，即ち，その国の国際貸借の状態によって決まるという説で，H. H. ゴッシェン（H. H. Gossen）によって理論化されたものである。世界が**金本位制**

（Gold Standard）を採用していた時代には，ある程度説明力を持っていたが，第一次世界大戦後，各国が金本位制から離脱して，紙幣本位制に移っていくと，各国の為替の切り下げ競争を生み，為替相場は国際貸借説ではもはや説明出来なくなった。

　この説によれば，取引している両国が金本位制を採用している場合，為替相場は両国の正貨の金の量によって決まる法定平価を基準にして変動する。その変動の範囲は，金の現物を輸送する費用の範囲内である。その限界点を金現送点とか正貨輸送点という。為替相場がこれより大きく変動したなら，為替手形で決済するよりも，金ないし正貨の現物で支払った方が有利となるから，それ以上には為替は下がらない。こうして為替相場はある一定の範囲内に収まるように決定されるというものである。

　しかし，為替の需給によって，即ち国際収支によって為替相場が決まるとしても，それが安定的なものかは議論が必要である。それはその国の通貨に対する需要と供給の状態，即ち，需要曲線の形状や供給曲線の形状によるからである。たとえば，米ドルの供給を考えると，それはアメリカ人の外国製品に対する輸入需要の結果であり，米ドルの需要というのは，外国人のアメリカ製品に対する輸入需要の結果であるから，米ドルに対する需要や供給の状態はそれぞれの国の**輸入需要の弾力性**によることになる。為替市場の均衡が安定的であるためには，両国の輸入需要の弾力性の和が１より大であることが必要である。これを**マーシャル・ラーナーの安定条件**という。

　ところが，為替相場はこうした貿易収支や経常収支だけで決まるものではない。特に最近では国際間の資本の移動が容易になり，その額も巨大になり，経常収支だけではなく，資本収支の大きさが現実の為替相場の形成に大きく影響するようになってきた。従来の国際貸借説ではそれをうまく説明出来ない。つまり資本収支の動きが大きくなり，その取引の結果が為替相場に影響し，それがまた資本の移動に影響するという相互作用が働いているからである。

　最近，資本の移動に大きくかかわるものとして，金利や収益率に着目した考え方が現われてきたが，それがいわゆる，**資産アプローチ**といわれるものであ

る。これは資産選択の1つとして対外資産を保有すると考えるから，その外国資産ストックから上げられる収益の大きさがその資産に対する需要を左右すると考えるわけである。そうなると，もはやその選択に際しては，金利や短期の収益率だけではなく，その国の経済の相対的な成長率や物価の相対的な上昇率（インフレ率）を考慮しなければならなくなる。その点については次章でさらに検討する。

2）為替心理説

為替相場の変動はその時々の世界的な経済や政治，軍事などの現実や予想などによって，人々が抱く外国為替に対する個々人の主観的評価が集積されて，外国為替に対する需要と供給になって現われてくると考える。これを限界効用の理論から発展させて説明したのが，A. アフタリオン（Albert Aftalion）であった。彼の理論の優れているところは，外国通貨に対する需要が，商品の売買についてだけ，即ち貿易収支だけで決まるのではなく，各種の予想に基づく取引に依存しており，それは経済や財政上の点だけではなく，広く社会的，政治的，軍事的な事実や予想によって，為替の投機が行われたり，資本の逃避が起こったりするというものである。つまり，資本収支によっても為替相場は変動させられるので，この両者を1つの原理で説明しようとしている点である。しかし，この説は為替の日々の変化については説明してくれるが，為替相場がいかなる水準に落着くべきか，その水準については何も示してくれない。

現実の為替相場の変動の中には，特に急激な変動をするブームやクラッシュなどの時には，この説による説明が意味をなすことがある。しかし，日常の変動は，先に述べたような，資産アプローチなどのように，金利裁定であったり，物価や成長率などの要素に対して抱かれる，人々の心理的要素，それもケインズの美人投票的な仕方で決まる面もあるのである。

以上見てきたように，国際貸借説や為替心理説のような短期の視点では変動の理由は説明出来ても，長期的な水準がどのように決まるかは説明できない。これを説明しようとしたのが，次節で取り上げる**購買力平価説**（Purchasing Power Parity：P.P.P.）といわれるものである。

（2）為替相場決定の長期的理論
購買力平価説

　ある国の通貨の価値が，その通貨によって支配できる財やサービスの量によって決まるとする考え方を，貨幣の購買力説というが，この考え方を外国為替の価格である為替相場の決定の説明に用いたものが購買力平価説である。

　第一次世界大戦後，為替相場が再び激しく変動するようになり，国際貸借説ではそれを説明出来なくなっていた。スウェーデンの経済学者 G. カッセル（Gustav Cassel）は，われわれが外国の貨幣に対してある一定の価格を付けるのは，その貨幣が外国における財やサービスに対して購買力を持っているからであると考えた。即ち，為替相場の変動はそれぞれの国の通貨の購買力の変化率の比，言い換えれば，それぞれの国の通貨価値を表す物価の上昇率の比によって示されるものであるというのである。それを式で表すと次のようになる。

$$現在の購買力平価 = 均衡状態における為替相場 \times \frac{A国の物価の変化率}{B国の物価の変化率}$$

　ここで注意しておかなければならないのは，それが単なる購買力の比ないしは物価の比ではないということである。つまり，為替相場は二国の貨幣の購買力の変化に比例して変動するということ示しているのにすぎないのである。もちろん，為替相場の変動が国内物価に影響するから，物価水準の変化だけが一方的に為替相場に影響するだけではなしに，貿易収支の調節を通じて，為替相場が物価にも影響するということを彼も認めているのである。

　現実の為替相場は種々の撹乱要因によって購買力平価から離反するが，その乖離は物価の変動を通じて，為替相場を購買力平価の水準に向かわせる。このように，為替相場が購買力平価に一致するまで，為替相場の変動は外国貿易に影響する。為替相場と物価との間には相互作用が働いているのである。

第8章
国際収支

1．経常収支

　一国の対外決済の収支全体を示したものが，国際収支といわれるものである。それを大別すると，日常的な支払いや受取りの収支を表す経常収支と，投資や貸借などある一定期間留まる資金の動きを示している資本収支に分けることが出来る。前者はいわばフロー（Flow）の概念であり，後者はストック（Stock）の概念である。IMFの基準による国際収支表は次のようになっている。

表 8 － 1
〈IMF の基準による国際収支表〉

（1）経常収支
　　　・貿易・サービス収支
　　　　貿易収支
　　　　　　輸出
　　　　　　輸入
　　　　サービス収支
　　　・所得収支
　　　・経常移転収支
（2）資本収支
　　　・投資収支
　　　・その他資本収支
（3）外貨準備増減
（4）誤差脱漏

貿易収支は輸出と輸入の差であり，輸出をすれば代金として外貨を受取り，輸入をすれば貨物代金として，外貨の支払いが生ずる。サービス収支は運賃や保険などのサービスに対する報酬の支払いと受取りで，外国のサービスを買えば外貨の支払いとなり，反対に，外国にサービスを売れば外貨の受取りとなる。

　所得収支は賃金や利息，配当金など，本邦在住の外国人や外国企業である居住者に対する支払いと，外国にいる邦人や日本企業である非居住者の海外での受取りを差し引きしたもの。近年，わが国は貿易収支よりこの所得収支の黒字幅の方が大きくなってきている。

　経常移転収支は，反対給付を伴わない一方的な支払いや受取りで，寄付や贈与，税金などがある。貿易・サービス収支，所得収支，経常移転収支の3項目を合わせたものが経常収支である。

2．資本収支

　最近の企業の国際化，グローバル化の進展により，国際間の資本移動が大きくなってきた。外国企業が日本に工場を作ったり，日本企業を買収したりすることが極日常的なことになってきている。同時にまた，日本企業も外国に進出していき，工場建設や合弁会社の設立などを日常的に行うようになってきている。さらに近年目につくのが，いわゆるヘッジファンドなどの投機集団による企業買収に絡む資金の移動で，その動きが激しくなってきていることである。豊かになった国では，個人が資産選択の一環として外貨預金をすることも珍しいことではなくなった。このような時代的背景の中で，国際収支に占める資本収支の割合がますます高くなってきているのである。

　投資収支は外国から日本に向けての**対内投資**と，日本から外国に向けた**対外投資**の差である。貸借などは**その他資本収支**に分類される。投資には，工場建設などの実物投資や会社設立や企業買収などが行われる**直接投資**と，株式や債券などの購入で主として金融的な収益を狙った**証券投資**がある。資金の運用をして収益をあげるファンドや保険会社などはこうした証券投資を行っており，

株式のみならず，債権や国債あるいはそれらを組み合わせて運用する様々な投資信託やデリバティブといわれる**金融派生商品**など幅広く向けられている。金融工学によって様々な金融「商品」が開発されているが，それらの資金はより高い収益を目指して世界中を移動する。そのため，短期的な収益性が重要視され，世界経済，特に国際金融市場での不安定さを増加させていることを問題視する向きもある。

外貨準備は対外支払いのための外貨の準備金で，一部金などでの準備も含まれる。銀行の対外資金ポジションが変わらないとすれば，総合収支の黒字額が外貨準備の増加額となり，赤字額は外貨準備の減少額となる。ただし，中央銀行が為替相場の維持や安定化のために，ある特定の外国通貨を買うと，国際収支とは関係なく外貨準備だけが増加するということもある。1973年，1978年に原油価格が急騰した時，輸入額が急増し，わが国の国際収支は赤字となったが，それにもかかわらず外貨準備高は急増した。日本銀行が米ドルの買い支えをしたからである。

誤差脱漏は単なる調整項目で，帳簿上の処理に必要なもので，実際の取引には関係しないものである。

一般的には，経常収支と資本収支に誤差脱漏を加えたものを**総合収支**といい，これを指して国際収支と呼ぶことがある。厳密には，外貨準備の増減も入るので，これを入れた場合，国際収支は常に収支均衡していることになる。

3．国際収支の変動要因

国際収支が一国の経済状況，特に対外経済関係をよく示しているものであるとすれば，その変動要因もその国のおかれている経済状況，とりわけ諸外国との相対的な関係にあると考えられる。国際収支は先に見たように，日常的な取引の結果である経常勘定の収支である経常収支と，ある一定期間資金が留まる資本勘定の収支である資本収支から成っているが，それぞれその変動要因は異なっている。

(1) 経常収支の主な変動要因

　経常勘定の中で最も大きな勘定は貿易・サービスの勘定である。中でもわが国では貿易の割合が高い。最近では，勘定の収支だけでみると，貿易収支より所得収支の方が大きくなっているが，それは最近の輸入の増加により，貿易収支，即ち，輸出額と輸入額の差が以前より小さくなってきたためであり，決して貿易額が小さくなってきたからではないのである。

　まず貿易収支であるが，貿易の中身は輸出と輸入であるから，輸出が多くなれば受取る外貨の量が多くなり，外国為替市場でのその外国通貨（たとえば米ドル）の供給量が増え，その価格は低下する。反対に輸入が多くなれば，対外決済のために必要な外国通貨（たとえば米ドル）の需要が増え，その価格は上昇する。輸出が増えるのは，その国の製品価格が諸外国の価格と比べて相対的に低いからである。現在，中国から世界中に多くの輸出がなされているが，それは中国製品が相対的に安いからである。為替相場が今ある水準で安定しているとすると，貿易収支はその国の**物価水準**によることがわかる。要するに，物価水準が"相対的"に低い国は国際競争力を持つと考えられている。もちろん単純に物価だけでは競争力を持てない。製品の品質や技術力などが競争上大変重要であることは確かであるが，"相対的"な物価水準とはそのようなことを加味したもので，それが低い国はやはり競争上有利である。そのようなわけで，物価水準が貿易収支の大きさに影響しているのである。

　サービスについても物価が影響する。日本は相対的に物価が高いので，外国のサービスを買う方が国内のサービスを買うより安くすむ。同じサービスなら外国のサービスを買うことになる。そのため日本はサービス収支は赤字になっている。そのよい例が観光旅行で，国内の観光旅行の費用より，海外旅行の費用の方が安いのはよく知られている。宿泊費も日本は高いため，外国人観光客は日本を敬遠して，他のアジア諸国に向かっているのである。

　次に所得収支であるが，この内**雇用者報酬**はその国の労働市場の開放度による。日本はまだまだ労働市場が対外的に開放されていないので，賃金の支払いより，受取りの方が大きくなっている。さらに，**投資報酬**は最近直接投資の事

業が軌道に乗り，収益を上げるようになり，受取りが支払いを上回るようになってきた。証券投資も最近の日本の低金利を反映して，外国からの受取りの方が多くなっている。この部分は投資の収益性によるので，一部分は利子率にも影響されるが，基本的には，その国の資本力の充実さと対外進出の進み具合による。

（2）資本収支のおもな変動要因

直接投資の大きさを決めるものは，その投資から得られる収益の大きさ，すなわち，**投資収益率**（ROI：Return on Investment）である。ケインズ流にいえば，投資の限界効率であって，それは利子率と期待収益率による。利子率が高くても，それを上回る収益が期待出来れば投資は行われる。もちろん期待収益率にはリスクの評価も入れられている。最近では中国や東南アジア諸国の**カントリーリスク**が下がってきたのと，国内では生産コストが高くなりコスト競争力を失うというリスクが高まってきたことがあって，日本企業の**対外直接投資**（Foreigh Direct Investment：FDI）が増加しているのである。外国企業の日本国内に向けた対内投資より，日本企業による対外投資が上回っているので，直接投資の収支は支払超過で赤字である。これは日本の物価が高いのを反映して国内の賃金（人件費）が高くなっていることがその1つであるが，金利の低下を反映して対外投資をするための資金コストが低くなっていることも1つの大きな理由である。

期待収益に与える影響でもう1つ大きな要素に経済の成長率がある。収益率が仮に一定であっても，成長すれば売上げ増加により，利益率が改善されなくても利益額は増加することになるので，投下した一定額の資本に対する収益率は向上する。成長する経済はそういう意味で投資リスクを低下させる。これは期待収益率を改善する。こうして投資が拡大していくことになる。

さらに直接投資においては，労働者の技術水準，港湾設備や交通網，電力や水道や電話網といった**社会基盤**（インフラ：Infrastructure）の状態や，**知的財産権**の保護やその他の法的制度の整備状況，税制など，企業が効率良く，安心し

て活動出来るところであるかが重要な要素である。

　証券投資の大きさを決めるのも，その投資から得られる収益の大きさ，即ち，**投資収益率**（ROI）である。しかし，この場合には直接投資の場合に比べて，収益率に直接影響すると思われる利子率に敏感である。それは，証券投資の場合，資金の回収期間の設定が直接投資の場合よりはるかに短いからである。もちろん，証券投資においても，株式の場合には債券と違って，利子率よりも，配当性向にかかわる収益率を重視したり，株価の値上がりによる**資本利得**（Capital Gain）を重視する場合には，成長が重要になる。

　以上に見てきたように，経常収支と資本収支ではその変動の要因が違っているが，大きな役割を果たすのは，物価と利子率というマクロ経済の指標である。

第四編　国際マーケティング戦略

第9章
貿易マーケティング

1. 有力市場の選定について－概説

　貿易をするということは，外国の企業と取引をすることであるから，通貨や言語の問題もあるが，それ以上に重要なことは，取引相手をどこにみつけるか，言い換えれば，自社の商品の市場はどこにあるのか，市場の発見から始めなければならないということである。国際マーケティング戦略では，そのようなマクロ的な面からの有力市場の発見と，ミクロ的な一企業としてのマーケティング戦略をどのように展開していくかが問題となるのである。

　有力市場の発見と選定でまず大切なことは，その市場の特色を識別することである。市場はどこにでもあるわけで，その市場が自社の今売ろうとしている商品にとって相応しい市場かどうかを見分けなければならない。道路がろくに整備されていない小さな島で自動車を売り込んでも，決して売れないだろうし，国民所得が1人当たり年間1,000ドルにも満たない貧困地域で，パソコンを売ろうとしてもうまくはいかないだろう。赤道直下の国で毛皮のコートを売ろうとしても同様にうまくいかないだろう。

　それは気候・風土などの地理的なものや，経済的なもの，政治的なもの，宗教や慣習などの歴史的なものが，その市場の特色を生み出しているのであるから，それらを考慮して市場を選定すればこのようなことは起こらないのである。

そのような客体としての市場の分析の他に，自社の商品がどのような特色を持っているのかを知っておく必要がある。この両者を知らなければ，マーケティング戦略は成功しないのである。ここではマクロ的な面では，客体としての市場の分析について考慮すべきものとして，気候・風土などの地理的なものや，宗教や慣習などの歴史的な側面については省略して，経済的な問題として経済の発展段階についてと，政治的な問題としてカントリーリスクの問題を取り上げる。ミクロ的な面では，自社の商品の特色について，特にある1つの製品がどのようなプロダクトライフサイクルを描き，今その製品がそのサイクルのどの時期に位置しているのかを知ることが重要となる。以下ではそれらの問題について少し考えてみることにする。

2．経済の発展段階

一般的に，一国の国民経済が発展するにつれてその国民所得も増加する。国民所得の増加は人々の生活形態を変えるから，消費需要の中身が変わってくる。それまでは上級財であったものが，今では下級財になってしまっているものもあるかもしれない。そのようなわけで，マーケティングをする際には，その国（市場）の経済の発展段階について知る必要がある。ここでは最もポピュラーな W. W. ロストウ（W. W. Rostow）の発展段階説で考えてみる。

彼はその各段階を次のような5段階に分ける。
1）伝統的社会
2）離陸のための先行条件期
3）離陸期
4）成熟のための前進期
5）高度大衆消費社会
（注）『経済成長の諸段階』(The Stages of Economic Growth, 1960)。

伝統的社会や離陸のための先行条件期では，所得水準や投資水準も低く，購買力も小さいため需要は低いので，どちらかといえばビジネスチャンスは少な

いといえる。ロストウによれば，離陸（Take off）とは「着実な成長に対する古い障害物や抵抗が最終的に克服され，経済進歩を促進する要因が拡大して，成長が社会の正常な状態になる時期」であるという。具体的には次のような特色がみられるという。

（a）投資率がGNPの10％を超える。
（b）新しい工業の発展。
（c）都市化の進展。
（d）第三次産業の拡大。
（e）農業の生産性の上昇。

この時期から次の成熟のための前進期へ進むのに60年くらいかかるものとみられている。わが国が離陸期に入ったのは19世紀のはじめといわれているが，第二次世界大戦で一時不時着し，戦後再離陸をし，21世紀に入って高度大衆消費社会に入りつつあるようである。

市場における需要は，その市場の経済発展の段階によって異なる。高度大衆消費社会でよく売れる物——たとえばパソコンや乗用車など——でも，それらは伝統的社会や離陸のための先行条件期にある社会ではおそらく売れないであろう。また，同じ商品でも，市場の経済発展の段階の違いにより，売り方が違ってこよう。たとえば，ある市場では扇風機は上級財として売られているが，別の市場では下級財として売られているとすれば，そこでは当然違った価格戦略がとられなければならない。

3．カントリーリスク

カントリーリスク（Country Risk）とは，その国固有の政治的，経済的，軍事的な不安定性に起因するところの危険性で，企業にとっては個別に対応することが難しいものである。特に長期に及ぶプロジェクトや**海外投資**（Overseas Investment）などを行う上では，これをいかに回避するかが重要になってくる。そのリスク（Risk：危険）は次のように分類される。

（1）非常危険（直接リスク）
　①政治的リスク——革命，戦争，内乱，国有化政策などに起因するもの。
　②国際収支リスク——外貨不足からくる送金不能，送金禁止などによるもの（いわゆる累積債務国ではこの危険が高く，いつ**リスケジューリング（Re-scheduling：支払い延期）**になるか，**モラトリアム（Moratorium：利払い停止）**宣言を出されるか不安がつきまとう）。

（2）その他の政策的リスク（間接リスク）
　①平価切り下げ——国際収支の悪化による。
　②課税率の変更——インフレ抑止のため。
　③保護政策の打切り——国家の政策の転換などによる。
　④国有化——社会主義化などの国家形態の転換による。しばしば，革命やクーデターなどによって行われる。

　これらのリスクについての査定は政府機関や外国為替銀行が行っているが，その要因分析には次のようなものが含まれている（機関により，多少異なる）。

（A）政治的・社会的要因
　①国際政治の安定度
　②国内政治の安定度
　③国家の経営能力
　④人的資源・民度

（B）経済的要因
　①1人当たりのGDP
　②実質経済成長率
　③資本形成／GDP
　④経常収支／輸出（サービスを含む）
　⑤輸出商品分散度（上位2商品構成比）

⑥外貨準備変動率

⑦負債・サービス比率（Debt-Service Ratio）

⑧外貨準備／月間輸入額

⑨公的対外債務残高／GDP

⑩インフレ率

⑪財政収支／GDP

⑫資源賦与度——石油（天然ガスを含む）確認埋蔵量またはそれに相当する鉱物資源ないしは食料品の年間輸出額など

4．プロダクトライフサイクル

　人の一生に1つのサイクルがあるように，生命を持つものにはそこに1つのライフサイクルが描かれる。企業や産業にも生命がありライフサイクルがあるように，1つの製品についてもライフサイクルがあるという説がある。これを**プロダクトライフサイクル仮説**という。R. バーノン（R. Vernon）によればそのサイクルは次のような5つの段階に分けられる。

　第1期（Stage Ⅰ）導入期：研究開発の段階が終わり，いよいよその製品が市場にはじめて投入された時期で，まだ採算に乗らない段階。

　第2期（Stage Ⅱ）成長期：導入期を通じて人々に知られるようになり，普及し始め，採算が取れるようになり，利益が上がるようになった段階。

　第3期（Stage Ⅲ）成熟期：利益率は最高になり，売上げ，利益ともに高い水準にあり，最も企業業績に貢献する段階。

　第4期（Stage Ⅳ）飽和期：すでに浸透しつくしてしまい，売上げも利益もピークを過ぎて下がっていく段階。

　第5期（Stage Ⅴ）衰退期：売上げは減少し，採算が悪化。そのままでは生産を継続することがもはや困難な段階で，やがて生産中止となる。

　もちろん，このようなサイクルはどの商品にもあるが，商品によりそれぞれの段階（Stage）の長さは異なっており，ある商品はかなり長い飽和期を持つかもしれないし，また逆に，すぐに衰退期を迎える商品もあるかもしれない。

さらに，サイクルの波の高さや形状も商品や地域で異なってくる。ある商品は短い導入期で長い成熟期を持つかもしれないし，別の商品は長い導入期でも高い成長期や高い水準の利益率を持つかもしれない。

　そのようなことから，企業は同一商品をいつまでも売り続けることは出来ないので，様々な工夫が求められることになる。その1つが改良であり，それによって製品寿命を延ばしたり，また新しい需要を創りだせるのである。他にも，新しい市場を開拓したり，今までとは違った販売方法を取り入れるとか，新しい用途を造り出したりすることも出来る。最近，RVとかSUVとかいわれる主としてレジャー用のクルマが普通の乗用車よりもよく売れているようであるが，これも従来は箱型のライトバンであったり，ジープ型の四輪駆動車であったものが，家族用に改良されて新しい市場を得たものである。

　このように，企業はミクロの面からも自社の商品のおかれている状況がどのようなものであるかを知っていなければならない。市場の開拓はミクロとマクロの両面から分析していくことが必要になるのである。

図9−1
プロダクトライフサイクルの図

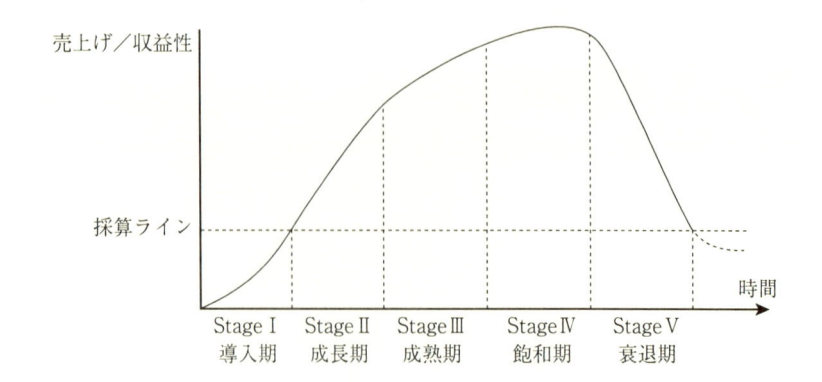

第10章
マーケティング戦略

1．製品計画

　マーケティングという概念は1960年代になってから明確になってきたもので，それは生産者から消費者にその生産物がわたるまでのあらゆる企業活動をいうのであって，単なる販売（Sales）だけではなく，もっと幅広い活動を含むものである。ここでは主として貿易に関係する活動として，いわゆる4 P's of Marketing といわれる Product, Price, Place, Promotion の中心となる製品計画，価格政策，商標政策，物流政策を取り上げる。

　1つの製品には前述したように1つのプロダクトライフサイクルがあるとすれば，現在その商品がどんなに花形商品であっても，やがて衰退し，収益をもたらさなくなってしまうであろう。企業というものは，一般的には，Going Concern（将来にわたって存続しうる組織）でなければならないので，企業が存続しうるためにはこのような1つの商品だけではその目的を遂行しえない。つまり Stage の違う商品をいくつか組み合わせて持っている必要があるのである。

　そこで問題となるのが**プロダクトミックス**という考え方で，Stage Ⅲの成熟段階の商品だけではなしに，全社的にみると収益性の悪い商品を持つことになるので，短期的には収益性を低下させるかもしれないが，Stage Ⅰの導入段階の商品も，Stage Ⅱの成長段階の商品も持っていなければならない。このように Stage の異なる商品を合わせて持つことをプロダクトミックスという。

　こうして常に新しい商品を市場に導入し続けることによって，Stage Ⅲの商品がやがて Stage Ⅳになり，さらに Stage Ⅴにと進んでいっても，後から導入

された商品がStage Ⅰから，やがてStage ⅡやStage Ⅲに進んで，収益が上がるようにしておくのである。このように常に収益が上げられる商品をいくつか持っているようにすることによって，長期的にある一定水準の収益を確保することが出来るのである。製品計画の本質はまさにこのプロダクトミックスの最適化を図ることに他ならない。

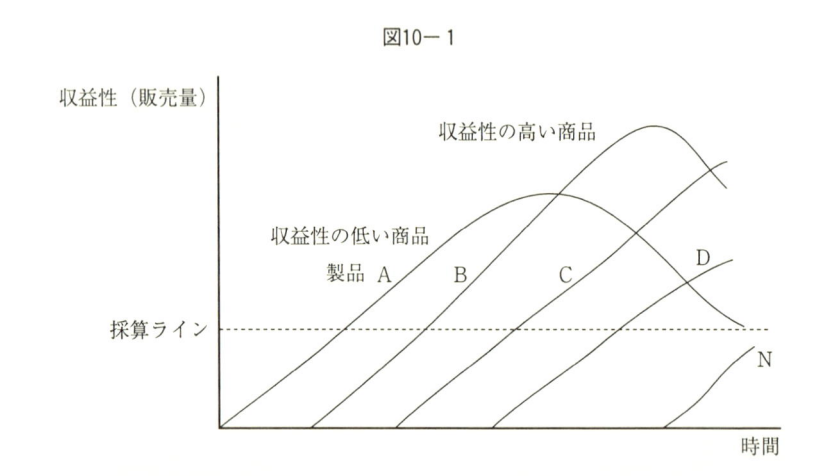

図10－1

2. 価格政策

　新市場への進出や，新製品の投入などの時，最も注意を払わなければならない問題の１つが価格政策である。需要がそこにあっても，それを自社の物として現実化出来なければ何の意味もない。利潤の最大化にしろ，売上高の最大化にしろ，マーケットシェアの最大化にしろ，企業は何らかの最大化行動をとることによって，目標を実現しようとする。自社製品の現実の需要量の大きさを直接的に支配するものが価格である以上，この価格政策がいかに重要であるかということである。

　一般に，個別企業の当面する需要曲線は何らかの独占的要素（地理的であったり，製品の機能や性質，デザインなどで，差別化の努力をしているので）が働いているので，図10－2のように，右下がりの曲線を描くと考えられる。もちろん，これ

図10−2
（通常の場合）

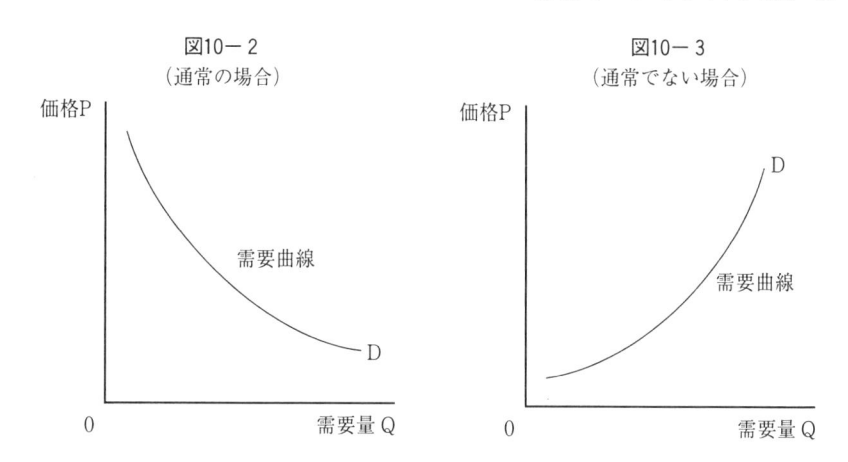

図10−3
（通常でない場合）

は健全な需要の場合であって，消費者の持つ需要が何らかの影響を受けている場合にはこうならない。その例として次のような場合が考えられる。

①ヴェブレン効果が働く場合。
②デモンストレーション効果が働く場合。
③依存効果が働く場合。
④自社の商品がその市場において下級財の場合。

アメリカの経済学者T. ヴェブレン（T. Veblen）は富裕階級の経済行動を研究し，彼等が，高価であればあるほど，その消費に大きな満足を持ち，需要するということを見出した。200万円の乗用車よりも3,000万円の乗用車により大きな満足を感じ購入するし，ギャンブルで1,000万円儲けたというより，1億円負けたことの方が話題性があるのである。要するに高い支払い能力がその社会では高いステイタスになるからである。彼等は高いステイタスを手に入れるためには支出を惜しまない。豊かな社会においては，一般の人でも，宝石や化粧品，ブランド品などにはこのような傾向がみられる。このような場合には需要曲線は右下がりではなく，逆に右上がりになっているので，通常の価格政策はとれない。

同じくアメリカの経済学者J. S. デューゼンベリー（J.S. Duesenberry）は消費者行動を研究して，その消費行動は周囲の人の消費行動に影響されるということ

を見出した。隣の芝はより蒼く見えるわけである。それを彼はデモンストレーション効果と呼んだ。近隣の人が国産車から外車に乗り換えたとすると、自分に本当にそれだけの真の必要性（Needs）があるわけではないのに、必要と思って購入するようなものである。この場合も、消費者は合理的経済人として行動するわけではなく、その消費者が帰属している社会の一般的な傾向から必ずしも独立しているわけではないので、単純に右下がりの需要曲線を想定した価格政策はとれない。

同じくアメリカの経済学者 J. K. ガルブレイス（J.K.Galbraith）はアメリカのように大企業体制が確立した社会では、企業からの働きかけが大きくなり、人々の持つ需要が広告や宣伝によって造り出されている部分があるという。マーシャルが建設的広告と分類した中にも、真のNeedsに基づかない不健全な需要が創り出されていることを指摘したのである。消費者が合理的に判断した結果持っていると思われている需要が、実は供給者である企業の活動に依存させられているというわけである。これを依存効果という。この場合にも、需要が真のNeedsに基づくわけではないので、通常の価格政策が有効であるとは限らない。

下級財の場合、所得が増加するにつれて需要量が減少するから、所得のうち下級財に支出される割合が高いと、いわゆる**ギッフェンの逆説**が生ずる。この場合にも需要曲線は右下がりにはならないので、通常の価格政策はとれない。

以上の例外的な場合を除けば、需要曲線は右下がりになっているので、価格を下げれば需要量は増加する。企業は価格を自由に動かして、自社にとって最も都合のよい価格を決めればよいわけであるが、価格を下げてより大きな需要を獲得したとしても、増収になるとは限らない。逆に、価格を上げて、需要が少々失われたとしても、必ずしも減収になるとは限らず、むしろ増収になるかもしれない。この判断に必要な概念が、**需要の価格弾力性**である。

需要の価格弾力性とは、価格が変化した割合で需要量が変化した割合を比較したもので、それは次式で表される。

$$e = -\frac{\text{需要量の変化率}(\triangle Q/Q)}{\text{価格の変化率}(\triangle P/P)} = -\frac{\triangle Q \cdot P}{\triangle P \cdot Q}$$

　ここで，Pは価格，Qは需要量，△Pは価格の変化分，△Qは需要量の変化分である。つまり，価格を変化させた時に失われる収入の大きさと，得られる収入の大きさを比較しているわけである。

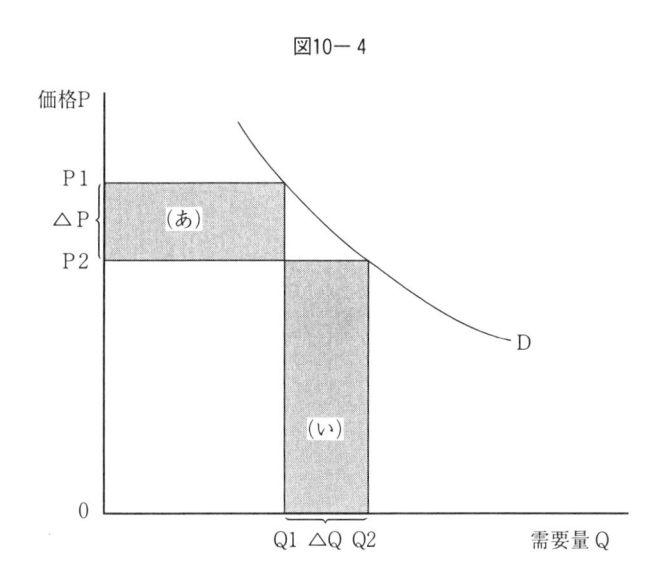

図10－4

　図10－4で，アミかけ部分（あ）は△P・Qで，上の式の分母の部分を示しており，アミかけ部分（い）は△Q・Pで，同じく分子の部分を示している。式の前にマイナスの符号が付いているのは，需要曲線の傾きが負になっている（右下がり）ためで，分子と分母で互いに異符号になってしまい，弾力性の値が絶対値で表せないからである。

　需要の価格弾力性とは，価格を変化させた時の（あ）の面積と（い）の面積の大きさを比較していることに他ならない。従って，その大小によって，次のようになる。

① (あ) ＞ (い) であれば　e＜1　(非弾力的)　(弾力性が小)
② (あ) ＝ (い) であれば　e＝1
③ (あ) ＜ (い) であれば　e＞1　(弾力的)　(弾力性が大)

①の場合，非弾力的ということは，価格が多少変化しても，需要量はそれほど大きく変化しないということを意味しているので，価格を上げることによって増収となる。一般的に，価格に左右されない必需品とか，趣味性の高い物，骨董品などにこの傾向がみられる。

②の場合は弾力性が1であるので，価格を多少変化させても収益の大きさが変わらないので，積極的に価格を変更する理由はない。

③の場合，弾力的であるので，価格を上げると減収になり，下げると増収になる。競争の激しい商品，競争相手が多い場合，普及率の高い商品などにみられる。

市場の状態により，需要の性質が異なっており，価格政策も当然それに応じたものがとられなければならない。

(1) 上層吸収価格政策 (Skimming Cream Pricing Policy)

この価格政策は，前記の非弾力的需要の場合に用いられる。たとえば，電気製品の新製品で，市場に投入したての頃は，新しい物には価格を気にしない人や，趣味性が強いとか，富裕層向けに高い価格を設定して，上層の需要を吸収する。そして次第にその層を下に広げていくような価格政策がとられる。この時，最初に低い価格設定をしてもそれ程多く売れるわけではないので，高めの価格設定をした方が売上げ増加になる。しかし，やがてその商品が普及して，競争相手が参入してくると，いつまでもこの価格政策を続けるわけにはいかなくなる。

(2) 浸透価格政策 (Penetrating Pricing Policy)

競争が激しくなると，それにつれて需要の価格弾力性は大きくなる。このような段階では，価格を上げるとたちまち需要を失ってしまう。即ち，薄利多売

の戦略がとられなければならない。マーケットシェアをいかに大きくするかが重要になってくる。競争相手は単に同業者だけではない。鉄道会社のライバルは同業の鉄道会社だけではなく，航空会社も，トラックやバス会社も競争相手なのである。

その他に，市場の状況により，インフレーションが進行中などは**資産効果**が，逆にデフレーションの進行中では**逆資産効果**が作用したりするし，経済成長率が高いか，成熟市場であるかによっても販売方法や価格政策は変わってくる。

3．商標政策

商標（Brand または Trademark）はその商品または企業のIdentityであり，広告や宣伝をする時，消費者により強く訴える力を持っている。商標を見た時に，ああ，あの会社だなとか，あの商品だなと一目でわかるようにしたものである。これを**商標の識別機能**という。同時に，それはまた品質の証明でもある。つまり，その商標を見れば，その商品の品質がどういうものであるかが一目でわかるものでなければならない。これを**商標の品質証明機能**という。商標にはこのように複数の機能があるので，そのどちらをより強く打ち出すかで，その商標政策は変わってくる。

（1）単一商標政策（Single Brand Policy）

消費者の認知，識別機能を重視した商標政策で，1つの商標なのでそれだけ速やかに市場に浸透させることができる。メリットとしては，広告費が節約できることと，消費者の認知度を高められることである。反面，同一企業がいくつかの商品を出している場合，品質証明という面では多少問題がある。たとえば，品質の違う異なった等級の物を同一商標で販売した場合，消費者にはどの等級の物かがその商標名だけからでは識別出来ないという問題がある。他社のものとは違うというIdentityは強く出せるが，同一社内の製品間での品質の違いを識別させるという意味での個別商品のIdentityは弱められてしまうという

デメリットがある。

（2）複数商標政策（Multiple Brand Policy）

　これは品質証明機能に重点をおいた商標政策で，他社のものとは違うという識別機能の上では不利であるため，宣伝，広告費がかかるというデメリットがあるが，個々の商品はそれぞれ個別の商標を持っているため，品質の証明はより明確である。ただし，個々の商品の認知度を高めようとすると，ここでも広告費がそれだけ多く必要となる。

　このように，商標には識別機能と品質証明機能があるので，それをいかに発揮させるかが販売戦略上重要な意味を持ってくる。企業によっては，単一商標政策から複数商標政策に切り替えたところ（セイコーやトヨタなど）もあるし，反対に，複数商標政策から単一商標政策に切り替えたところ（ケンウッドや日産など）もある。

図10－5　商標の例

Canon　　　SONY

SHISEIDO　　IBM

SUNTORY　　SHARP

4．物流政策

　生産者により生産された物が消費者の手許に届くまでの商品流通についての企業活動で，その中には，どのような経路で販売されていくか，どのような手段で運ばれていくのか，それをいかに安定的に回転させていくのかということ

が問題になる。

(1) 販売経路 (Distribution Channel)

最も単純な販売経路の図式は次に示されるようなものである。**一次販売店** (**Distributor**) は**元売り**などといわれることもある。**代理店** (**Agent**) は一次販売店と同じように，**二次販売店** (**Dealer**) に卸売りをする業者であるが，その機能は少し違っている。

図10－6

```
    (Distributorの場合)                  (Agentの場合)
Manufacturer (製造業者)            Manufacturer (製造業)
      |                                    |
Distributor (一次販売店)             Agent (代理店)
      |                                    |
Dealer  Dealer  Dealer (販売店)     (Distributor：一次販売店)
 /\     /\      /\                         |
Customer Customer Customer (顧客)   Dealer   Dealer (販売店)
                                     /\       /\
                                    Customer Customer (顧客)
```

＊Customer には Consumer（消費者）か End-user（最終需要家）の場合がある。
＊Distributor は Wholesaler（卸売り業者），Dealer は Retailer（小売り業者）であることが一般的。

1) 一次販売店＝元売り (Distributor)

Distributor は自己の勘定と自己の危険負担で取引する当事者**本人** (**Principal**) であるから，製造元や**供給元** (**Supplier**) から，ある一定の値引きをした価格である**卸値** (**Wholesale Price**) で購入するが，あくまでも本人対本人として取引する。その商品を二次販売店に**再販売** (**Resale**) し，その再販売価格と仕入れ価格との差額を**利益** (**Profit Margin**) とするものである。それらの取引は自己の勘定で仕入れ，自己の勘定と危険負担で売却する。その売却に伴うあらゆる危険──売却不能による持ち越しとか，予定価格を下回る売却価格，あるいは代金

回収に伴う危険など——は自己の負担で行うものである。製造元や供給元とは**販売店契約**（Distributorship Agreement）が結ばれる。

　２）代理店（Agent）

　代理店は本人会社との間で結ばれた**代理店契約**（Agency Agreement）に基づき，その与えられた権限内で，本人会社に代わって取引をする者で，その行為の結果はすべて本人に帰属する。この点が Distributor と大きく違う点である。

　代理店はその代理店契約に基づいて，取引成立後一定の報酬，**代理店手数料**（Agent Commission）を受取る。Distributor のように利鞘の形式で手数料をとることもあるが，本人が受取った売上げから**戻し口銭**（Return Commission）として，本人からその手数料を受取ることもある。また名目だけの代理店の場合，**眠り口銭**（Sleeping Commission）として名目的な低い手数料を受取るだけのこともある。

　代理店には販売代理店の場合（たとえば輸出代理店など）と，買い付け代理店の場合（たとえば輸入代理店）などがある。また，それらの権利を独占的に保有している場合，一手代理店とか**総代理店**（Exclusive Agent, Sole Agent）などといわれる。

　代理店や販売店の場合，系列の商品のみを取扱うことが多かったが，最近では；公正取引委員会の指導で，他系列の商品の取扱い禁止が出来なくなり，複数の系列の商品を扱う二次販売店が現われてきている。

　日本における問屋は，単線的なこの代理店方式や販売店方式とはやや異なり，複線化していて，一軒の問屋は複数の製造元や供給元からそれぞれ違った商標の商品を仕入れ，それをまた複数の小売商に合わせて卸す者である。基本的には Distributor のように，本人対本人として取引をするが，中には一部 Agent の機能も果たしていることがあるが，基本的にはまったく違った形態である。

（２）輸送方式

　輸送・納入の問題を大きく分けると，運送手段の選択と運送契約の仕方に分

けられる。運送手段には陸，海，空の交通機関を利用することが出来るが，それは取引の内容に応じて，最も望ましい手段を選ぶことになる。その際には次のような点が考慮されなければならない。

①取引される商品の性質：生鮮食料品や生き物，生花，医薬品や臓器，血液など緊急を要するものは当然時間節約的な手段が選択されるだろうし，石炭や原油，穀物や鉄鉱石などのように，量的に大きくかつ保存性の良いものは，むしろ費用節約的な手段が選択されるであろう。

②取引の緊急度：通常であれば費用節約的な手段が選ばれる商品でも，緊急事態に対処するために，費用より時間節約的手段を選択しなければならない場合もある。

③経済性：容積や重量の割に価格が高い商品，たとえば貴金属や宝石類，時計や半導体などの精密機械で高付加価値の製品では，費用対効果を考えると，むしろ時間節約的な手段の方が経済性が高いということがある。それは輸送期間中の金利を考えれば，なるべく速く引き渡す方が良いからである。

以上の点を考慮して，**海上輸送**（Ocean Freight）か**航空輸送**（Air Freight），または**陸上輸送**（Land Carriage）のうち1つないし2つを組み合わせた**複合運送**（Combined Transport）を選択することになる。一般的に，大量に輸送する時は海上輸送が費用の上では有利である。日本では地理上の理由で，貿易では海上輸送か航空輸送に限られてしまうが，欧米では，陸路による輸送が発達しているし，大きな河を利用した水運も盛んである。

輸送手段が決まったら，次には輸送会社との運送契約が必要になる。運送契約は大きく分けて，次の2つに分けられる。

（ア）個品運送契約

運送会社が運行している**定期便**（Liner）を利用する方法である。主として小口の貨物の輸送に用いられる。定期便なので，一社で貸し切ることは出来ない。貨物は複数の荷主の貨物と混載される。航路や帰港地，出航日時はあらかじめ決められており，荷主の側で自社の都合の良い便を選んで予約する。運賃

は**前払い**（Freight Prepaid）も出来るし，**後払い**（Freight Collect）も可能である。船舶や航空機への積込みや荷下ろしのための荷役料は，通常，運賃に含まれているので，別払いをする必要はない。

コンテナー輸送の場合には，大口貨物でコンテナー1本が一社の貨物でいっぱいになるような，FCL（Full Container Load）Cargo では，CY（Container Yard）に直接持ち込める貨物（CY Cargo）として，コンテナー1本を貸し切ることが出来る。この場合，コンテナーへの貨物の積込み作業（Vanning）は輸出者が行う。コンテナー1本に満たない小口の貨物，LCL（Less than Container Load）Cargo の場合は，CFS（Container Freight Station）で他社の貨物と混載されるので CFS Cargo として，輸出者は貨物を CFS に持ち込むだけでよい。コンテナーへの積込み作業は船会社が行う。

基本的には，CY 貨物として積込んだ貨物は，仕向地で CY 貨物として引き取られるのが一般的であるが，場合によっては CFS 貨物として CFS でコンテナーから貨物を取り出すこと（Devanning）も出来る。この反対に，CFS 貨物として積込んだ貨物を，仕向地で CY 貨物として引き取ることも出来る。

（イ）用船契約

ばら積み貨物（Bulk Cargo）など大量の貨物を航空機や船舶の一部または全部を貸し切って運送するような場合，航空会社や船会社と**用船契約**（Charter Party）を結ばなければならない。航空機や船舶を乗組員ごと貸切るものを Wet Charter といい，機材のみを貸切るのを Dry Charter という。同業者が一時的に自社の機材の不足を補うために借りる場合は Dry Charter をするが，商社や一般の企業ではこのような借り方はしない。

その他に，一般の企業が貸切る場合，日数を限定する**期間用船**（Time Charter）と日数は限定しないが航海できめる**航海用船**（Voyage Charter, Trip Charter）がある。期間用船の場合には，港での貨物積込みのための碇泊日数（Lay days）の決め方により，碇泊期間を限定する Fixed Lay days と，限定しない Unfixed Lay days がある。Fixed Lay days の場合には，貨物の総トン数を1日の荷役量で割ったものを1 Lay day とする。その計算の仕方には次の2つがある。

① Running Lay days──24時間をもって1日とするもので，日曜，祭日，悪天候やストライキなどで荷役作業が出来ない日もすべて含まれる計算の仕方。用船者には不利な面もあるが，Fixed Lay days ではよく使われる。

② Weather Working Days──天候が良好で，荷役作業可能な日数でもって碇泊日とするもので，悪天候やストライキで荷役作業が出来ない日や，日曜，祭日は除かれる。

Fixed Lay days の場合には，所定の碇泊期間を過ぎると**滞船料**（Demurrage）を用船者は船会社に支払わなければならない。逆に，荷役作業が早くすんで，予定よりも早く出港できた場合には，船会社は用船者に**早出し料**（Dispatch Money）を支払う。

（3）在庫管理

企業の資金負担を考えると，**在庫**（Inventory, Stock）は少なければ少ないほど良いが，顧客への商品の安定供給を考えると，多ければ多いほど安全度が高められるという二律背反（Trade-off）の関係がある。従って，在庫管理の目的は，最小の費用で最大の供給の安定性を確保するということにある。徹底的に在庫を少なくするというトヨタの**「カンバン方式」**を見習い，これを物流の世界に取り入れたのが**「Just-in-time」**といわれる納入方式であるが，「カンバン方式」では在庫費用を限りなく小さくできる反面，常に生産ラインの停止という危険と裏腹になっており，その工程の進行を安定的に維持するために，従業員や下請けの業者に大きな犠牲を強いている面が問題とされているし，「Just-in-time」方式でも，商品の配送が頻繁に行われるために，配送車の出す排気ガスによる環境問題が指摘されている。

適正在庫水準は商品の回転率によるし，季節的な変動を伴ういわゆる季節商品では，その時々に応じてこの水準も変わるであろう。また，商品の供給の安定度にも依存する。それらを考慮した上で，適正在庫を維持するために，通常，次のような発注方式がとられている。

（ア）定期発注方式──毎月末とか毎土曜日とか，一定の期日や期間を決め

て，定期的，規則的に発注するもので，ある程度安定的な需要を持つ商品の場合に用いられる。ただし，需要の急激な拡大には応じられない危険がある。

（イ）定量発注方式——在庫量の一定水準以上を維持するように，在庫量が減少してきて，ある水準に達した時点で，その減少分を補充するように発注するもので，在庫水準を安定的に保つことは出来るが，供給が十分柔軟に対応出来る場合に限られる。

定期発注方式ではその期間を短くすることによって，在庫量を少なく出来るし，定量発注方式でも在庫の希求水準を下げれば，同様に在庫量を少なく出来る。それには情報の管理や配送や生産の問題が解決されなければならない。

それを解決する試みが，いわゆる**販売時点情報処理（POS：Point-of-Sale）システム**といわれるものであり，コンビニエンスストアーの業界で発達している。さらに，そうした情報を自社内での利用に限らず，下請けの生産者やさらに原料の供給元に至るまで連鎖状に結び付けて，各段階での在庫を減らし，かつ安定供給を図ろうとするものが，いわゆる**サプライチェーン（Supply Chain）**といわれるものである。

第11章
市場化と国際分業

1. 国境を超えた企業活動
　－グローバルからグローカルへ－

　冷戦といわれる東西の対立が，ソヴィエト連邦の崩壊によって解消し，政治的な緊張が緩和され，企業経営者の意欲が高まったことと，他方で，資本の蓄積が進み，大企業の国際的な事業活動が活発に行われるようになった。特に，アメリカの企業は，両大戦で設備の破壊を免れ，戦後の復興需要に支えられて繁栄を謳歌した。そのアメリカ企業を中心として，企業経営の国際化――世界化が進められたのである。当初は**国際化**（**Internationalization**）として，外国に進出し，本国の本社と進出先の支店や子会社を中心として事業展開が行われたが，進出先が多数の国に及び，進出先企業間での取引も活発になるにつれて，企業の世界戦略は**世界化**（**Globalization**）へと変わっていった。そのような企業を，**多国籍企業**（**Multinational Enterprise**）ないしは**世界企業**（**Global Company**）と呼んでいる。

　企業のグローバリゼーションの動きはアメリカ政府の世界戦略と歩調を合わせて進められている。その思想的背景は，アメリカが世界で最も進んだ国で，世界の模範であり，全世界をアメリカのような国にすれば世界は平和で豊かで，繁栄し，人々は幸福になれるという，パックスアメリカーナ（Pax Americana）――それはちょうどローマ帝国の時代のローマの思想であった Pax Romana とよく似た発想のように思われるのであるが――の思想に基づくものである。

　こうした，世界を均一化していこうとするグローバリゼーションの流れに対

して，それぞれの地域の特色を生かしていく方が人々をより幸福にするという考え方が，特に，アメリカ一国支配に対抗しようとするヨーロッパを中心として芽生えてきた。このような地域性を重視する考えを**ローカリゼーション＜地域化＞**（Localization）という。それぞれの地域はそれぞれの歴史を持ち，それぞれの文化的背景を持っているのであるから，それを無視して世界を単一の文化で共通化しようとするのは，やはり問題があると思われる。

20世紀後半はまさに豊かさを求めて，豊富な生産物を獲得することに専念した時代であり，そのような時には**世界標準**（Global Standard）の製品を大量生産してより安く提供することが重要であった。しかし，21世紀に入って，ある程度の豊かさと安心を手に入れてしまうと，人々の欲求は違うところに向かっていった。このような時代の変化の波を正しく見抜いていった企業は，大きく前進することが出来たが，それを見抜けなかった企業は苦しむことになった。

このように企業は世界的規模で事業を展開する中で，それぞれの地域性を重視し，それぞれの地域での役割分担と商品特性を見極めた戦略をとるようになってきた。この新しい企業戦略を**グローカル**（Global と Local の合成語として造語したもの）などと名付けている企業もある（注：ホンダ）。今や企業の世界戦略は，単なるグローバリゼーションからグローカリゼーションへと向かいつつあるのである。企業はそのような視点から製品計画や生産計画を立て，それを世界的規模で実行しようとしているのである。

先進国の企業はそのような企業戦略に基づいて活動しているのであるが，国家はまた違った基準で行動する。それも先進国と発展途上国とでは違っているから，WTO のドーハラウンドの貿易交渉が，交渉期限の2005年を5年も過ぎてまだ協定が結べないでいることでもわかるように，国家間の利害はしばしば対立してしまうのである。

クウェートやブルネイのような産油国は別として，多くの発展途上国は輸出品が少ないため，外貨の獲得に頭を悩ませている。それゆえ，当初は自国産業を育成して，先進国からの製品輸入を少しでも減らそうと製品の国産化をするという**輸入代替産業**の育成を促進した。この段階では，企業は現地で売れるも

のを現地で生産することを目的に進出した。しかし，それだけでは国内市場は小さいためすぐに飽和状態になってしまう。

　次の段階では，その設備と技術で作ったものを進出企業の母国に持っていって販売することを考えた。母国よりも低い賃金で生産出来るので，生産コストの低減に役立つので，次第に母国での生産を途上国に移していった。日本でも企業の生産拠点の海外展開で，国内の製造業の空洞化が心配されるようになる。さらに**開発輸入**も行われるようになってきた。

　こうして，技術と資本を導入し，生産技術を学んだ途上国は，低コストを武器に，製品の本格的な海外販売に力を入れ，積極的に外貨を獲得するようになる。輸入代替政策から輸出促進政策へと国の産業政策の舵を大きく切り替えていったのである。企業もそれに合わせて事業展開をしていった。履物や繊維製品といった軽工業から，家庭電化製品やコンピュータのようなエレクトロニクスや自動車といった先端産業までもが今では東南アジア諸国に広く進出し，それぞれの地域の特性を最大限に生かすように事業展開している。それぞれの国や地域で役割分担をし，相互補完する戦略がとられるようになってきたのである。そこで重要となるのが分業の利益である。

2．企業内分業と産業内分業

　製品を製造するには様々な工程が必要であるが，部門によって，高度な技術が求められたり，多くの人手を要したり様々である。企業は生産費を出来る限り低くしたいので，すべての工程を1ヶ所に集中するのが賢明であるとは限らない。高額な設備が必要なところでは，資本コスト即ち，利子率の低いところがよいだろうし，人手が多く必要なところは，労働コスト即ち，賃金の安いところがよいということになる。

　こうして，企業は自社の生産ラインの中でも，より低いコストで出来るところがあれば，その部門を，国内外を問わず，よりコストの低い地域に移転させ，そこで作られた半製品を輸送・移動して最終製品に仕上げる。たとえば，自動車産業を考えてみると，エンジンの生産にはAという場所が最適であれば

そこでエンジンの生産をし，車体の組み立てはBという場所が最適であればそこで組み立てをする。このように，国や地域，工場によって，最も有利なものに特化して生産効率を上げ，コストの低下を図るのである。これを**企業内分業**という。

　この分業の利益の追求を産業レベルで行うのが，**産業内分業**といわれるもので，家庭用電化製品やコンピュータ産業では盛んに行われている。たとえばコンピュータ産業では，CPU（中央演算装置）はアメリカで生産し，メモリーは日本で生産し，ディスプレーは韓国で生産したものを多数のコンピュータメーカーがそれらを使って，台湾や中国で組み立てているし，日本で生産されたハードディスクドライブを同じように多数のコンピュータメーカーが日本や東南アジアの国々で組み込んで製品化している。

　それぞれの部品の技術進歩が速く，かつ巨額の開発費がかかるとなると，各企業が個別にすべての分野を自前で開発するのは，開発速度，資金調達，危険負担という面でかえって不利となるので，それぞれ得意な分野に特化して，その分野で開発，研究，生産を担当し，出来た部品を相互に供給し合って，製品化で工夫をして，それぞれの企業の製品として独自性を出すようにしている。高度技術が要求される分野ほどこうした産業内分業が発達している。自動車産業や航空機産業もそうである。

　このように企業内分業や産業内分業が発達してくると，生産拠点が多数国にまたがることになり，**企業内貿易**や**産業内貿易**が行われるようになってくる。そこで新たな問題として浮かび上がってくるのが，**移転価格**（Transfer Price）の問題である。特に企業内分業では，法人税の税率の低い国にある事業所で利益を生み出すようにし，税率の高い国にある事業所では利益を出さないか，出しても極わずかにして，全社的にみて，税金の総支払額が少なくなるように移転価格の設定を操作するのである。もちろん，それが行き過ぎれば税務当局は，悪質な税金逃れとして追徴課税をする。

　また，関税の問題もある。現代のように国際分業が発達してくると，企業は世界戦略として，生産拠点の立地を考える時，原料や中間生産物ないしは部品

の輸入に対してかかる関税を考慮しなければならない。従って，ある国がその地域内で一国だけ高関税政策をとっていると，そのような産業を呼び込めない。そこで，自国にそうした企業を誘致したい国は関税を引き下げるのであるが，これが近隣諸国との関税引下げ競争になってしまう。それを **FTA（自由貿易協定）** や **EPA（経済連携協定）** という形で目立たないようにしているのである。もちろん，企業が海外進出する時には，単に租税の問題だけ考えるわけではない。先にみたカントリーリスクの問題もあるし，社会的なインフラの問題，労働力の質と量の問題，後の第六編でみられるような様々なリスクの問題も同時に考慮されるのである。

3．垂直的分業と水平的分業

　分業には，以上みてきたような企業内分業と産業内分業という分類の仕方の他に，一国の生産活動の流れを川の流れのように見立てて，川上（原材料段階）から川下（最終製品）に向かって生産物が流れていくように産業を分類して考えると，ある1つの企業は，その流れのどこかの段階に位置付けられるわけである。中間にいる企業は川上の企業の生産物を購入し，自社で加工して，それを川下の企業に売り渡す。このような川の流れに沿った，加工段階の違いによる分業を**垂直的分業**という。たとえば，石油製精業者が，川上の石油採掘会社から原油を仕入れ，それを精製してナフサ（粗製ガソリン）にし，その製品を川下の石油化学会社に卸し，そこで造られた化学繊維をさらに川下の織物会社に卸し，最後に洋服に仕立て上げられ，最終消費者に渡るような形態の分業である。国家間では，資源輸出国（たとえば，鉄鉱石の採掘・輸出）と製品製造国（自動車の製造）とで分業しているのが，この形態の分業である。

　これとは別に，加工段階は同様であるが，生産物ないしは製品の種類の違いによって，それぞれの国または地域で比較優位を持つものを生産し，それを相互に供給することがある。たとえば，日本でりんごを生産し，フィリピンでバナナを生産するとか，大型自動車はアメリカで生産し，小型自動車は日本で生産するといった分業を，**水平的分業**という。

世界企業はその市場の最も近い，最も生産費の低いところで生産し供給する。市場は国によって違った特性を持っているから，それぞれの市場に適した製品を開発し生産している。特に先進地域では国民所得の高まりとともに，商品に対する需要が多様化しており，企業はその要求を満たさなければならない。しかし，一企業だけでは，多品種少量生産したのではコストが高くなってしまう。そこで，同業の他社に自社のブランドで生産をしてもらい，その製品を供給してもらうのである。こうすることによって，豊富な品揃えが可能となる。このような委託生産を **OEM**（Original Equipment Manufacturing：**相手方ブランドによる委託生産**）といい，自動車産業や家庭電化製品，コンピュータ産業などでは広く行われている。特に研究開発費用が巨額になる産業では，開発分野の集中による開発費の抑制と，生産ラインの簡素化という点で委託する側に利益があるし，受託する側では生産ラインの有効活用による大量生産の利益と，開発費用のリスクの分散が出来るメリットがある。

コンピュータ関連の分野では，メーカーのブランドで受託生産を専門とする **EMS**（Electronics Manufacturing Service：**電子機器製造受託サービス**）といわれる企業が，特に台湾や東南アジアの諸国で発達してきている。これはOEMと違って受託生産のみを行うもので，自社のブランドは付けない。

たとえば，アップルコンピュータ社のiPodは台湾の鴻海精密工業が受託生産しているし，マイクロソフト社のXboxなどはシンガポールのフレクストロニクス社が生産しているといった具合である。

このように，様々な形態の分業が行われているので，国際間の取引や貨物の移動・運送がますます活発に行われるようになっていくであろう。比較生産費の原理が教えているように，この**分業の利益**も，通商・交易・貿易が自由に行われなければ，その意義を十分に発揮できないのである。また世界的にはその必要性がますます高まっているのである。そのような観点から，WTOの重要性はますます高まっているのであるが，現実には各国の利害が錯綜し，国益のエゴが衝突してなかなか前進できない。WTOになって初めての多角的貿易交渉である2000年から始められたドーハラウンドが交渉期限を7年延長しても

2012年にまだ合意できないでいることをみると, 交渉当事者には, その危機意識がまったくないようである。

第五編　国際貿易の実務

第12章
契約の実務

1. 取引のための事前準備

　前章までに貿易にかかわる理論と一般的な知識を学んできたが，これからはもう少し細かい，実際に取引を行うための実務的な問題をみていこう。時系列的にみた取引の流れは概略図12－1のようなものである。理解しやすいように，ここでは商品の売買をする貿易を中心として話を進める。物を売買する取引であるから，**売り手**（Seller）は商品を**買い手**（Buyer）に引渡し，代わりに代金を受取る。貿易ではこの売り手と買い手がそれぞれ別々の国にいるので，売

図12－1

Market Research またはMarket Survey （市場調査）	Business Proposal またはOffer （取引の申込み）	Contract またはAgreement （契約）	Procurement of Contract （契約の実行）	Claims and Settlement （損害賠償請求）
取引のための事前準備	契約のための事前準備	契約の締結	契約の履行	クレームとその処理（もしあれば）
○商品の発見 ○取引相手の発見 ○宣伝・広告	○契約のための意志表示 ○価格表 ○カタログ ○見積書 ○見本　　　などの送付	○契約書の交換 ○注文書の送付 ○注文の確認 ○売約書の送付	○船積 　（商品の引渡し） ○保険契約 ○船積案内 ○為替手形の振出 　と買取依頼 ○決済	○示談 ○調停 ○仲裁 ○訴訟

り手は**輸出者**（Exporter）となり，買い手は**輸入者**（Importer）となる。このように貿易では売り手と買い手が遠隔地にいるので，取引のための事前の準備として次の2つのことをしなければならない。1つは自己の商品の市場について調べること，即ち**市場調査**（Market Research または Market Survey）である。もう1つは取引相手の信用状態についての調査である。これを**信用調査**（Credit Inquiry）という。これらの活動は取引の安全性と効率を上げるために必要なことであり，合理性の追求という面から企業活動にとっては大変重要なものである。

（1）市場調査

売り手（輸出業者）は自己の商品の特性を考慮して，いかなる市場で販売可能かを調べなくてはならない。即ち，潜在需要の発見に努めなくてはならない。はじめから需要のない市場で販売努力をしても何もならないからである。たとえば所得水準の低い地域でパソコンを売ろうとしても，たとえそれがどんなに優れた性能であっても，おそらくほとんど需要を見出すことは出来ないであろうし，また，太平洋の小さな島で乗用車を売ろうとしても，同様に人々がその必要性を感じていなければ需要はないわけで，いかに販売努力をしても，結果は決して良いものではないであろう。そのようなわけで，当該の商品について，どういう所に市場があるのかを知ることは企業活動の第一歩である。そのような調査は次のような点についてなされなければならない。

①地理的……寒暖，降雨・雪，広さ，人口密度などの地理的条件。
②時間的……季節，昼夜，特定期間など。
③所得水準……所得の大きさ，安定性など。
④宗教・習慣……信仰の強さ，執着性など。
⑤性別・年令……男女比や年令構成など。

このような点について調査を実施するためにどのような方法があるかを次にみてみよう。

㋐各種統計データの分析

㋑各種機関の利用
㋒現地調査
㋓見本市・博覧会（Trade Fair）などの利用

　各種の統計データを分析することにより，前記の①，②，③などのある程度の情報を入手することが出来るであろう。このような調査の最大の利点は費用が少なくかつ比較的速やかに情報を得ることが出来ることである。しかし，統計資料の決定的な欠陥は，それが過去のデータであるということである。しかしながら，よほど急速な変化がみられる時とか，まったく比較しうるような類似性がない商品とかでない限り，過去のデータであっても，ある程度の参考にはなるのである。

　利用しうる機関としては次のようなものがある。

　　ⅰ）商工会議所（Chamber of Commerce and Industry）
　　ⅱ）JETRO（Japan External Trade Organization：日本貿易振興会）
　　ⅲ）在外公館，在日外国公館（Embassy や Consulate や Trade Center など）
　　ⅳ）外国為替銀行（Foreign Exchange Bank）
　　ⅴ）支店，代理店，取引先など（Branch Office, Agent, Customer）
　　ⅵ）調査専門会社（Credit Agency, Credit Bureau）

　これらの機関は外国からの**引合**（Trade Inquiry）を手許に持っていたり，こちらからの依頼によって調査・紹介などでの援助をしてくれる。

　現地調査や見本市の利用などは地理的にある程度限定されているので，地理的条件についてはすでに情報を得ているか，その必要性があまりないような場合には利用可能であるが，一般的に費用が高くなる。その意味では利用のチャンスは限られたものになるであろう。さらに情報収集の方法として，**商工人名録**（Trade Directory）や**業界誌**（Trade Journal）の利用などがある。こちらからの情報提供の方法としては **Circular Letter**（回状）の利用などが考えられる。

（2）宣伝・広告

　潜在需要の発見の次には，それを実需に結び付ける努力をしなければならな

い。即ち，商品供給者の側から需要者の側へ向けての商品の性能や効果，費用ないしは価格，仕様や使用法などについての情報提供をしなければならない。需要者はこれらの情報に基づいて効用の大きさを判断して購入に向かうからである。このような情報提供活動には様々な**宣伝活動**（PR：Public Relations）があるが，その中で最もポピュラーなものが**広告**（Advertizement）である。AMA[注]の定義によれば「広告とは，すべての有料の媒体（Media）によるスポンサーの名前を明示した商品や，サービスの非面接的な提示及び宣伝」ということになる。

（注）AMA ＝ America Marketing Association アメリカ・マーケティング協会の略。

　広告に用いられる媒体としてはネオンサインや看板，ポスターのようなある一定の所に設置するものと，Mass-mediaを通じてなされるものや，通信メディアを通じてインターネットで行うものとがある。マスメディアの中には，①新聞，雑誌などのように視覚的に訴えるもの。②ラジオや有線放送のように聴覚的に訴えるもの。③テレビや映画のように視聴覚的に訴えるものがある。どの媒体を利用するかはその商品の性質や価格，需要層などを考慮して決められるのはもちろん，その広告の費用対効果を考えて決められることになる。従って，マスメディアや通信メディアを通じて行われる広告というものは一般的に大衆を対象とした消費財について行われる。そうでない製品——たとえば中間財や生産財ないしは原料といったような一般大衆を顧客とするものでないもの——は違った宣伝・広告の方法がとられることになる。即ち，そうした物については，**ダイレクトメール**（Direct Mail）や販売員の訪問や**販売促進活動**（Sales Promotion）を通じて宣伝—情報提供を行っているのである。

　また広告には，個々の商品についてその性能や仕様，品質，価格，使用方法などについての情報を提供する，いわゆる商品広告と，企業の性格や方針といった企業そのもののイメージを顧客につくり上げさせることをねらった，いわゆるイメージ広告とに分けることもできる。その他に戦略的に積極的に需要拡大を図る広告もあるし，現状の**市場占有率**（Market Share）を維持することを目的とした消極的な広告もある。さらに広告が社会的に好ましいかどうかとい

う規範的な面からみれば，A.マーシャルのようにそれを建設的なものと闘争的なものとに分けることも可能であろう。確かに広告はある意味でガルブレイスの指摘するように，社会的にマイナスの面もあるかもしれない。もし仮に広告しなければ，われわれは同じ商品をもっと安く買うことが出来る。というのは，その広告費用はすべて消費者が負担しているわけであるから，その方がよいようにも思われるかもしれない。しかし，他方で広告には情報提供という意味があるわけで，もし仮に広告がなければ，われわれの日常の満足はもっと小さいものになってしまうに違いない。

（3）信用調査

　宣伝・広告・販売促進活動の結果，取引相手としての候補が発見出来たならば，次にはその相手が取引相手として信頼のおけるものであるかどうかを確めなければならない。それを**信用調査**（Credit Inquiry）という。調査の方法は大別して次の3つに分けられる。

　① Trade Reference（同業者信用照会先）を通じる方法。
　② Bank Reference（銀行信用照会先）を通じる方法。
　③ Credit Bureau / Credit Agency（信用調査会社）を通じる方法。

　同業者信用照会先を通じる方法は同業者に宛てて手紙を1通書くことで調べられ，かつ時間的にも比較的短時間で照会先よりその調査報告―**信用情報**（Credit Information）がもらえるという簡便な方法で一般によく用いられる。ただし1社のみからの情報では不安があるので，2，3社の複数の会社に照会することも必要になる。それにしても照会先の企業の"個人的な評価"が入りがちであるので，その点にも注意して調査結果を用いなければならない。

　得られる信用情報の精度を上げるために，より"中立的"で公正な立場にあると考えられる銀行に信用照会をすることがある。相手企業の取引銀行に直接問い合わせても返事をもらうことは出来ない（当然，銀行は取引関係にない，見ず知らずの第三者からの問い合わせに自行の顧客の信用情報を流すわけにはいかないからである）。そこで，依頼人は自社の取引銀行（たとえば日本の外為銀行）に依頼する。

すると依頼された外為銀行が相手の取引銀行（たとえばニューヨークの銀行）に信用照会をする。信用照会先とされた銀行（この場合，ニューヨークの銀行）は調査対象企業について守秘義務を超えない範囲で，あるいは銀行としての意見なり実情についての情報を依頼銀行である日本の外為銀行へ通知してくる。外為銀行はそれを依頼人へ，場合によってはコピーして報告するのである。

この方法は多少の費用と時間がかかるが，かなり信頼性の高い情報が得られるというメリットがある。さらに精度の高い情報が必要な場合には，専門の信用調査会社に調査を依頼することになる。ただしその場合，調査の程度にもよるが，かなりの費用と日数を要することになるので，取引の規模や内容によっては，そこまでする必要のない場合もある。一般に長期の継続的な取引となることが予想される場合とか，金額が大きな取引であるとか，特殊な関係——たとえば代理店や特約販売店とするとか，合弁会社を設立するといったような——が結ばれる場合などの時にはこうした専門の調査会社の調査を必要とするが，そうでない場合には，利益分がすべて調査費用で消えてしまうようでは何のための取引かわからなくなってしまうので，比較的安心出来て，費用もそれほどかからない銀行信用照会先を通じる方法がよく用いられるのである。

その他にも，商工会議所（Chamber of Commerce and Industry）や日本貿易振興会（JETRO）でもそうしたサービスを行っている。

（注）世界的に有名な調査会社としてニューヨークの Dun & Bradstreet, Inc がある。日本にもその合弁会社である帝国データ・バンクがある。その他に東京商工リサーチなどがある。

（4）信用情報

前記の信用調査の結果として得られるものを**信用情報**（Credit Information）というが，その中には業務内容を示すものとして，資本金（Capital）や従業員数（Number of Employee）や売上高（Volume of Sales）など，また業績を示すものとして投資収益率（Return on Investment : ROI）や労働生産性（Productivity per Capital）など，さらに業歴や経営方針（Management Policy）や性格（Character）といったものや銀行の**貸付限度ワク**（Credit Line）などがある。それが信用調査の 4 Cs'

といわれているもので，**Capital**（資本），**Capacity**（生産能力），**Character**（社風），**Condition**（市場環境）がある。それらはまた，

　①信用状態（Credit Standing）　②財務状態（Financial Standing）　③営業状態（Business Standing）　④業歴（Business Background）ともいわれる。

　このような信用情報を得て，はじめて取引を安全に行うことが出来ることになるのである。

2．契約のための事前準備

　宣伝・広告などで取引の相手先企業に当該商品なりその供給者として知られると，相手先企業はさらに詳しい内容について問い合わせをしてくる。その中には取引関係の樹立だけを目的としたものもあれば，具体的な商品の売買を目的としたものもある。前者を **Business Proposal**（取引関係樹立についての申し込み）といい，後者を **Business Inquiry**（取引の申し込み，引合）という。

（1）取引関係樹立についての申込み

　もちろん具体的な取引を最終的にするのが目的であるが，当面特定の商品のある一定数量を取引するといった具体的な取引内容が確定しているわけではないが，とにかく当該企業の取扱い商品に関心があり，その商品を出来れば継続的に取引したいと望んでいるような場合には同じ取引の申込みではあるが，少しそのニュアンスが違っている。このような申込みを Business Proposal という。このような申込みの場合には，先に述べた信用調査をし，その結果が良好であれば，長期的な取決めをまず結ぶことになる。それを **Agreement on General Terms and Conditions of Business**（取引条件に関する一般的協約書）という。これで取引関係の大ワクを決めておき，基本的な事柄を具体的な取引（Transaction）のつど話し合う必要のないようにしておくのである。また先に第四編第10章の物流政策のところで述べたように，代理店か特約販売店ないしは取次店などと代理店契約（Agency Agreement）や販売店契約（Distributorship Agreement）という形をとることもある〔例文は附録（227頁以下）を参照せよ〕。

（2）引　　合

　はじめから今述べたような長期的・包括的な取引関係の樹立ということを目的とした取引の申込みばかりではない。将来そのような関係が樹立出来ることを望みながらも，まず手はじめに何件かの具体的な取引を重ねていって，その中で信頼関係が出来上がった時にそうした問題を考えようという場合もある。このように具体的な取引を先行しようとする時，取引をしようとしている当該商品や取引の内容について，詳しく知りたいと思って寄せられてくるのが**引合**（**Business Inquiry**）である。従って，引合は取引の内容についての具体的な問い合わせであり，引合を受けた企業（Inquireeともいわれる）はその内容に具体的に答えてやらなければならない。その際に各種資料を添えて返事を出すことになるが，会社概要や会社案内はもちろんのこと総合カタログなどの小冊子（Brochure, Booklet）や次のような資料が利用される。

表12－1

①カタログ（Catalog）――商品説明書――形状によりBrochure, Booklet状のものから，Leaflet, Pamphletなどいろいろある。
②価格表（Price List）――定価の一覧表――価格表の代わりに，見積書（Quotation, Estimate）や見積り送り状（Proforma Invoice）なども用いられる。
③仕様書（Specifications）――商品の具体的な寸法，重量，性能，規模などの詳細を記したもの。
④さらに実際にその商品を使用する際に必要なものとして，技術資料（Technical Bulletin）や試験成績書（Data Sheet, Test Report）や取扱い説明書（Handling Manual）なども商品によっては不可欠である。
⑤印刷された資料（Literature）だけでは実際の商品の品質などが明確に出来ないような場合には見本（Sample）や柄見本（Pattern）などが用いられることもある。

（3）オファー

　引合の返事として価格表や見積書を送付するということは，売り手側からの契約についての一種の意志表示と考えられる。契約とは双方の意志表示が一致した時に成立するものであるから，どちらか一方からの意志表示だけでは契約

は成立しない。この契約のための意志表示をオファー（Offer：申込み）という。そのようなオファーには契約成立に必要な意志表示の内容が具備されていなければならない。不完全な意志表示では相手方が意志を決定しえないからである。その内容は基本的に次のような点で，意志決定しうるものとして足る，詳細かつ明確なものでなければならない。

1）オファーの内容
① Description of the Goods（商品名）
② Quality（品質）
③ Quantity（数量）
④ Price（価格）
⑤ Terms of Payment（決済条件）
⑥ Time of Shipment／Delivery（船積／引渡しの時期）

この他に保険や梱包方法などが場合によっては付け加えられることもある。

このような契約のための意志表示としてのオファーは，相手方がそれに同意するということによってただちに契約が成立しうるものと，一定の条件を付けて，その条件が満たされた時にはじめて正式な意志表示としての効力を持つものとがある。さらに，一方から出されたオファーをただ単に受諾するか拒否するかだけでなく，一部または全部について違った内容の意志表示を反対側から出すこともしばしばある。以下にオファーの種類について述べておく。

2）オファーの種類
①確定オファーまたは期限付きオファー（Firm Offer）

比較的短い有効期限をつけ，その間はオファーの内容を一切変更しないというもので，どちらの側にも"期限の利益"があるものである。従って，オファーを受けた側がそのオファーを受諾することによってただちに契約が成立するオファー。主として価格変動の激しい，いわゆる国際市況商品といわれるような商品の場合に用いられる。たとえば原油の売買をしようとする時，毎日原油の市場価格は変動している。今日1バーレル当たり65ドル（US$65.00／barrel）であるとして，1バーレル当たり65ドルでオファーしたとする。翌日相手

側が返事を出そうと思っていたら、その日の市場価格が下がり1バーレル当たり64ドルになったとする。当然、オファーを受けた方は65ドルでは高いと思い受諾を見合わせる。契約が成立しなかったので、翌日その日の相場の64ドルで改めてオファーを出し直した所、その次の日相場が反騰して1バーレル当たり66ドルになってしまったとすると、相手は受諾するかもしれないがオファーを出した方ではその受諾を、確認条件付きのオファーであったとすれば、確認出来ない。このように相場が上下することによって、売り手と買い手の利害がまったく対立する関係から、いつまでたっても契約を成立させることが出来ないことになる。そうした不便を避けるため確定オファーがある。たとえばこの3日間に限り1バーレル当たり65ドルでその間は一切変更しないという意志表示をすれば、相手方はその有効期限内であればどの時点でも受諾すればいつでも契約が成立することがわかるので、そのオファーが相場と大きく違っていないことを確認して受諾の返事をすることが出来るのである。

②不確定オファー（Free Offer）

確定オファーが価格変動の激しい商品について用いられるのに対し、供給量に何らかの制約条件があるような商品に対しては、いわば無条件の絶対的なオファーである確定オファーでは危険である。そのような場合には何らかの条件をつけ、それが満たされなかったらオファーそのものがなかったことになるような**条件付きオファー**にする。その条件付きオファーの例をいくつかあげておく。

⑦Offer Subject to Prior Sale（先売り御免条件付きオファー）――いわゆる先着何名……式のオファーで、数に限りがあり、オファーをした相手の全員から受諾の返事をもらっても、すべてを実行出来ないおそれのある場合に用いられるオファー。

④Offer Subject to being unsold（売り違い御免条件付きオファー）――これも数に限りがある場合、オファーに対する受諾の返事が到着した時点で、まだ商品が残っていたらそのオファーを有効とする条件付きのオファー。従って、売り切れてしまった時には失礼しますよ〔売り切れ御容赦〕式のオファー。

㋒Offer Subject to Final Confirmation（最終確認条件付きオファー）――これも同様に数量に限りがある場合，あるいはそれ以外の何らかの制約条件がある場合に広く用いられる。即ち，オファー受諾の返事を受取った時点で，オファーをした側が最終確認をした場合にのみオファーがなされたと考えられるもので，確認出来ないような状況が生じた時には，確認しなければオファーそのものがなかったことになるので，契約不履行に陥ることがない。その他の条件付きオファーの例をいくつかあげておこう。

　（ⅰ）Offer on (Export) Approval（(輸出)承認条件付きオファー）
　（ⅱ）Offer without Engagement（価格不確定オファー）
　（ⅲ）Offer on Sale or Return（返品条件付きオファー）

③逆オファーまたは反対オファー（Counter Offer）

　Counterとは「反対側からの，やり返しの」，「対抗する」の意で，一方から出されたオファーに対し，その内容では受諾できないが，条件が変われば受諾可能である場合，その変更希望の内容でオファーを受けた側からオリジナル・オファーを出した側に向けて出される逆オファー。一般に，オファーは必ずしもオリジナル・オファー1回で契約に至るわけではない。何度か反対オファーがやりとりされてはじめて最終的な合意が成立することが少なくないのである。これは前のオファーの修正ではなく，新しいオファーと考えられる。

④オファーの有効期限

　オファーの有効期限の設定の仕方には次の2つがある。

A）発信主義

　一般的に何月何日まで有効というような表現は，相手方がその意志表示をする期限を示していると考えられ，その時までに発信をしていればよく，相手方にその時までに届かなくても意志表示としては有効である。

　例）This offer is valid until July 7. とあれば，7月7日に返事を発信していればよいことになる。

B）着信主義

　この場合には，何月何日までに当方に貴社の御返事が着くようにと表示され

ている。従って，返事はその決められた日時までに相手方に到着していなければその意志表示は有効なものとはみなされないのである。

例）This offer is subject to your reply reaching us by July 7. とあれば，7月7日までに返事が到着しなければならないのである。

3．契約の締結

前節では契約に先立つ意思表示としてのオファーについて学んできたが，ここではもう少し進んで契約の締結に際して注意しなければならない点をいくつか検討しておく。

（1）契約の形式
1）注文書 — 注文請書

一般の物品売買で，その保守（Maintenance）や納入（Delivery）や支払（Payment）などに関して，複雑・多岐にわたらないものについてはこの方法がよく用いられる。買い手が自分の買いたいと思っている商品について，①品名，②品質，③数量，④単価，⑤建値，⑥決済，⑦荷姿・梱包，⑧保険，⑨船積・納期などを明記した書類を作成し，責任者が署名したもの——**注文書**（Order Sheet）——を売り手に送付する。この時，同じものを2通作成し，1通を注文書とし，もう1通を**注文請書**（Order Acknowledgement）として注文書を受取った売り手に，当該注文を確かに受諾した旨の確認のために，署名して返送してもらうのである。これらの書類には通常裏面に**一般取引条件**（General Terms and Conditions of Business）が印刷されている。こうすることによってビジネスのスピード・アップが図られるのである。

2）売 約 書

これは注文書とは反対に，売り手の出した売りオファー（Selling Offer）を相手が受諾した場合，その受諾の返信（多くの場合がテレックスやファクシミリなどでおくるが，時には電話のこともある）に基づき，確かに売り渡す旨その内容を上記の注文書の場合と同じように明記して署名したものを売り手側が作成し，買い

手に送付するものである。

　3）契　約　書

　内容が複雑・多岐にわたる取引では，1枚（ないし2枚程度）の注文書ではその内容をすべてその中に表示しきれない。このような場合には一般に契約書という形式がとられる。また，サービスや**工業所有権**（Industrial Property）ないしは**知的所有権**（Intellectual Property）の使用や売買といった無体財産権の取引も，このような形式がとられる。

（2）契約条項

　1）品　　名

　取引される商品の種類によっては，**登録商標**（Registered Trademark または Trademark Registered）などの固有名詞や，普通名詞および物質名詞で表示されたりする。輸入国で適用する関税率や統計品目番号が容易に判別出来るような名称が便利である。即ち，注文書に記載された商品名で信用状が作成され，それに基づいて輸出されるから，輸出者が作成する**インボイス**（Invoice：送り状とか**仕切書**と呼ばれる）にもその商品名が記されることになるからである。

　2）品　　質

　商品名のみでは品質を規定出来ない物が多いので，品質について規定をしなければならない。商品の性質によってその規定の仕方を大別すると次のようになる。

　①見本売買（Sale by Sample）
　②銘柄売買または商標売買（Sale by Description, Trade Mark or Brand）
　③仕様書売買（Sale by Specifications）
　④標準品売買（Sale on Standard）

　①見本売買

　商品名（固有名詞）ではなかなか品質を規定出来ないが，それほど高価でなく，かつ工場で同一品質のものを量産している軽工業品など（たとえば鉛筆とかクリップといったもの）では，いちいち**仕様書**（Specifications）を作成して送った

としても，相手側でその仕様書や写真を見て，色，型，大きさ，材質などはわかってもその鉛筆の書きごこちやクリップの機能や使いごこちなどを知ることは出来ないであろう。商標で品質を規定することも出来ないとすれば，それほどコストのかかるものでなければ，いくつかの商品そのものを**見本**（Sample）として送った方が話が早いことになる。即ち，注文されたなら，色，型，大きさ，材質，性能などでそれとまったく同一の商品が送られるということにより，品質を規定し，互いに合意して行うというものである。もちろん特注品のようなものでも，工場で試作したものを見本として送り，それと同一の商品を取引する売買契約をすることもある。この場合，相手方に送られた見本をOriginal Sample（原見本）といい，手許に控えとしてとっておき，受注後，生産する際の見本とするものをDuplicate Sample（控え見本，第二見本）といい，Triplicate Sample（第三控え見本）などが用いられることもある。また，原見本を受取った側から，それがイメージしていたものと少し違っていたような場合，逆にこのようなものが欲しいと出す見本をCounter Sample（逆見本または反対見本）という。

②銘柄売買

その商品の銘柄ないし商標が外国でも十分知られているもので，その商品名を言えば，おのずから品質も規定されてしまうようなものでは，いちいち見本を送る必要もない。たとえば，タバコやビール，ウイスキー，ワインなどのアルコール飲料などでは，その品名を言えばそれ以外の品質のものはないようなものが多い。従って，売買契約を結ぶ際の品質規定を細かく規定しなくても両者の間で品質について行き違いが生ずる心配はないので，銘柄のみを表示して契約することが出来るのである。もちろん有名なブランドのものでも，何種類かの商品を同一ブランドで出している場合などではこの方法は使えない。

③仕様書売買

複雑な機械や道具，船舶や航空機や車両といったものや巨大な構造物といったものでは，見本をあげるわけにもいかないし，ブランドで品質を規定することも出来ないので，その明細を記した仕様書（Specifications）を作成してそれによって品質を規定しなければならない。特注品などの場合にも仕様書が必要と

なる場合が多い。その場合には買い手が仕様を決めて，その仕様の商品の供給を要求してくることもあるし，生産者が自社製品の仕様を買い手に示し，買い手の要求仕様と合致していれば購入するということもある。

さらに，家庭用電化製品などのように，ある一定地域（多くの場合，国単位であるが）で共通した規格が統一されているものもある。たとえば日本では日本工業規格（Japan Industrial Standard：JIS）などがあるように，電球やコンセントがメーカーごとに違った規格のものであったら不便極まりないことになる。このようにある統一規格が出来上がっている商品では，こうした規格を仕様として品質規定がなされることになる。

主な規格をあげると次のようなものがある。
・ASTM（American Society for Testing and Materials アメリカ試験材料協会）
・BIS（British Industrial Standard 英国工業規格）
・DIN（Deutche Industrial Normung ドイツ工業規格）
・MIL（Military Specifications アメリカ軍用規格）

④標準品売買

現物の場合にはいままでに述べた規定の仕方でよいが，まだ出来上がっていない商品で，工場で一定の規格で生産することが出来ない天然の産物や，農産物でこれから収穫されるものなどでは契約時点ではまだ現物がないので，現物に基づいて品質規定をすることは出来ない。このような場合には，あらかじめ標準品質のものについての価格で契約を結び，実際の決済は船積された商品の現物の品質・等級で決済する。もし標準品質のものであればそのままの価格で，もしそれ以上の等級（Grade）であればプレミアム（Premium 割増金）を付けて，もしそれ以下の等級のものであれば値引き（Discount）をして取引するのである。現在わが国で行われている食管法によるコメの政府の買上げ価格などはこうして決められる。こうした商品ではこのようにして品質規定をするしかないのである。

ここで標準品の品質をどのようにして決めるかということが問題となる。商品の性質からそれには次の2つの方法がある。

（ア）平均中等品質条件（Fair Average Quality：FAQ）

これは農産物のように反復して生産され，その市場で当該商品の平均的な品質というものがどういうものかわかっているようなものについて用いられる品質規定の方法である。

（イ）適商品質条件（Good Merchantable Quality：GMQ）

これは反復して生産しえないようなもの，たとえば石材や木材や魚介類などのように，生産——というよりむしろ採取——するものでは，採ってみなければわからない。また，採ったものも平均的なものがどんなものか決められないし，あまり意味を持たないものでは，それが商品として適しているかどうか決められない。たとえば，大理石であれば，それがどんな紋様をしているかよりも，建築材料として壁材や床材として使用出来るものであればよいわけで，それだけで商品として十分な品質条件を満たすと考えられるわけで，このような商品ではそのような品質規定の仕方をする。

この他に，品質をどの時点で規定するかにより次のように分けられる。

① Shipped Quality Term（船積品質条件）——輸出地品質条件
② Landed Quality Term（陸揚品質条件）——輸入地品質条件

商品によっては，輸送中に品質が変わってしまうものもあるから，これは明確にしておかなければならない。工業品では一般にこのようなことはない（ボールペンが万年筆になってしまうことはないだろうから）が，化学品や繊維製品や食糧品などではありうるので注意をしなければならない。

3）数　　量

度・量・衡は国によって違っているので注意を要する。たとえば1トンとわれわれ日本人が言った時の1トンとイギリス人やアメリカ人が言った1トンでは等しくないのである。数についてはあまり問題はないと思われるので，重量および容積トンについて少し述べておく。

① Metric Ton ＝（メートル・トン＝1,000Kgs，フランス・トンともいわれる）
② Long Ton（英トン＝2,240Lbs，約1,016.1Kgs）
③ Short Ton（米トン＝2,000Lbs，約907.2Kgs）

④ Measurement Ton（容積トン＝40Cubic feet, 約1.08m³）

その他に，船の大きさや積載能力の単位として Gross Ton（総トン＝100Cubicfeet）や Deadweight Ton（重量トン＝2,240Lbs：貨物船用）や Displacement Ton（排水トン＝2,240Lbs：軍艦用）などがある。

運賃の計算基準として用いられる場合，商品の種類により，重量でとられたり，容積でとられたりする。比重が約1のものではどちらに基づいてもほぼ等しくなる。また貨物の種類によってはどちらか大きな数字によって計算するというものもある。

また数で数えられないもの，特に重量で計られるものについては，積地と揚地でその重量が違ってくるものがある。そのような場合，メートル・トンで10,000トンといっても数量を確定することは出来ない。即ち，積込時には10,000トンあったものでも，船で輸送中に乾燥して輸入地で陸揚げしようとした時には9,000トンしかないかもしれないからである。このような時，積地での10,000トンなのか揚地での10,000トンなのか，どちらの10,000トンなのかを明確にしておかなければならない。そこで重量の場合，次のどちらによるものか明確にしておかなければならない。

① Shipped Quantity Term（船積数量条件）──輸出地数量条件
② Landed Quantity Term（陸揚数量条件）──輸入地数量条件

さらに，揚地条件の場合，重量がどの程度上下するか事前には正確に予測出来ないので，ある程度の幅を持たせた重量で取引せざるを得ない。このような条件を**過不足容認条件**（More or Less Clause）という。たとえばカナダから小麦を10,000トン輸入しようとする時，神戸港で陸揚する時の10,000トン，即ち，Landed Quantity Termで10,000トンとしたとする。仮に More or Less Clause を付けないとしたら，ヴァンクーバー港で輸出者はどれだけ積出せばよいのか困ってしまう。つまりどれだけ乾燥して重量が減少するのか正確には予測出来ないからである。2パーセントの減量が見込まれるので200トンプラスして10,200トン船積したとする。実際に2.5パーセント減量したとしたら神戸港では9,950トンしかないことになってしまい，不足分50トンを別便で送らなけれ

ばならなくなる。これでは大変不便なので，10,000 ton More or Less 2 percent としておけば10,200トンから9,800トンの範囲の重量が陸揚げ時にあれば契約量の船積が完了したとみなすことが出来るわけである。もちろん決済は実際に陸揚げされた数量でなされるわけであるが，契約が履行されたと考えるかどうかという点でこの条件が重要になってくるのである。

貿易では手続や梱包，運賃や保険料といった経費が少なからずかかるので，あまり少量の注文では採算がとれないことになる。また，あまり大量の注文でも一度には応じきれないという問題もある。そこで一般的には一注文の引受可能量を見積りの際，あるいは価格表に表示する。注文もそれに従って出されるはずであるので，注文の確認あるいは契約書の作成の際には，この点も十分に注意を払わなければならない。

① The Minimum Quantity Acceptable （最少引受可能量）
② The Maximum Quantity Acceptable （最大引受可能量）

また概数（おおよその量）を示す，たとえば，about, around, circa, approximately などの語が用いられた時には，10パーセントを超えないひらき（10% more or 10% less）を認めている（信用状統一規則第43条 a）。

主な度量衡について，メートル法によるものとヤードポンド法によるものとをあげておこう（表12-2を参照）。

4) 価　　格

貿易の1つの特色として，遠隔他間での取引であるということがある。そのため，売買の対象物である商品の価格というものはその引渡しの場所・方法・時期によって変わってくる。即ち，費用負担と危険負担の分岐点をどこにするか，言い換えれば，所有権をどこで移転するのかということによって，同一の商品を取引する場合でも，違った価格がつけられることになる。また，国際間の取引では国によって用語の解釈が違っていたりすると誤解や混乱が生じるので，そのような誤解や混乱が生じないように，同一用語については共通の理解が出来るような工夫がなされてきた。これを**インコタームズ**（定型取引規則）（Incoterms®: International Rules for the Interpretation of Trade Terms）という。

表12－2　主な度量衡対比表

```
〔重量〕
 ・オンス　ounce（oz）約28.35gm
 ・ポンド　pound（lb）約453gm（16oz）
　　　　　ただし金衡は12oz（約373gm）
 なお，宝石や金などの品位や重量を表すものとしてカラットがある。
 ※カラット（carat）｛（宝石200mg）
　　　　　　　　　　（金位24carat＝純金）gold 18 carats fine（18金）

〔容積〕
 ・液量オンス（fluid ounce）＜（米）約29.6cc
　　　　　　　　　　　　　　（英）約28.4cc

 ・パイント（pint）＜（米）約0.47ℓ
　　　　　　　　　　（英）約0.57ℓ

 ・クオート（quart）｛ 液量1/4ガロン＜（米）約0.95ℓ
　　　　　　　　　　　　　　　　　　（英）約1.14ℓ
　　　　　　　　　　 乾量1/8ペック（2 pint）＜（米）約1.1 ℓ
　　　　　　　　　　　　　　　　　　　　　　（英）約1.14ℓ

 ・ガロン（gallon）｛ 液量　4クオート＜（米）約3.785ℓ
　　　　　　　　　　　　　　　　　　（英）約4.546ℓ
　　　　　　　　　　 穀量1/8 bushel

 ・バレル（barrel）｛（米）31.5ガロン（原油など）
　　　　　　　　　　（英）〔9，18，36ガロン入の樽〕

 ・ブッシェル（bushel）36ℓ，8ガロン（穀物類）
```

　インコタームスは取引に係る紛争回避のために国際商業会議所（International Chamber of Commerce：1920年設立）が1923年に定めた「Trade Terms Definitions」に始まり，その後1936年に今日の呼び名である Inco Terms として発表され，たびたび改訂され1990年の改訂で4類型13種類に分類され，さらに2000年に一部解釈の変更を行った。そして今回大幅な改訂を行い，次のように2類型11種類に簡素化された。

　（A）Rules for Any Mode or Modes of Transport（全ての運送方法に対する規則）
　　　これには次の7つのものが分類されている。EXW, FCA, CPT, CIP,

第 12 章　契約の実務　97

図12−2

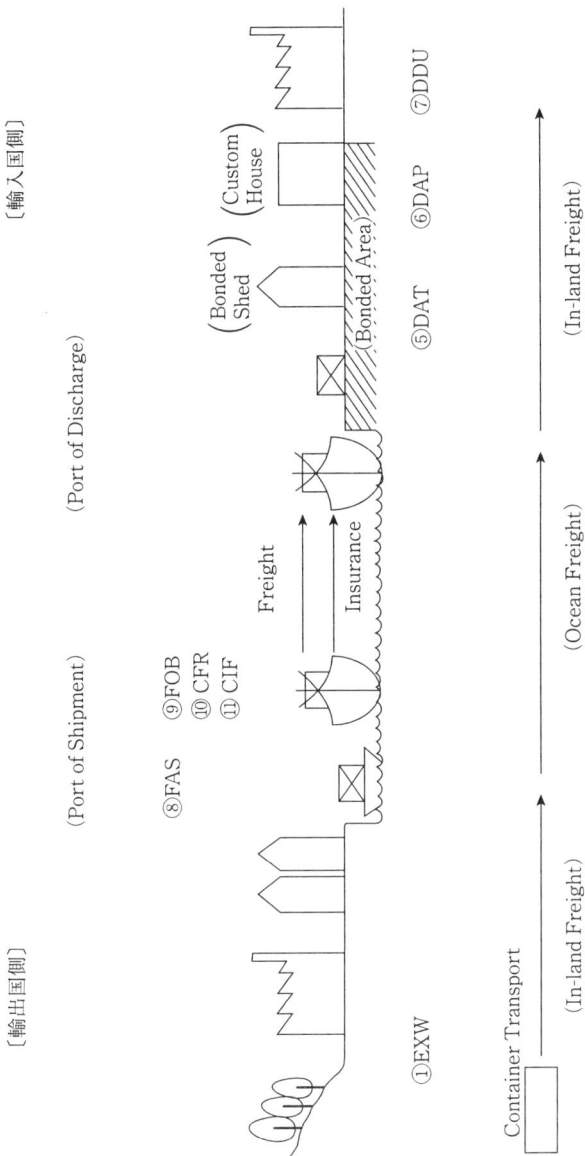

〔輸出国側〕　　　　　　　　　　　　　　　　　　　　　　　　　　　　〔輸入国側〕

(Port of Shipment)　　(Port of Discharge)

⑧FAS　⑨FOB
　　　　⑩CFR
　　　　⑪CIF

(Bonded Shed)　(Custom House)

(Bonded Area)

⑤DAT　⑥DAP　⑦DDU

Freight　　Insurance

①EXW　　(In-land Freight)　　(Ocean Freight)　　(In-land Freight)

Container Transport

②FCA
③CPT
④CIP

DAT, DAP, DDP

(B) Rules for Sea and Inland Waterway Transport（海上及び内陸水路による運送に対する規則）

これには次の4つのものが分類されている。FAS, FOB, CFR, CIF
ここにあげたものは2011年1月1日に発効された2010年版のものである。

A．Rules for Any Mode or Modes of Transport（全ての運送方法に対する規則）

① EXW：Ex Works（工場渡し）

売り主は自己の施設，たとえば工場や作業所あるいは倉庫といったところで商品を引渡すもので，運搬手段（船や航空機や車両）への積込みの義務を負わない。買い主は輸出国での輸出承認や通関手続や積込みなどの一切を自己の責任において行わなければならない。従って，売り主にとっては最も負担の少ない売り渡し方法ではあるが，買い主にとっては最も負担の多いものである。それ故，国際商業会議所では買い主が直接的にせよ間接的にせよ輸出承認を取得出来ない時にはこの取引条件は用いるべきではなく，そのような場合には次のFCA（運送人渡し条件）を用いるべきであるとしている。

② FCA：Free Carrier（運送人渡し）

売り主は輸出通関手続を済ませて，買い主が指定した運送人の管理下に商品を引渡した時，その引渡し義務を履行したことを意味するもので，売り主は買い主の危険と費用負担とにおいて運送人への引渡し（コンテナー・フレイト・ステーションやコンテナー・ヤードのような所への貨物の持込みなどによる）を行う。この場合の運送人（Carrier）とは，運送契約に基づいて陸上，海上，航空輸送またはこれらの結合による複合一貫輸送をする者であり，広く，それらの手配を責任をもって行いうる者で，いわゆるフレイト・フォーワーダー（Freight Forwarder）もここでいう《運送人》に含まれる。

③ CPT：Carriage Paid to（輸送費込渡し）

もともとコンテナーによる複合一貫輸送の普及に合わせて作られたものであるが，今日では広く，その輸送形態に関係なく用いられるようになってきている。売り主は指定仕向地までの運賃を支払うが，貨物が運送人の管理下に引渡

されれば売り主はその責任を果たしたことになる。即ち，内陸地において売り主はコンテナーに貨物を詰め，そのコンテナーを運送会社の指定したトラック会社などに引渡したなら，それによって引渡しが完了したものとされるので，それ以降の一切の危険負担や費用負担は買い主のものとされるものである。従って，売り主は輸出通関手続をしなければならない。

④ CIP：Carriage and Insurance Paid to（輸送費保険料込渡し条件）

前記の CPT に海上保険を加えたもので，売り主は契約で合意されたように保険を手配し，保険料を支払わなければならない。また，保険は通常契約表示の通貨でその金額の110パーセントでかけ，かつ保険は買い主が直接請求することが出来るものでなければならない。

B．Rules for Sea and Inland Waterway Transport（海上及び内陸水路による輸送に対する規則）

⑤ DAT：Delivered At Termimal（ターミナル持込渡し）

これは鉄道やトラックあるいは航空輸送などの場合に用いられるもので，売り主は輸出国の通関手続を済ませてターミナルで荷卸して引渡しを終えるもので，輸入国側の保税地域で引渡されることになる。従って，引渡しの指定地点までは売り主はその危険負担と費用負担を負うものである。

⑥ DAP：Delivered At Place（仕向地持込渡し）

引渡しはターミナル以外の任意の場所における車輌や船舶の上で行われる。それ故荷卸は買主が行うものである。

⑦ DDP：Delivered Duty Paid（仕向地持込渡し〈関税込み〉）

売り主は自己の費用と危険負担において輸送し，輸入のための通関及び関税等の支払いを済ませ，輸入国内の指定場所へ持込み，引渡すことによってその義務を果たすもので，売り主にとってはその費用負担，危険負担の範囲が最も大きいものである。売り主が直接的にも間接的にも輸入承認書を取得出来ない時にはこの条件は使用すべきではない。

付加価値税などを除いて引渡す場合には，DDP, VAT unpaid などとその旨明記しなければならない。

⑧ FAS：Free Alongside Ship（船側渡し）

　売り主は指定船積港において，埠頭もしくは艀に積み，本船船側に持っていくことにより引渡し義務を履行したことになるもので，輸出通関手続は買い主が行うことになっており，買い主が直接的にも間接的にも輸出手続を行うことが出来ない場合にはこの取引条件は使用すべきではなく，そのような場合には，次のFOB条件を用いるべきであるとされている。なおこの条件は海上輸送または内陸水路輸送にのみ用いられるものである。

⑨ FOB：Free on Board（本船渡し）

　売り主は貨物を船積港において本船上に持込んで引渡すもので，厳密には貨物が本船上に無事積込まれた時に引渡しの義務が履行されたと考えられている。輸出通関手続は売り主の義務とされている。売り主に運送契約の義務はないが，通常は運送契約の予約（船腹の予約）なしには本船への積込み荷役は行えないので，売り主が運送契約をするのが普通である。保険についても売り主は義務を負わないので，買い主が手配する。原則的には海上輸送または内陸水路輸送にのみ用いられるものであるが，広くその他の運輸形態にもこの条件が使われているのが実情である。

⑩ CFR：Cost and Freight（運賃込渡し）

　このCostはFOBのコストを意味する。即ち，貨物の所有権はFOBの場合と同じく，当該貨物が船積港において本船上に無事積込まれた時に移転する。ただし，売り主は指定仕向港までの運賃を支払わなければならない。つまり運賃は売り主により前払いされ，立替えられたその運賃を貨物代金に上乗せして価格に含められたものである。ただし海上保険は買い主が自ら手配しなければならないので，売り主は買い主に対して十分な通知をしなければならない。

　本船上に積込んで渡すのであるから，当然に輸出のための通関やそれに必要な検査や梱包，マーキングなどは一切売り主である輸出業者が行わなければならない。

⑪ CIF：Cost, Insurance and Freight（運賃保険料込渡し）

　CFRにさらに売り主が海上保険も手配し，保険料を前払いしてその費用も含めたもので，その他はCFRとまったく同様である。この場合の海上保険は

別段の明白な合意がない限り，ロンドン保険協会の**協会貨物約款**（Institute Cargo Clauses）または同様の保険約款に基づき，契約金額の通貨と同じ単位の通貨で，その金額の110％（1割を加えた金額）で保険契約する必要があり，保険証券は買い主が保険会社に対して直接請求出来るようなものでなければならない。

　一般的にはこれらの価格条件には引渡し場所，即ち，費用負担及び危険負担の移転が行われる場所の地名を付けて用いる。ただし，旧Ｃ類型の主要運送費込み条件のもの，たとえばCFR，CIF，CPTやCIPでは例外的に，運賃あるいは保険料がどこまで輸出者側によって負担されているかが示されるので，実際の貨物の引渡しは輸出地で行われているにもかかわらず，価格条件につける地名としては，結果的に輸入地の地名が付けられて用いられることになるので注意を要する。つまり横浜港から積出してロンドンまで持っていく貨物をCIF条件で取引する場合には，CIF Londonと記されるわけで，横浜で引渡しは完了するが，ロンドンまでの運賃及び保険料は売り主である輸出者により前払いされ，それらの費用はすべて込みで建てられた値段で取引するということを意味している。この旧Ｃ類型以外のものはすべてその引渡しの場所が明記されるのでわかりやすい。たとえばEXW Kawasakiであれば川崎の工場渡しということであり，FOB New Yorkであればニューヨーク港本船渡しということを意味している。

　どのような価格条件で取引するかはまったく売買当事者間の問題で，本来自由に決められるべきものであるはずのものであるが，買い手側の国の外貨事情などにより，外貨での支払い額を出来る限り少なくするために，用いられる価格条件を限定する場合がある。たとえば旧Ｃ類型や旧Ｄ類型のような運賃あるいは保険料を含めた価格条件で取引をすると，その分だけ外貨での支払額が増えるので，外貨事情の苦しい国などではそうした型の取引を認めず，必ず輸入国側の自国船による運送を義務付けている国がある。日本も戦後の一時期外貨不足で苦しかった時代にはそうしたことが行われてきたし，現在でも，アメリカは国際収支の大幅な赤字に苦しんでおり，シップ・アメリカン（合衆国政府機関及び各州政府機関関係の調達物資についてはアメリカ船による運賃着払い方式による輸送をする）政策をとっている。即ち，それにより貿易外収支を少しでも改善しよう

というわけである。

　価格のつけ方は以上のような Incoterms の問題の他に，決済通貨の問題がある。即ち，建てられた値段はいかなる通貨でのものなのかが記されなければならない。FCA Kobe とだけ記されていても，神戸で運送人渡しで引渡しがなされることはわかっても，どこの国の通貨で決済されるものかが明示されていないと困ったことになる。従って，単価及び総合計金額を示す時には，たとえば，DDP Los Angeles in US Dollars のように価格条件だけでなく，通貨単位も合わせて記されなければならないのである。

　ここで気を付けなければならないのはドル（＄：Dollar）という単位は同じ名称をいくつかの国の通貨に用いているので，必ずどの国のドルかを明示しなければならない。たとえば，アメリカドルであれば US＄，カナダドルなら C＄，香港ドルなら HK＄などと表記する必要があるのである。

5) 決　　済

　決済の問題を考える時，大きく分けて，①決済手段の問題と，②決済方法・時期の問題とに分けられる。決済手段は通常はいわゆる Hard Currency（国際市場で交換可能な通貨）[注] といわれるもので行われるが，現金（Cash）を移動させて行うということは実際にはほとんどない。それは危険を伴うことと，取扱いが面倒で管理が大変だからである。そこで一般的に用いられるのが，いわゆる**外国為替（Foreign Exchange）**といわれる支払の要求または指図をする書類によってなされるのである。その他にも本支店間等での交互計算によるネッティング（Netting）とか，相手方の債権，債務との相殺であるとかのいわゆる特殊決済といわれるもので，そうした外国為替を伴わないものもあるが，それは貿易の決済としては例外的なものと考えてよいであろう。

　（注）代表的なものには米ドル（US Dollars），ユーロ（Euro），英ポンド（Pounds Sterling），日本円（Japanese Yen）など。

　外国為替にはその指図や要求の仕方で，**並為替**と**逆為替**とに分けられる。

　A）並為替……送金（Remittance），銀行振出小切手（Bank Check, Bank Draft），

郵便為替 (Postal Money Order)，約束手形 (Promissory Note) など。
　B）逆為替……荷為替手形 (Documentary Bill of Exchange, Documentary Draft)
この中には信用状 (Letter of Credit) に基づくものと，信用状なしのD/P手形やD/A手形などがある。
また決済方法を時期でみると，次の3つに分けることが出来る。
　（1）前払 (Payment in Advance, Pre-payment)……送金
　（2）信用状 (L/C : Letter of Credit)
　（3）後払 (Deferred Payment)……送金，D/P，D/A ※
　　　※　D/P：Documents against Payment（手形支払書類渡し）
　　　　　D/A：Documents against Acceptance（手形引受書類渡し）
前払いか後払いかの区別は，船積の時点を中心に考えて，それよりも前に行

図12－3

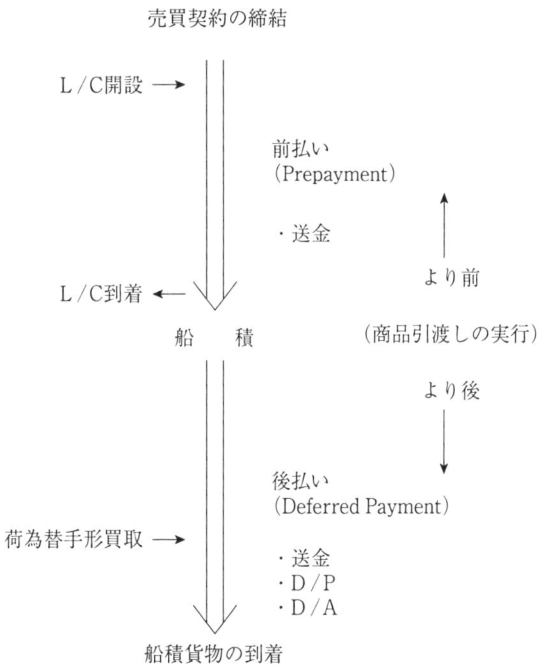

売買契約の締結

L/C開設 →

前払い
(Prepayment)

・送金

より前

L/C到着 ←

船　積

（商品引渡しの実行）

より後

後払い
(Deferred Payment)

荷為替手形買取 →

・送金
・D/P
・D/A

船積貨物の到着

われる決済を前払いといい，船積後に行われるものを後払いという。信用状の場合は，厳密にいえば船積後に手形が決済されるので後払いということになるが，支払手段に限りなく近い信用状が船積に先立って買い手側より売り手側に送付されているので，その意味では前払い的な要素も持っているので，ここではあえてそのどちらにも属さないものとして別個に取り上げる。

前払いには通常先に述べた並為替が用いられ，後払いや信用状によるものでは逆為替が用いられる。これらの詳細については先の第三編第7章の外国為替の所で詳述した通りである。

(3) 船積・引渡し (Shipment / Delivery)

最近，経営や物流の合理化が進められ，いわゆる「カンバン方式」(注)といわれる **Just-in-Time**（必要な時に必要なだけ）方式で，原材料や部品や商品の在庫を出来る限り圧縮しようとする考え方が広まってきており，時間的な要素が大きくなってきている。即ち，この合理化が可能なためには正確な納入が時間的にも数量的にも要求されることになる。これは単に国内の物流のみに限らず，貿易面でも進められており，船積ないしは引渡しの問題はますますその重要性を増していくものと思われる。

船積は売り手側からの契約の履行であるから，当該商品の所有権移転がなされることである。そこで問題となるのは商品の**引渡しの時期** (Time of Shipment) と**船積の方法** (Mode of Shipment) ということになる。

（注）トヨタ自動車の組み立てラインで部品の在庫量を極力少なくしようとする（究極的には生産現場での在庫ゼロを目標としている）合理化の一方式。

1) Time of Shipment
①特定日指定方式

契約の際に，商品の引渡しは何年何月何日と明確に決めておく方式。注文生産をする船舶，航空機，プラント設備類などで広く用いられている。

②期間指定方式

受注後または信用状受領後の一定期間，たとえば30日以内とか60日以内とかの期限を設ける方式。大量に生産されている商品で広く用いられている。

③特定月指定方式

何月積とだけ決めておくだけで，ある程度の幅を持たせている方式。集荷などに正確な日数が読めないもので，多少時間に余裕のあるものに用いられる。

④連月指定方式

さらに幅を持たせた方式で，たとえば，June / July Shipment とあれば，6月中でもよいし7月中でもよいというもの。季節性もなく保存性もよく，かつそれ程高価でないものでは在庫負担が比較的軽いので，このような幅を持たせた船積でも問題が生じない。しかし，前述のように製造段階の在庫の合理化だけでなく，物流段階での合理化も進められており，こうした悠長な船積をすることは少なくなっている。

⑤随時方式

供給可能となったらその時点で出来る限り速やかに船積する方式。稀少性の高いものや趣味性の高いものでは顧客は商品の受領を必ずしも急いではいない。有名絵画やクラシックカーなど特定のものは，欲しいと思う商品がすぐに見つかるわけではないので，よい物が出たらいつでもよいという方式がとられる。

1つの注文なり契約が必ずしも一方式だけによるとは限らない。これらのうちのいくつかを組み合わせ，第1回目の船積は，①方式とし，続く第2回目，3回目の船積では，②方式ないしは，③方式とするなどということもありうる。

2）Mode of Shipment

時間的な要素とも密接に関係するが，商品の積出し方も問題となる。1つは量的な問題で，全量を1回の船積で出すのか，分けるとすればどのように分けるのかということと，もう1つは経路というか輸送手段の選択の問題がある。

① Partial Shipment, Instalment Shipment （分割船積）

契約分の商品を何回かに分割して船積する方法。供給側の都合により全量1回で出荷出来ないために，とりあえず必要な量をまず積出して，残りはしばら

くしてから積出す **Partial Shipment** と，ある一定量（6ヶ月分とか1年分の）を一括契約しておき，船積は毎月分割して行うという **Instalment Shipment** がある。

② Transshipment（積替）

仕向地まで同一の船舶で輸送することを **Direct Shipment**（直航船積）というが，決められた期限内にその航路の船がないという場合，いったん途中の中継地点の港まで運び，そこで船を替えて積み直していく方法をとらねばならないことがある。このように積載船舶を途中で替える方式を **Transshipment** という。ただ従来は積替える際の荷役作業による貨物の損傷を避けるために，不要不急の Transshipment はなるべくしないようにしていた。しかし，コンテナー輸送の発達により，荷役作業に伴う貨物の損傷ということがほとんど問題とならなくなり，他方で船会社の船舶の運航効率を向上させようとする要求から，コンテナー船ではしばしば Transshipment が行われている。

③ Liner（定期船）利用か Tramper（不定期船）利用か。あるいは Charter（用船）するのかという問題もある。さらに，輸送手段として船舶を利用するのか，航空機を利用するのか，陸上輸送をするのかなどの問題がある。これらの選択は通常，運賃としてかかる費用を中心として決められるが，非常の場合や商品の性質によっては**費用対効果**（Cost-Performance）を考えて，最も望ましい方法がとられることになる。

④最後に，運賃の支払い方法について。運賃（Freight）を輸出地で船積時に輸出者が支払う**運賃前払**（Freight Prepaid）方式と，仕向地／輸入地に到着後に輸入者が支払う**運賃後払**（Freight Collect）方式とがある。EXW，FAS，FOBやFCAでは運賃後払いとなり，CFRやCIFあるいはCPTやCIPでは運賃前払いとなる。

第13章
貿易決済の実務

1. 決済の仕組み

商品の売買契約の場合には，売り手は商品の引渡しをすることと，買い手はその代金を支払うことが合意されているのであって，両者はそれぞれ自己の約束を履行する責任を負うものである．貿易の場合，売り手と買い手が遠隔地に

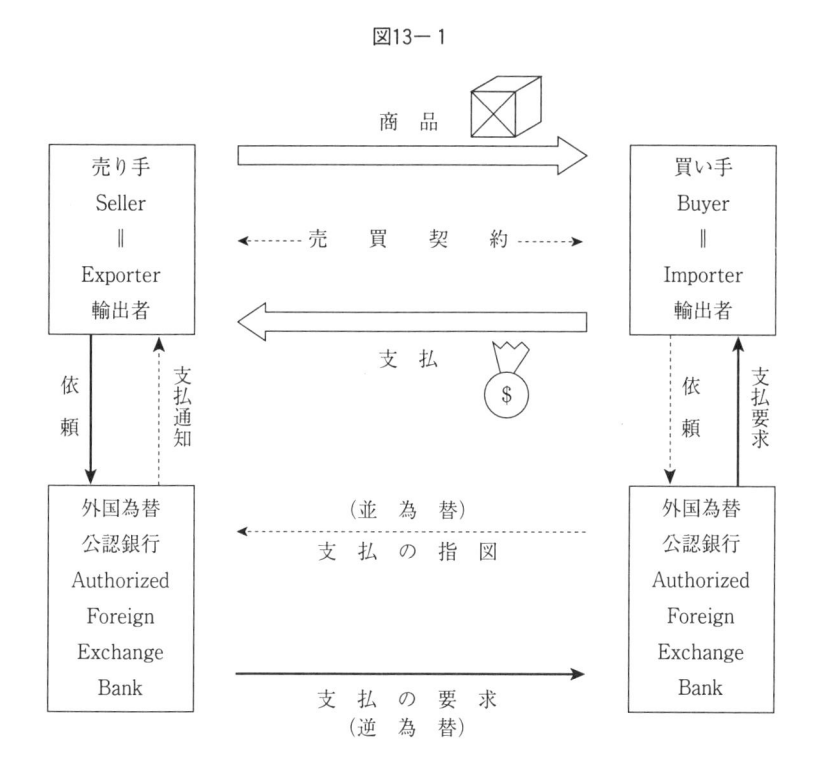

図13－1

```
           商品
売り手  ──────────────▶  買い手
Seller      売買契約      Buyer
  ‖   ◀─────────────▶    ‖
Exporter     支払       Importer
輸出者  ◀──────────────  輸出者
             $
  │依    ▲支                │依    ▲支
  │頼    │払                │頼    │払
  │      │通                │      │要
  ▼      │知                ▼      │求
外国為替   (並為替)        外国為替
公認銀行  ◀─ ─ ─ ─ ─       公認銀行
Authorized  支払の指図    Authorized
Foreign                   Foreign
Exchange  ──────────────▶ Exchange
Bank       支払の要求      Bank
            (逆為替)
```

いることから，両者が義務を同時履行することは実際上不可能である。そこで今日では金融機関としての信用力を利用して，外国為替を用いて決済をし，運輸会社によって貨物を運送してもらい船積の事実を立証する書類の引渡しを行っているのである。そのため，決済の仕方には売り手買い手両者の信頼関係の程度などにより，前章の決済のところで述べたように，前払いか後払いかあるいはその中間的なものとしての信用状によるものとするのか決められなければならない。ここでは最も基本的なものとして，信用状によるものを中心として話を進めることにする。

2. 信用状

　信用状に基づく取引では，契約の締結と同時に買い手はその履行の準備として，まず第一に信用状を開設することになる。これは買い手による支払いの保障であり，今日では**外国為替取扱銀行**（Foreign Exchange Bank）が買い手の依頼により作成し，その信用状の受取人である売り手を**受益者**（Beneficiary）として，買い手である**依頼人**（Applicant，またはOpener）に代わって契約通りの船積に対してはその商品代金の支払いを依頼人に代わって約束するという書状である。買い手自身の書いた手紙よりは，信用を旨とする銀行がその支払いを保証しているのではるかに信用度が高いものであり，買い手はこれにより契約の履行に着手したものとみなされるので，売り手は安心して自己の商品の船積・引渡しが可能となるのである。

　今述べてきたのは今日最も一般的となっている商業荷為替信用状（Commercial Documentary Letter of Credit）といわれるもので，受益者は信用状記載の指図通りの船積をし，その事実を証する書類——これを**船積書類**（Shipping Documents）という——を添付した，**信用状開設銀行**（Opening Bank, Establishing Bank, Issuing Bank）または開設依頼人を名宛人として振出した為替手形（Draft, Bill of Exchange）——このように船積書類を添付した為替手形を**荷為替手形**（Documentary Draft）という——を**手形買取銀行**（Negotiating Bank）に買取ってもらうことにより輸出貨物代金を手にすることが出来るようにしたもので，は

じめての取引とかまだ信頼関係が十分に確立していない間での取引などで，また国によっては輸入を規制ないしは管理するために，原則的にすべての輸入を信用状によることとする，などの場合に広く用いられている。しかしこのような便利なものが利用可能となったのは，その背後にある為替というものが考案され，さらにその発達とそれを取引する為替市場——とりわけ外国為替市場——の発達ならびに運送契約書としての**船荷証券**（Bill of Lading）の有価証券としての流通性の確立といったことがあるのである。

（1）信用状の歴史

信用状は12世紀ころから，すなわち王様の家来達が遠隔地での資金調達の際に，王様の名によって書かれた手紙によって調達したことに始まるといわれている。やがて商業活動にも用いられるようになり，豪商がこの信用力に基づいてもっぱら信用状を発行した。後にこの為替部門を独立させて出来たのが，いわゆる Merchant Bank（商業銀行）といわれるもので，イギリスにおいて発達した。

この旧式の信用状は依頼人が持参していき，開設依頼人自らが受益者となって現地で資金調達したり，後には貿易代金の決済のために為替手形を振出して貨物代金の支払いに用いられるようになった。この型式は今でも**旅行者信用状**（Traveller's Letter of Credit）に残っている。この場合，本人（依頼人自身）が現地で現金なり商品なりを受取っており，その証しとして受領証（Receipt）の機能と支払請求の機能を持つ，為替手形に署名して振出すことをしているので，手形には船積書類の添付を要しない。これを**荷落手形**（Clean Draft）といい，このような手形の振出を認めている信用状を**荷落信用状**または**無担保信用状**（Clean Credit）という。

次第に貿易が発達してくると，商人はいちいち外国にまで自分で商品の買付けに行かなくなってきた。即ち，すでに長い取引関係にあり，相互に信頼関係が出来ており，輸送のシステムも発達し，注文書の送付だけで所望の商品が手に入れられるようになると，時間も費用もかかる買付け旅行をする必要がなく

なってきたのである。こうして現在使われているような荷為替信用状が出来上がってきたのである。

（２）信用状のシステム

信用状が輸入者（買い手）の開設依頼から**通知銀行**（Advising Bank, Notifying Bank）を経由して受益者の所まで送達される順路は図13－2に示される通りで，図(ア)は旅行者信用状の場合であり，図(イ)は荷為替信用状の場合である。

（ア）の旅行者信用状の場合，①旅行者本人が自分の取引銀行へ信用状の開設依頼をする。この際，現金ないしは預金等の担保が要求される。即ち，信用状の開設ということは一種の銀行の与信行為だからである。つまり外国の買取銀行から支払請求がきた時には支払いの義務を負うものだからである。②開設された信用状を依頼人である旅行者本人が受領する。③旅行者本人がこの信用状を外国旅行先に持参する。この場合，署名鑑といわれる本人の署名を開設銀

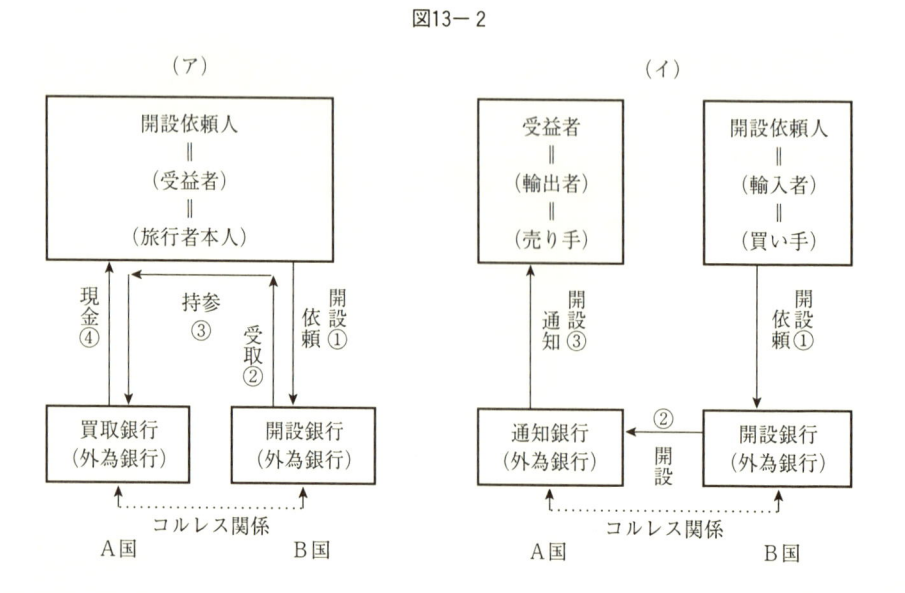

図13－2

(ア)

```
┌─────────────┐                    ┌─────────────┐
│  開設依頼人  │                    │             │
│     ‖      │                    │             │
│  (受益者)   │                    │             │
│     ‖      │                    │             │
│ (旅行者本人) │                    │             │
└─────────────┘                    └─────────────┘
   ↑    ↑   ↓    │開
  現金  持参 受取  │設
   ④   ③   ②   │依
                  │頼
                  │①
┌─────────────┐    ┌─────────────┐
│  買取銀行   │    │  開設銀行   │
│ (外為銀行)  │    │ (外為銀行)  │
└─────────────┘    └─────────────┘
     ↑ ·········· コルレス関係 ·········· ↑
     A国                              B国
```

(イ)

```
┌─────────────┐                    ┌─────────────┐
│   受益者    │                    │  開設依頼人  │
│     ‖      │                    │     ‖      │
│  (輸出者)   │                    │  (輸入者)   │
│     ‖      │                    │     ‖      │
│  (売り手)   │                    │  (買い手)   │
└─────────────┘                    └─────────────┘
      ↑開                                │開
      │通                                │依設
      │知                                │頼①
      │③                                │
┌─────────────┐    ②      ┌─────────────┐
│  通知銀行   │ ←────────  │  開設銀行   │
│ (外為銀行)  │    開設    │ (外為銀行)  │
└─────────────┘            └─────────────┘
     ↑ ·········· コルレス関係 ·········· ↑
     A国                              B国
```

行が証明したものを同時に持参する。外国の買取銀行で現金を受取る際に本人の署名であることが確認出来ないと買取銀行としては不安だからである。さらにパスポートなどの身分を証明するものも同時に提示する。旅行者は開設銀行の本（支）店またはコルレス先の銀行へ出向き，必要な金額を信用状の限度金額内で受取り，支払指図書として為替手形を振出す。この時にその署名が署名鑑で証明されたものであることが確認されるのである。**旅行者小切手**（Traveller's Check）がホテルや街の商店や両替商といったところで使える便利さがあるのに比べ，旅行者信用状では外国為替取扱銀行へ行かなければならないという不便さがある。しかし安全性という点やかさばらないという点でははるかにメリットがあるので，大きな金額の場合には旅行者小切手より旅行者信用状の方がよい。ただ最近ではクレジットカード（Credit Card）が発達してきており，金額の制限はあるが，ほぼ旅行者信用状の機能を有しており，現金や旅行者小切手よりもずっと優れているものが利用可能になっている。

　（イ）の荷為替信用状の場合では，売り手と買い手の間で商品の売買契約が成立したならば，①買い手＝輸入者はただちに自分の取引銀行に開設依頼をする。この時ももちろん開設銀行は与信行為をすることになるので相応の担保を要求する。②開設銀行はその依頼に基づき信用状を作成して輸出地にある受益者の最寄りのコルレス先の銀行または（本）支店へ送付し，受益者への開設通知と信用状の送達を依頼する。通知または送付を受けた通知銀行は輸出地（国）側からみると外国で開設されて送られてきた信用状を最初に受取る銀行であることから，これを**接受銀行**または**受取銀行**（Receiving Bank）という。③通知銀行＝接受銀行は受益者へ開設通知をすると同時に信用状を送付する。荷為替信用状では開設依頼人は輸入地の銀行に依頼するだけで，信用状そのものは開設銀行から直接輸出地の通知銀行へ送付される点が旅行者信用状と大きく異なる点である。開設通知も送付もすべて銀行に依頼するので，その通知・送付の方法についても指示しなければならない。通常，開設・通知の方法には次の３つがある。

（3）開設通知の方法

（ア）信用状原本（Original L／C）を書留航空郵送（Registered Air Mail）で送付する。……急がない注文の場合，電信料（Cable Charge）を節約することが出来るのでこの方法で十分足りる。

（イ）事前の開設通知（Preliminary Advice）のみを電信で通知，信用状原本は後から書留航空郵便で送付する。……船積は急ぐが，商品の手配ないしは製造や梱包に時間がかかる場合，信用状原本が到着していなくても，輸出業者は信用状が間違いなく開設されていることがわかれば，それだけで安心して船積の準備に着手することが出来る。即ち，商品の買付や製造元への発注などが可能となるので，船積までの期間を信用状原本入手後の手配よりは数日間短縮することが出来るのである。

（ウ）信用状原本の作成を通知銀行に電信で依頼する。……船積を急ぐ場合，特に航空貨物で輸送するような場合，信用状原本が郵送されてくる数日間も待つことが出来ないような急ぎの場合に用いられる方法であり，信用状は通知銀行の用紙で作成され送達されるところに特徴がある。

（4）信用状の種類

信用状は，まず第一にそれに基づく決済の方法として振出す為替手形にDocumentsを添付するか否かによって，即ち，Documentary Draftが要求されている **Documentary Credit**（荷為替信用状）か，Documentsの添付を要求しないClean Draftが要求されている **Clean Credit**（荷落ち信用状または無担保信用状）かに大別しうる。それを図示するとおよそ次のようになる。

Commercial Letter of Credit（商業信用状）
- Documentary Credit（荷付きまたは荷為替信用状）
- Clean Credit（荷落ちまたは無担保信用状）
  - Stand-by Credit（スタンドバイ信用状）
  - Traveller's Credit（旅行者信用状）

さらに，Documentary Credit にはその機能・性質からいくつかに分類することが出来る。

（ア）取消不能信用状　　　　vs　　取消可能信用状
　　　（Irrevocable Credit）　　　　　（Revocable Credit）
（イ）確認信用状　　　　　　vs　　無確認信用状
　　　（Confirmed Credit）　　　　　　（Unconfirmed Credit）
（ウ）譲渡可能信用状　　　　vs　　譲渡不能信用状
　　　（Transferable Credit）　　　　　（Non-transferable Credit）
（エ）買取銀行指定信用状　　vs　　買取銀行無指定信用状
　　　（Restricted／Special Credit）　　（Open／General Credit）
（オ）回転信用状　　　　　　vs　　無回転信用状
　　　（Revolving Credit）　　　　　　（Non-revolving Credit）
（カ）無償還請求権付信用状　vs　　償還請求権付信用状
　　　（Without Recourse Credit）　　　（With Recourse Credit）

この他に，輸出者の振出した為替手形を買取るべき通知銀行に，手形の買取りのみならず，受益者に輸出前貸しを行う権限を付与した――それが赤字で記載されていることから――Red Clause Credit といわれるものや**バーター（Barter Trade：求償貿易）**取引に利用されるエスクロー信用状（Escrow Credit）などもある。しかし今日ではあまり多く用いられてはいない。

バーターに代わって今日では**反対買付（Counter Purchase：CP）**という方式がとられることが多くなってきている。

1）取消不能信用状 vs 取消可能信用状

取消不能信用状とは一旦開設された信用状は全当事者の合意がない限り取消すことも，修正することも出来ない信用状で，明示的に Revocable と信用状表面に記載のないものは Irrevocable とみなされる。取消可能信用状では受益者の保護が十分ではないので，輸出者は取消不能の信用状を要求することが一般的である。取消可能信用状であっても，船積が完了し，手形買取が完了した後

では取消すことは出来ない。

2）確認信用状 vs 無確認信用状

開設銀行以外の第三の銀行が重ねて支払保証の確認をした信用状を確認信用状といい，信用状表面にその旨明記されていなければならない。このような記載のないものは無確認信用状とみなされる。本来，信用状は開設銀行がその支払いを保証しているものであるから，このような二重の保証の必要はないのであるが，開設銀行が国際的にあまり知られていないような場合，買取銀行が手形の買取りに応じない場合もあるので，そのような時には知名度の高い有力銀行を**確認銀行**（Confirming Bank）として確認した信用状にすることにより，このような問題を解決することが出来る。通常は開設銀行のコルレス先である通知銀行が確認銀行となることが多い。

3）譲渡可能信用状 vs 譲渡不能信用状

受益者としての権限を別の第三者に譲渡することを認めた信用状で，その旨信用状表面に明示的に記載されていなければならない。この譲渡は信用状の全部または一部を1名ないしは数名に譲渡することも出来る。しかし，その譲渡は1回限りであり，譲り受けた第二の受益者がさらに第三の受益者へと譲渡することは認められていない。また譲渡取扱銀行（Transferring Bank）が同意しない時は譲渡することが出来ない（同第48条 b 及び c 項）。

4）買取銀行指定信用状 vs 買取銀行無指定信用状

受益者が振出した荷為替手形の買取（Negotiation）を特定の銀行に指定した信用状を買取銀行指定信用状といい，その旨明示的に記されているものをいう。そのような指定を明示的に記していないものは受益者の任意に選んだ銀行で手形買取りをすることが出来る。このような指定を信用状開設銀行が作成する時に本文中に記載する時には次のように記してある。

Negotiation under this Credit is restricted to the ADVISING Bank.（ADVISING Bank のところには通知銀行名が入っている）

また，通知銀行がその旨のスタンプを信用状表面に記すことがある。その場合には次のような文言が使われている。一例をあげると，

"We hold special instructions with regard to negotiation（または reimbursement） between the opening bank and the ADVISING Bank".（ADVISING Bank のところには通知銀行名が入っている）

このような指定があると，荷為替手形の買取依頼はそれ以外の銀行では出来ないことになるが，その指定の銀行が受益者の取引銀行でない場合，いちいちその銀行に取引口座を開設しなければならないかというとその必要はない。受益者は自己の取引銀行を代理人と定め，その銀行に指定された買収銀行での手形買取依頼を代行してもらうことが出来るのである。この場合，受益者の**委任状**（**Power of Attorney**）が必要となる。また手形買取りによる入金も1日遅れることになる。

5）回転信用状 vs 無回転信用状

同一内容の取引が反復して繰返されるような場合や，Instalment Shipment で分割船積をするような場合，総額ではかなり大きな金額になり，輸入者の担保等の負担が過重になりすぎるし，また，1回分の船積金額の信用状をそのつど開設するのでは費用や手数もかかるので，回転信用状として開設する。たとえば総額100万ドルの契約で毎月10万ドルずつ10ヶ月で船積するものとすれば，10万ドルの回転信用状を1通開設すればよいことになる。これにより，担保は100万ドル相当でなく，10万ドル相当と10分の1ですむし，毎月10万ドルずつ合計して10通の信用状を開設することもなく，1通の信用状ですんでしまうわけである。回転信用状である旨が明記されていない信用状は無回転信用状とみなされる。

6）無償還請求権付信用状 vs 償還請求権付信用状

償還請求（Recourse）とは手形買取銀行が買取った手形が信用状開設銀行あるいは開設依頼人である輸入業者によって支払拒絶された場合，手形振出人である信用状の受益者である輸出業者に対し，すでに支払済みの手形代り金の返還を求めることで，信用状に明示的に Without Recourse と書かれている場合には，手形買取銀行はそのような償還請求をしない，絶対的な買取りをすることをうたっているものである。即ち，輸出業者の保護という点ではこの方がよい

わけであるが，明示的に書かれていない信用状は償還請求権付のものとみなされるので，銀行はもしもの時には償還請求をすることを条件として手形を買取る。

さらに信用状の種類として，振出す為替手形の決済方法により，**一覧払い手形**（Sight Draft, Sight Bill）の振出しを要求している Sight Credit（一覧払い信用状）と，**期限付手形**（Usance Draft, Time Bill）の振出しを要求している Usance Credit（期限付信用状）という分類もある。また譲渡可能信用状では元の信用状を Original Credit（原信用状）といい，第二受益者へ譲渡されたものを Local Credit（国内信用状）といったりすることがある。

荷為替信用状による取引や決済の概要をフローチャート（Flow Chart）としてまとめたものが図13－3である。

信用状を受領した輸出者（信用状の受益者）はその各項目について点検しておくことが必要である。それは当該信用状によって要求されていることが契約内容と同一であるかを確認する必要があるからであると同時に，その信用状が要求している通りの船積（＝契約の履行）がなされる必要があるからである。それはまた，船積完了後に荷為替手形を振出す際にも重要だからである。

次に具体的な信用状の例を見ながら，重要な箇所を整理してみた。信用状の中の番号を付けた項目について次に簡単に解説を付けてあるので対照しながら見ていただきたい。

3．D/P，D/Aと送金

D/PやD/Aは前述の信用状と同様荷為替手形を用い，その売買で決済をするものである。D/Pでは手形に添付された船積書類は手形が決済された時に引渡される。そのため一般的には一覧払い手形が用いられる（航海日数が長い場合を除く）。D/Aでは期限付手形が用いられ，手形に添付された船積書類は手形の**引受**（Acceptance）をした時に引渡され，実際の代金支払いは手形の満期日に行われることになる。即ち一覧後60日払いであれば引受（一覧したことになる）から60日後に支払いが行われることになる。こうした荷為替手形を用いる

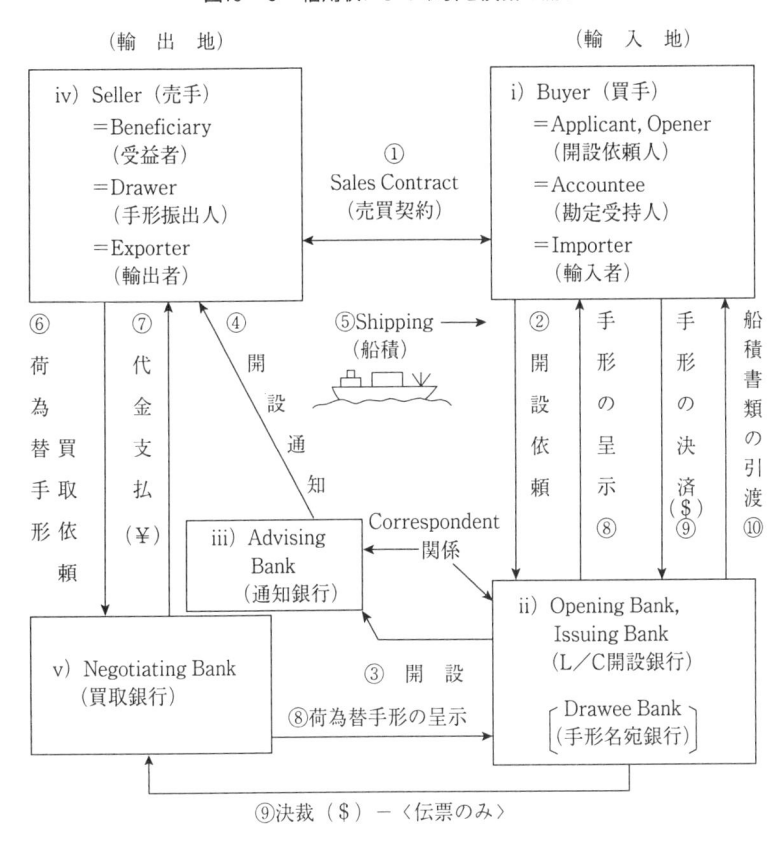

図13-3 信用状による取引と決裁の流れ

(輸出地)

- iv) Seller (売手)
  - =Beneficiary (受益者)
  - =Drawer (手形振出人)
  - =Exporter (輸出者)

(輸入地)

- i) Buyer (買手)
  - =Applicant, Opener (開設依頼人)
  - =Accountee (勘定受持人)
  - =Importer (輸入者)

① Sales Contract (売買契約)

⑤ Shipping (船積)

⑥ 荷為替手形買取依頼
⑦ 代金支払 (¥)
④ 開設通知

② 開設依頼
⑧ 手形の呈示
⑨ 手形の決済 ($)
⑩ 船積書類の引渡

- iii) Advising Bank (通知銀行)
- ii) Opening Bank, Issuing Bank (L/C開設銀行) [Drawee Bank (手形名宛銀行)]
- v) Negotiating Bank (買取銀行)

Correspondent 関係

③ 開設
⑧ 荷為替手形の呈示
⑨ 決済 ($) —〈伝票のみ〉

決済では**逆為替**が用いられる。それに対して，**送金 (Remittance)** では支払人の銀行から受取人の銀行に，現金の流れと同一方向に流れる**並為替**が用いられる。

4. 荷為替手形と手形買取

(1) 為替手形

　遠隔地間での決済は今日では通常，為替手形によって行われることは先の第7章で述べた。ここでは貿易の貨物代金の決済として広く用いられている為替手形について，その要件や振出し要領といったものをもう少し詳しくみてみる

① THE FIRST COMMERCIAL BANK OF CANADA
HEAD OFFICE
VANCOUVER, B. C., CANADA   ②
㉒ IRREVOCABLE COMMERCIAL LETTER OF CREDIT NO. 0077
③ DATE : DECEMBER 2, 20XX
ADVISED BY AIRMAIL THROUGH
④ THE BANK OF TOKYO-MITSUBISHI LTD.
TOKYO OFFICE, TOKYO

⑤ CYBERDYNE INTERNATIONAL LTD.
15-5, SHIMBASHI 1-CHOME
MINATO-KU TOKYO
GENTLEMEN :
FOR ACCOUNT OF ⑥ IMPERIAL ELECTRONICS CORPORATION, VANCOUVER
WE HEREBY OPEN OUR IRREVOCABLE ㉓ WITHOUT RECOURSE LETTER OF CREDIT IN YOUR FAVOR
FOR AN AGGREGATE AMOUNT OF ⑦ US$27,500.00
SAY U. S. DOLLARS TWENTY SEVEN THOUSAND FIVE HUNDRED ONLY
AVAILABLE BY YOUR DRAFT（S）DRAWN AT ⑧×× × SIGHT ON ⑨ US
⑩ FOR FULL INVOICE COST TO BE ACCOMPANIED BY THE FOLLOWING DOCUMENTS :
　⑦ 1. SIGNED COMMERCIAL INVOICE IN QUINTUPLICATE INDICATING IMPORT LICENSE NO. 45939 AND NUMBER OF THIS CREDIT.
　⑦ 2. FULL SET OF CLEAN ON BOARD OCEAN BILLS OF LADING MADE OUT TO THE ORDER OF THE FIRST COMMERCIAL BANK OF CANADA NOTIFY BUYER, MARKED "FREIGHT PREPAID".
　⑦ 3. MARINE INSURANCE POLICY（OR CERTIFICATE）IN DUPLICATE FOR FULL CIF VALUE PLUS 10%COVERING INSTITITE CARGO CLAUSES.（A）, INSTITUTE WAR CLAUSES AND INSTITUTE STRIKES CLAUSES.
　⑦ 4. CERTIFICATE OF JAPANESE ORIGIN IN DUPLICATE.
　⑦ 5. PACKINGLIST IN TRIPLICATE.
EVIDENCING SHIPMENT FROM ⑪ JAPANESE PORT TO ⑫ VANCOUVER, B. C.
OF
　⑬ ELECTRONIC APPLIANCES ⑭ （CIF VANCOUVER）
PARTIAL SHIPMENTS ARE ⑮ ALLOWED　　TRANSHIPMENT IS ⑯ NOT PERMITTED
SHIPMENT（S）MUST BE EFFECTED NOT LATER THAN ⑰ MARCH 23, 20XX
NEGOTIATIONS MUST BE EFFECTED NOT LATER THAN ⑱ APRIL 7, 20XX
　　DRAFTS MUST BE MARKED AS BEING DRAWN UNDER THIS CREDIT AND BEAR ITS NUMBER AND ISSUING DATE.
　　THE AMOUNT OF ANY DRAFT DRAWN UNDER THIS CREDIT MUST BE ENDORSED ON THE REVERSE HEREOF BY THE NEGOTIATING BANK.
　⑲ WE HEREBY ENGAGE WITH THE DRAWERS, ENDORSERS AND BONA FIDE HOLDERS OF DRAFTS DRAWN UNDER AND IN COMPLIANCE WITH THE TERMS OF THIS CREDIT THAT THE SAME SHALL BE DULY HONORED ON DUE PRESENTATION AND DELIVERY OF DOCUMENTS AS SPECIFIED.
　⑳ NEGOTIATING BANK MUST SEND ONE ORIGINAL DOCUMENTS INCLUDING DRAFT DIRECT TO US BY AIRMAIL.
　㉑ THIS CREDIT IS SUBJECT TO THE UNIFORM CUSTOMS AND PRACTICE FOR DOCUMENTARY CREDITS（2006 REVISION）, THE INTERNATIONAL CHAMBE OF COMMERCE, PUBLICATION NO. 600.

VERY TRULY YOURS,
FOR THE FIRST COMMERCIAL BANK OF CANADA
（AUTHORIZED SIGNATURES）

第13章 貿易決済の実務　119

〔信用状の解説〕
①信用状開設銀行　　　The First Commercial Bank of Canada, Head Office
　　　　　　　　　　　Vancouver, B.C., Canada
②信用状番号　　　　　0077
③信用状開設年月日　　December 2, 20XX
④通知銀行（接受銀行）The Bank of Tokyo-Mitsubishi, Ltd., Tokyo Office, Tokyo
⑤受益者名　　　　　　Cyberdyne International Ltd.
　　　　　　　　　　　15-5, Shimbashi 1-chome, Minato-ku, Tokyo
⑥信用状開設依頼人　　　　Imperial Electronics Corporation, Vancouver
⑦信用状金額（使用限度金額）　U.S. $27,500.00
⑧手形の決済方法（テナー）　At Sight
⑨手形名宛人（支払人）　The First Commercial Bank of Canada, Head Office
⑩必要船積書類
　　㋐商業送り状　　　（5部）　Commercial Invoice in Quintuplicate
　　㋑船荷証券　　　　（全部）　Full Set of Bills of Lading
　　㋒海上保険証券　　（2部）　Marine Insurance Policy（or Certificate）
　　㋓日本国原産地証明書（2部）　Certificate of Japanese Origin in Duplicate
　　㋔包装明細書　　　（3部）　Packing List in Triplicate
⑪船積港　　　　　　　Japanese Port
⑫仕向港（荷揚港）　　Vancouver, B.C., Canada
⑬商品名　　　　　　　Electronic Appliances
⑭建　値（Inco Terms）CIF Vancouver
⑮分割船積（この場合は可）　Allowed
⑯積換船積（この場合は不可）Not Permitted
⑰船積期限　　　　　　March 23, 20XX
⑱信用状有効期限（手形買取期限）April 7, 20XX
⑲開設銀行の支払い確約文言　We hereby engage with the drawers……
⑳買取銀行あて特別指図文言　Negotiating Bank must send……
㉑信用状統一規則準拠文言　This credit is subject to the Uniform……
㉒信用状が取消不能であることの表示　　Irrevocable
㉓信用状が無償還請求権付であることの表示　Without Recourse

ことにする。ここでは輸出者が代金回収のために振出す逆為替の場合について述べることにする。即ち、並為替の場合にはそのほとんどが銀行や郵便局などの専門職の人によって振出され、輸入業者なり支払者はそれらの機関の窓口で**申込書＝申請書＝依頼書**（Application Form）に必要事項を記入して、為替相場で換算した金額の円と手数料を添えて申し込むだけで済んでしまうからである。しかるに、荷為替手形のような逆為替では、輸出者自身が為替手形を振出さなければならないので、輸出業者にその知識が要求されるからである。

1）為替手形の構成要件

為替手形は支払いの指図書（Order＝指令）であるから、図13－4を見てわかるように、英文は命令文でPay to ～（人）と書かれている。だれがだれにあてた指令で、だれにいくらの金額をどのように支払うのかが明示されていなければならない。従って、次のような事項が記載されなければならない。

①手形番号
②振出地（都市名まででよい）
③振出年月日
④手形金額
⑤手形の決済方法（Tenor）
⑥支払先（手形金額の受取り人）（Payee）
⑦勘定受持人（Accountee）
⑧名宛人（Drawee）
⑨決済地（都市名まででよい）
⑩振出人（会社名、署名者名及びその肩書き）（Drawer）
※⑪信用状の開設銀行名
※⑫信用状番号
※⑬信用状開設年月日

ただし、⑪，⑫，⑬は信用状に基づいて為替手形が振出される時のみ必要。

2）為替手形の振出

前述の構成要件を満たすように、手形用紙（取引銀行が所定のものを支給してい

図13—4

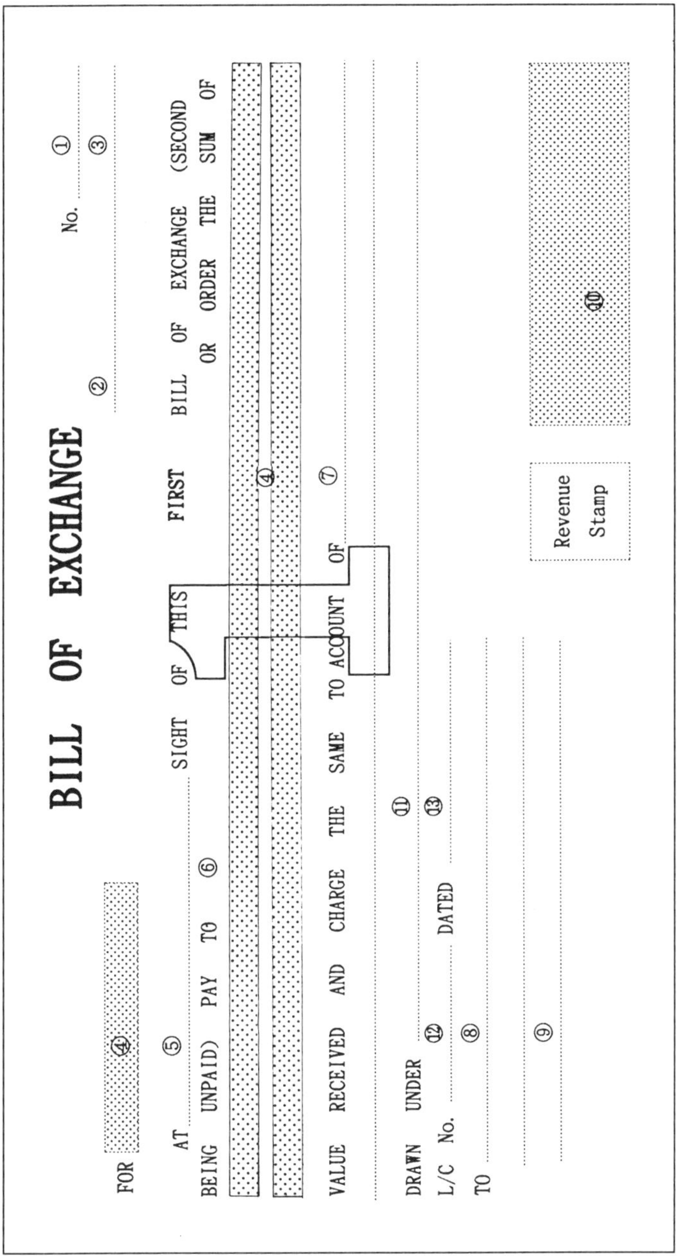
BILL OF EXCHANGE
No. ①
②
③
FOR ④
AT ⑤ SIGHT OF THIS FIRST BILL OF EXCHANGE (SECOND
BEING UNPAID) PAY TO ⑥ OR ORDER THE SUM OF
④
VALUE RECEIVED AND CHARGE THE SAME TO ACCOUNT OF ⑦
DRAWN UNDER ⑪
L/C No. ⑫ DATED ⑬
TO ⑧
⑨
Revenue Stamp
⑩

る) の所定欄に英文タイプで誤記や訂正のないように記入する。

① 手形番号……手形振出人 (信用状の受益者＝輸出者) が自己の管理する手形台帳から順にとっていき，重複や脱落のないように注意する。

② 手形振出地……手形振出人 (通常は輸出業者) の所在地の都市名までを日付欄の前方に記入する。たとえば，Tokyo (Japan) や Kobe (Japan) のようにヘボン式ローマ字で綴る。国名は必ずしも入れなくてもよい。ただし都市名だけではどこの国かわからないような場合には入れなければならない。

③ 手形振出年月日……当該手形の振出日を記入する。この日付は輸出港から本船が出帆し，B/L をはじめとするすべての必要な船積書類が整った日となるので，通常はこの手形の作成日となるが，事前に用意する場合には必ずしも両者は同じ日とはならない。日付は英文で，たとえば July 7, 19……と西暦で記されなければならない。もちろん上記のように米式の表記でなくても，7 th July, 19……のように英式で表記してもさしつかえない。

④ 手形金額……手形券面の左上方の前置詞 For の後に，決済通貨の種類の記号と金額を算用数字で間をあけないようにして記入する。なお，算用数字は三桁ずつをカンマ (,) で切り，最後はピリオド (.) で止め，さらに補助単位があればそのピリオドの次に続けて記し，しばしばそこが補助単位の所であることが一目でわかるように，下線を入れたりする。たとえば，For US$9,876.50 のように記す。補助単位の数字が付かない場合には補助単位の所を 00 としたり，ピリオドの後にハイフン (−) を入れたりして――金額の変造を防止するようにしている。たとえば 1 万ドルであれば，US$10,000.00 とか US$10,000.— のようにする。手形金額はさらに券面の中央部に文字で Sum of の後に続けて Spell out する。この時，頭部に Say (日本語の一金に相当した気持ちで) と付けることがある。また最後は日本語の也の気持ちで，Only でしめくくる。つまり 1 万ドルであれば (Say) U.S. Dollars Ten Thousand Only とし，以下の余白はないものとするために×印などで埋めてしまう。この手形金額は後述する船積書類の 1 つである商業送り状の金額と一致しなければならない。

⑤手形の決済方法（Tenor）……手形の決済方法を示す前置詞はatであり，手形券面のAt......の空欄に記入する。一般的には，一覧払い（At sight）か，一覧後〇〇日払い（At 〇〇 days after sight）という期限付きのもので，どちらにするのか，また手形期間（Usance）をつけるとすれば何日間とするのかなどは売買契約を締結する際に両当事者間で合意されていなければならない。手形用紙はいずれの場合にも使えるように，At......のように空欄が設けられているので，一覧払い手形の場合には，その空欄を×印などで埋めてしまい，At×××××sightとなるように記して，At sightと読ませることにしている。また一覧後90日払いという時にはAt 90 days after sightのように記されることになる。

⑥支払先……手形金額を誰宛に支払うのかを示すもので，通常は輸出者の取引銀行である手形の買取りないしは取立て依頼された銀行である。ただし，手形買取銀行が外貨の受領を急ぐなどの理由から海外の名宛人に呈示して直接支払いを受ける代わりに，輸出地の他の第三の金融機関で手形を割引くような場合には，この欄の銀行名は訂正されなければならなくなるので，手形振出人が振出す際にはこの欄が空欄になっている場合はそのまま空欄としておいてさしつかえない。買取銀行が他行で割引きをすることがないと考えた時には，買取銀行が自行の名前を記入して名宛人に呈示するからである。

⑦勘定受持人……当該為替手形の勘定を受持つ人で，通常は輸入者，信用状の上では**開設依頼人**（Applicant）ともいわれるが，同一人である。信用状に基づき振出される手形で，かつ，名宛人が輸入者自身となっている場合には，決済銀行たる信用状開設銀行は誰の勘定につけるのかは特に明示されなくても手形名宛人に手形を呈示して決済させるのであるから必要ない。開設銀行が手形の名宛人となっている場合のみ，勘定受持人を明示しておく必要がある。従って，Ｄ／ＰやＤ／Ａでは手形は輸入者本人に宛て振出されるのが一般的であるから，この欄は記入しなくてもよいことになる。

⑧手形名宛人……手形による支払いの指図を受ける人。即ち，支払者

(Payer), 原則的には商品の買い手である輸入者が決済の責任を負わなければならない人であるから, 輸入者とするのであるが, 信用状などでは信用状開設銀行が輸入者になり代わり, 手形の券面上の支払いの第一義的責任者として手形名宛人となることがある。

⑨決済地……手形名宛人の所在地, 即ち, 輸入業者ないしは信用状開設銀行の所在地で, 振出地と同様に, 都市名まででよい。もちろん国名を入れなければどこの都市かわからないような場合, たとえば, Cambridgeだけではイギリスのケンブリッジかアメリカ, マサチューセッツ州のケンブリッジなのかはっきりしないので, 英国のケンブリッジならば, Cambridge, UKと, アメリカのケンブリッジならCambridge, Mass., USAというように記さなければならない。

⑩手形振出人……通常は輸出者が代金を回収するために振出すものであるから輸出者自身が手形振出人となる。信用状では「**受益者**」(Beneficiary) と記されていることもあるが, 信用状の受益者は輸出者とされるのが通常であるから, 結局は同一のことを別言しているにすぎない。ここに署名する人の名前, 署名, 肩書 (Title, Capacity) は輸出者が取引銀行と『外国為替取引約定書』に記載して, 銀行に登録された人のものでなければならない。

⑪, ⑫, ⑬信用状に基づいて為替手形を振出す場合……信用状が何銀行の何支店で, 信用状番号いくつで, 何年何月何日に開設されたものであるかを明示しておかないと, 名宛銀行もしくは名宛人の取引銀行である信用状開設銀行では, どの信用状に基づいているのか識別出来ないことになる。そこで, 信用状に基づいて振出される場合には, 信用状開設銀行名及びその支店名, 信用状番号, 信用状開設年月日を記入しなければならない。従って, 信用状によらないD/PやD/Aによる決済ではこれら3つの欄の記入は必要ないことになる。

(2) 手形の買取と取立

輸出者は船積完了後, 次章で述べる船積書類をその要求に応じて用意し, そ

れを為替手形に添付して，いわゆる荷為替手形として外国為替銀行へ持ち込むのであるが，この荷為替手形について銀行の取扱い方は次の2つに分けられる。

　（1）買　　取（Negotiation）
　（2）取　　立（Collection）

　1）買　　取
　信用状に基づいて振出された荷為替手形は原則として100パーセント銀行に買い取ってもらえる。即ち，手形買収銀行からすれば，信用状発行銀行がその信用状条件に適うものであれば間違いなく決済することを約束してくれているのであるから，安心してその手形を買い取ることが出来るのである。つまり銀行にとってはリスクがほとんどない債権を買い取るということになる。従って，荷為替手形の買取に適用される為替相場も，信用状のある場合の方が高くなっており，輸出者にとってはそれだけ有利であるということが出来る。荷為替手形という一種の外貨債権をその場で輸出者は銀行に引渡すわけであるから，その債権額に見合った──為替相場で換算された──内国通貨（日本の場合では円）が銀行から輸出者にただちに支払われるということになる。ただし，銀行内部での事務的な手続から，実際の入金日は翌日となる。
　こうして輸出者は貨物代金を輸入者が支払ってくるまで待つことなしに，輸出地で船積完了後2〜3日のうちに貨物代金を回収することが出来るので，安全・確実な上，資金繰りや為替相場の面でも有利なこの方法が好まれるが，基本的には信用状がなければならないので，逆に輸入者にとっては，信用状開設費用の負担が問題となってくる。もちろん，信用状のない場合でも，銀行にとって危険度が少ないと思われるならば，D/P手形やD/A手形でも買い取られることがある。たとえば，当該手形の**振出人**（＝輸出者）が信頼のおける企業である場合とか，当該手形の**名宛人**（＝輸入者）が信頼のおける企業であるとか，当該手形に輸出手形保険がかけられている場合など，銀行がリスクを感じない手形は買取に応じてもらうことが出来るのである。当然，こうした信用

状のない場合の手形買取に適用される為替相場は信用状のある場合よりもリスク分を差し引いた低いものが適用されることになる。

　信用状に基づく手形買取りでは、信用状が規定する通りの船積書類が要求される。書類がその条件に合っていない場合、**ディスクレ**（Discrepancy：不一致）として銀行は手形の買取りを拒否する。輸出者は取立にまわされたのでは困るので、信用状の**修正**（Amendment）をするか、ケーブルネゴ（買取銀行から信用状開設銀行にディスクレ付きの買取りを電信により受諾してもらう方法）かL／Cネゴ（輸出者が買取銀行に保証状（Letter of Guarantee：L／G）を差し入れて買取ってもらう方法）が必要となる。

　2）取　　立

　前述のような条件を満たさない荷為替手形は、銀行はその買取に応じない。即ち、当該外貨債権の回収については銀行は責任が持てないので、輸出者自身のリスクで回収することが要求される。ただし、その回収については銀行が手を貸してくれる。つまり、銀行が手形金の取立を代行してくれるのである。取立と買取の違いを簡単に図示してみると次のようになる。

　取立の場合には、輸出者は適用為替相場が不利なだけでなく、手形金の受取りの時期も買取に比べてずっと遅くなるという不便もある。言い換えれば、輸出者の振出した手形が必ず買い取られるようにするために信用状というものがあるということも出来るのである。しかし、信用状による取引は安全性が高いというメリットはあるが、先にも述べたように輸入者にとって開設手数料がかかることと、両者にとってその信用状条件に強く拘束されるため、ごくわずかな変更もそのつど開設銀行を通じて関係者全員の合意のもとに**修正**（Amendment）の手続をとらなければならないので、手続上面倒で時間がかかる上、費用もまたかかることになるという不便さもあり、最近ではわが国の輸出に占める信用状の比率は全取引量の20%以下となってきているのである。このような面倒を避けて、当事者間の信頼のもとに、もう少し楽な方法で後払いする方法として、D／P、D／Aというものがある。

図13-5

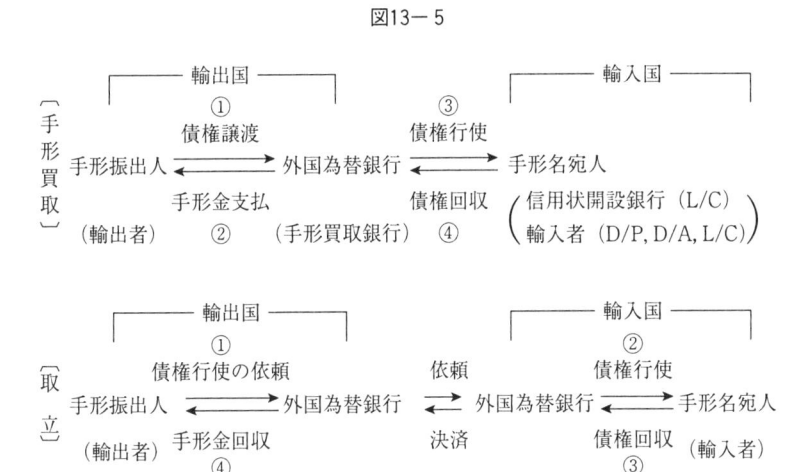

```
         ┌─── 輸出国 ───┐          ┌─── 輸入国 ───┐
              ①               ③
            債権譲渡           債権行使
〔手  手形振出人 ⇄ 外国為替銀行 ⇄ 手形名宛人
 形                                  ┌信用状開設銀行（L/C）┐
 買    手形金支払      債権回収    │                     │
 取〕                              └輸入者（D/P, D/A, L/C）┘
    （輸出者）② （手形買取銀行）④

         ┌─── 輸出国 ───┐          ┌─── 輸入国 ───┐
              ①                         ②
           債権行使の依頼    依頼      債権行使
〔取  手形振出人 ⇄ 外国為替銀行 ⇄ 外国為替銀行 ⇄ 手形名宛人
 立〕         手形金回収      決済      債権回収
    （輸出者）  ④                    ③  （輸入者）
```

3）D/P・D/A

信用状によらない後払いで，荷為替手形を用いる決済方法として，①**Documents against Payment**（D/P：手形支払書類渡し）と，②**Documents against Acceptance**（D/A：手形引受書類渡し）がある。以下それらについて簡単に説明しておく。

①D/P

輸出者の振出した荷為替手形が銀行により買い取られれば**買取手形**（Bill-Bought：B/B）として，またもし取立の場合には**取立手形**（Bill for Collection：B/C）として輸出者の取引銀行から輸入者の取引銀行へ呈示される。輸入者の取引銀行は手形名宛人である輸入者へ荷為替手形を呈示し手形代金の決済を要求する。銀行は輸入者が手形を決済してはじめて荷為替手形に添付されてきた船積書類を渡すのである。輸入者が手形代金を支払わない限り貨物引取りに必要な船積書類を受取ることができないので，より安全な方法と考えられている。用いられる手形はほとんど一覧払い手形（Sight Draft）であるが，航海日数が長くなるところでは，その航海日数に見合った手形期間（手形サイトともいう：Usance）を付けることがある。さもないと，輸入者はまだ洋上はるか遠

く，1ヶ月以上も先でないと入着しない貨物の代金を前もって支払わなければならなくなるからである。

② D/A

D/Pが輸入者の手形決済と同時に船積書類を引渡すのに対し，D/Aでは輸入者は銀行から手形を呈示された際に当該手形の引受（Acceptance）をするだけで船積書類の引渡しを受けられるもので，決済は後日一定の決められた手形の支払い期限日に決済すればよい。即ち，手形の引受けとは，呈示された手形に定められた手形決済日には必ず決済するという債務の引受けのための意志表示として手形に裏書きをすることであり，銀行はこの債務の引受けだけで船積書類を引渡すことになる。従って，銀行は債務の履行＝手形決済がなされる以前に船積貨物についての所有権を輸入者に移転することは危険であるので，船積書類を輸入者に渡して貨物の引取り及び通関，場合によっては売却処分まで含めて，認めるのであるが，D/Aの場合，あくまでも銀行の所有権を認めさせた上で上記の処分を行わせる。つまり，銀行はその貨物についての所有権は有するが，輸入者の便宜のために船積書類及びそれによってその貨物についての所有権を主張しうる船積貨物を一時的に輸入者に貸渡しするものとして，輸入者から**「輸入担保荷物保管証」**（Trust Receipt：T/R）を差し入れさせる。

D/Aの場合には，このように輸出者が認めて，輸入者にある一定の金融的便宜を与えるもので，**シッパーズユーザンス**（Shipper's Usance）といわれる。輸入者に対する金融としては，輸入者の取引銀行が手形代金を貸付ける方法がある。これを**自行ローン**または**本邦ローン**という。これは対外決済は銀行が一覧払いとして処理するが，輸入者は銀行に外貨建ての約束手形などを担保として差し入れ，手形代金を貸付けてもらう形式をとるもので，この場合にも，銀行は輸入業者に前記のTrust Receiptを差し入れるよう要求する。シッパーズユーザンスと本邦ローン方式とどちらが有利かは内外の金利水準による。海外金利が低ければシッパーズユーザンスが有利であるし，国内金利が低ければ本邦ローン方式の方が有利であるが，為替相場の先行きの見通しにもよるから一口にはいえない。

第14章
船積の実務

1. 船積のための準備

売り手側としての契約の履行は，注文品の**船積**（Shipment）ないしは引渡（Delivery）をするということである。即ち，売り手は輸出業者（Exporter）であるから，輸出の手続をして本船（または航空機など）への積込をしなければならない。その中には，輸出承認（必要な場合），船会社（または航空会社などの運送業者）との運送契約，梱包，検査，輸出の通関手続，海上保険契約，船積通知などが含まれている。それを時系列（Time Series）で見たのが図14－1である。

(1) 輸出の承認

輸出をしようとする場合，その商品や仕向地，決済方法や取引形態により経済産業省に輸出の承認を得なければならない。場合によっては，税関に輸出申告する際に輸出の承認申請をすることが出来る。以下，**輸出承認**（Export License）等を必要とする場合について簡単に述べておく。

1) 輸出承認や輸出の許可を必要とする特定貨物。
    ア）戦略物資——兵器，原子力関係物資，高精度の工作機械や電子機器など冷戦時のココム（COCOM）に代わるものとして1996年11月に発効したワッセナー協約で規制されている品目リストに掲げられているもの及び大量破壊兵器に利用可能な物資の，いわゆるホワイト国以外に向けたキャッチオール規制にかかわる品目。
    イ）国内需給物資——非鉄金属，石油，木材，米など国内の需給の安定を維持する必要のある品目。

130

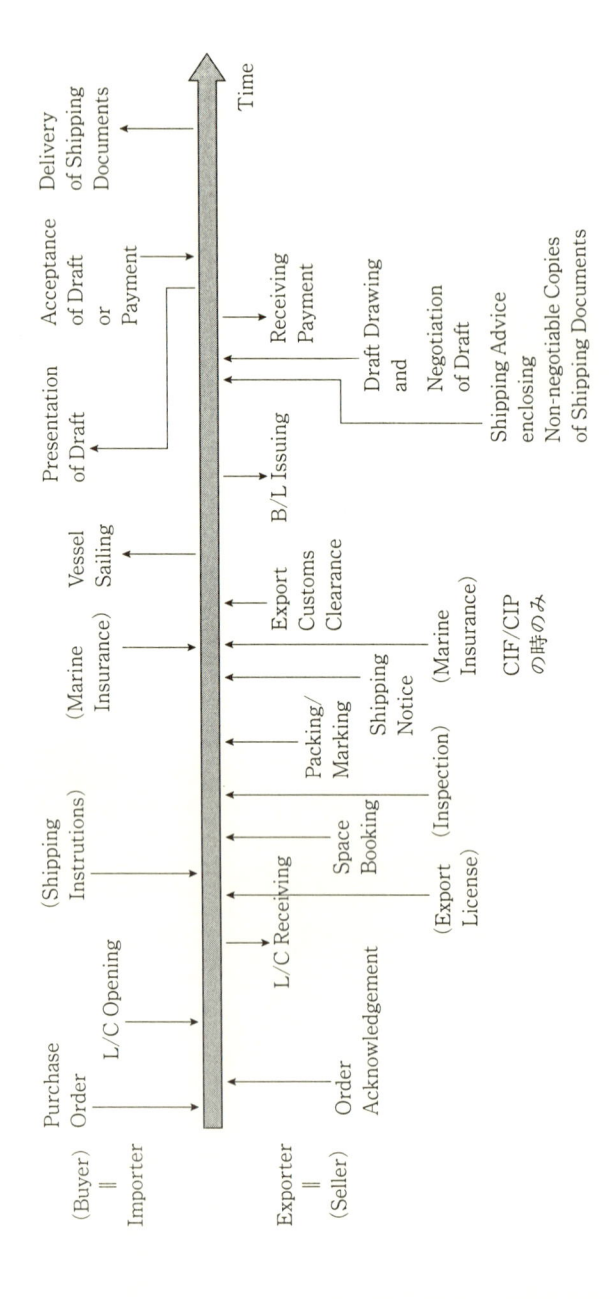

図14-1

(Buyer) = Importer

- Purchase Order
- L/C Opening
- (Shipping Instructions)
- (Marine Insurance)
- Vessel Sailing
- Presentation of Draft
- Acceptance of Draft or Payment
- Delivery of Shipping Documents

Exporter = (Seller)

- Order Acknowledgement
- L/C Receiving
- (Export License)
- Space Booking
- (Inspection)
- Packing/Marking
- Shipping Notice
- (Marine Insurance) CIF/CIPの時のみ
- Export Customs Clearance
- B/L Issuing
- Draft Drawing and Negotiation of Draft
- Receiving Payment
- Shipping Advice enclosing Non-negotiable Copies of Shipping Documents

Time →

ウ）輸出秩序維持物資——輸出急増や過当競争防止及び相手国における輸入制限防止などが必要な品目。

エ）国際条約による規制物資—— a）ウィーン条約に基づくモントリオール議定書による特定フロン等や，b）バーゼル条約に基づく環境汚染物資の輸出，c）ワシントン条約関連物資で附属書Ⅰ・Ⅱに掲げる種の個体，ハク製，それを用いた製品

オ）国際協定による規制物資——アメリカ合衆国との衛生協定に基づくアサリやハマグリなど。

2）いわゆる逆委託加工貿易の一部の品目で，綿や絹織物の絞り加工や刺しゅう加工あるいは皮革や毛皮製品など「指定加工」の原材料の輸出の一部（特定国向け）。

（2）船積の手配

信用状を受領したならば，製造業者ないしは工場へ生産依頼をする必要のあるものについては発注し，商品の入着予定を確認することが第一である。即ち，商品がいつ用意出来るかによって船積準備のスケジュールが決まってくるからである。商品の入着予定日が決まったら，梱包，通関等に要する日数を考慮して利用可能なスケジュールの本船を『Shipping Gazette』や『Shipping and Trade News』や船会社が配付している配船表（Sailing Schedule）などの船舶の運航スケジュールの情報から見つけ出す。そして，その本船を運航している船会社（Steam Ship Company）またはその代理店（Shipping Agent）に船腹（Ship's Space）の予約をする。これを**船腹の予約（Space Booking）**という。受注後から船積を実行し，輸入者へ貨物や書類が流れていく様子を示したものが図14－2である。

1）Space Booking の際に必要な事項
①本船名及び航海番号（Voyage Number）または出港予定年月日（ETD）
②積込港（Shipping Port, Port of Loading）及び荷揚港（Port of Discharge, Port of Landing, Port of Unloading）

図14－2

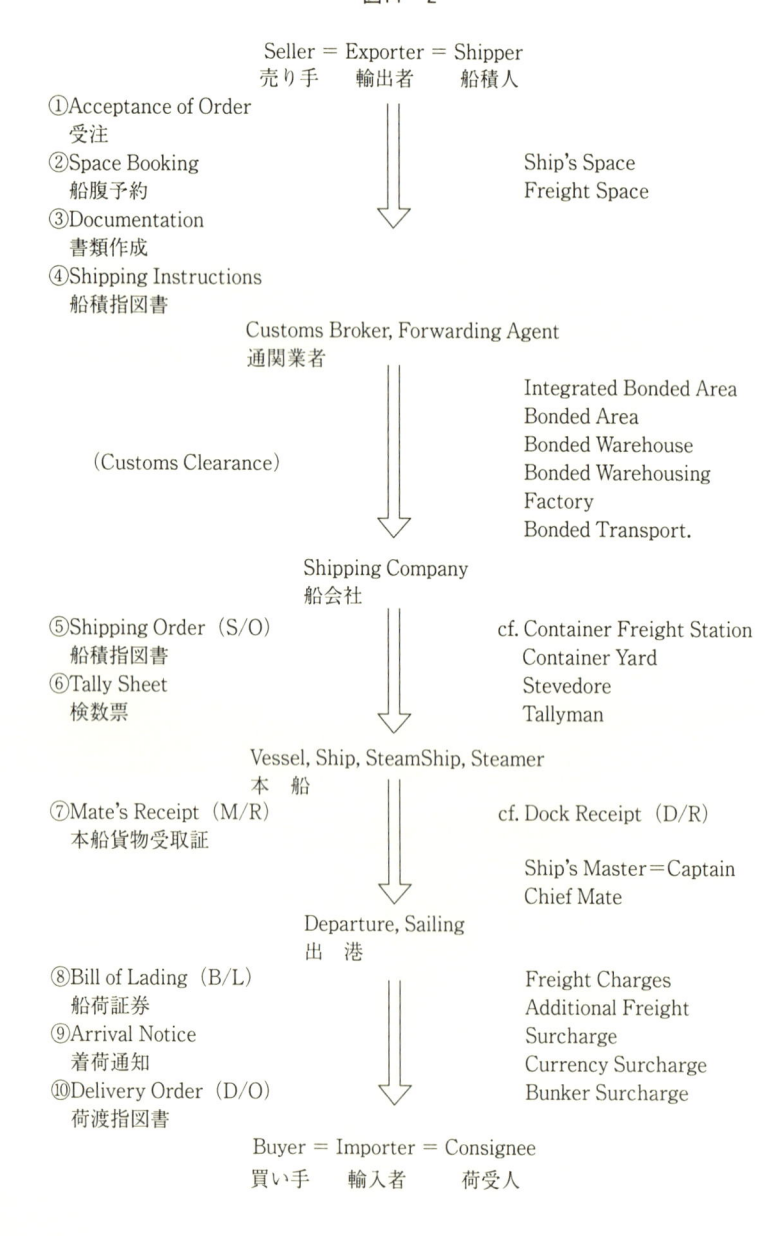

```
                    Seller ＝ Exporter ＝ Shipper
                    売り手    輸出者     船積人
①Acceptance of Order
  受注
②Space Booking                       Ship's Space
  船腹予約                             Freight Space
③Documentation            ⇩
  書類作成
④Shipping Instructions
  船積指図書
                   Customs Broker, Forwarding Agent
                   通関業者
                                     Integrated Bonded Area
                                     Bonded Area
                                     Bonded Warehouse
      (Customs Clearance)            Bonded Warehousing
                          ⇩          Factory
                                     Bonded Transport.

                   Shipping Company
                   船会社
⑤Shipping Order（S/O）               cf. Container Freight Station
  船積指図書                              Container Yard
⑥Tally Sheet              ⇩             Stevedore
  検数票                                  Tallyman

                   Vessel, Ship, SteamShip, Steamer
                        本　船
⑦Mate's Receipt（M/R）               cf. Dock Receipt（D/R）
  本船貨物受取証       ⇩
                                     Ship's Master＝Captain
                                     Chief Mate
                   Departure, Sailing
                        出　港
⑧Bill of Lading（B/L）               Freight Charges
  船荷証券                               Additional Freight
⑨Arrival Notice           ⇩           Surcharge
  着荷通知                               Currency Surcharge
⑩Delivery Order（D/O）                 Bunker Surcharge
  荷渡指図書

                    Buyer ＝ Importer ＝ Consignee
                    買い手    輸入者     荷受人
```

③貨物の品名
④貨物の概算数量（容積または重量トン）及び荷姿，梱包個数
⑤通関業者名
⑥本船積込作業の方法（定期船（Liner）の場合，総積みとするか自家積みとするか）
⑦運賃率（Freight Rate）及び運賃の支払方法（運賃前払：Freight Prepaid か運賃後払：Freight Collect か）
⑧船荷証券（Bill of Lading：B/L）に記載する荷受人（Consignee）及び着荷通知先（Notify Party）
⑨その他の特記事項（もし必要であれば）

①は本船を特定するために必要。②は信用状の条件に合うように指定された港から港への運送となるようにするために必要。③は貨物の性質により，梱包方法や積付け位置などに特別の注意が必要なものもある（たとえば化学品や危険物（Dangerous Cargo）など）。また，運賃率は貨物によって異なるので，運賃率の決定にも必要。④は船腹の予約時点では明確になっていない場合が多いので，概算でよいことになっている。**荷姿**（Mode of Packing）によってはかなりの Dead Space をとる場合があるので注意を要する。⑤は荷役作業を行う会社との打ち合わせのために必要。⑥は**定期船**（Liner）利用の場合には，**在来船**（Conventional Vessel）か**コンテナー船**（Container Vessel）かにより，さらに貨物の量により在来船の場合には**総積**とするか，大口の**自家積**とするか。また，コンテナー船の場合には LCL（Less than Container Load）または CFS Cargo とするか，大口のコンテナー 1 本貸切りとする FCL（Full Container Load）または CY（Container Yard）Cargo とするかも決めなければならない。さらに，船腹の全部または一部を貸切りで利用する**用船契約**（Charter Party）の場合には，積込作業を船会社が行うのか，荷主が行うのかにより次のようなことも決めなければならない。

2）Charter の荷役方式

　　（ア）Berth Term（Liner Term）——積込み（In）と荷揚げ（Out）ともに船主側が負担するもの。定期船（Liner）による個品運送の場合はこの方式による。

（イ）Free In（FI）——積込み（In）については用船者である荷主の負担とすることで，船主側からみて Free（責任から解き放される意）である。

（ウ）Free Out（FO）——積込みは船主側の負担とし，荷揚げ（Out）は用船者である荷主の負担とする。

（エ）Free In and Out（FIO）——積込み（In），荷揚げ（Out）とも船主側は責任がなく，用船者である荷主が負担する。

また，荷役の条件として，荷役のための**碇泊期間（Laydays）**を限定する Fixed Laydays とするか，限定しない Unfixed Laydays とするかも決めなくてはならない。

Fixed Laydays の場合は貨物の総トン数を1日の荷役量で割ったものを Laydays とする。この場合の1日の計算の仕方には2通りある。

ⓐ Running Laydays——24時間をもって1日とするもので，日曜，祭日，悪天候やストライキなどで荷役作業の出来ない日もすべて含む。用船者には不利な面もあるが，Fixed Laydays 条件では多く用いられる。

ⓑ Weather Working Days——天候が良好で荷役作業可能な日数でもって碇泊日とするもので，悪天候やストライキなどで荷役不可能な日，日曜，祭日を除外する。

なお，所定の碇泊期間を過ぎると用船者は**滞船料（Demurrage）**を船主側に支払わなければならない。逆に，早く荷役が完了し予定より早く出港できた場合には，船主側が用船者へ**早出料（Dispatch Money）**を支払う。

3）Charter の方式

用船の仕方には期間を決めて用船する Time Charter（期間用船）と，港から港までの航海で用船する Trip Charter, Voyage Charter（航海用船）とがある。また，機材だけを借りる Dry Charter か，乗組員込みで借りる Wet Charter なのかも決めなければならない。もっとも，荷主（一般に商社や製造業者）としては Dry Charter をすることはない。乗組員なしでは船や航空機は運航出来ないので，これは船会社や航空会社が他社から一時的に機材を借用する場合で，長期間の継続的な場合には**リース（Lease）契約**の形をとることが多い。

以上は主に船舶による輸送の場合について述べてきたが，航空輸送の場合もほぼこれに準ずる。

（3）検　　査

工場で製造するものについては，完成時または商品によっては生産工程で，原料または製造方法，製品の品質，包装等の**検査**（Inspection）をする。検査には，①輸出検査法に基づく検査と，②生糸検査法や真珠検査法による検査と，③製造業者もしくは発注者による自主検査に分けられる。

農産物や生鮮魚介類については食品衛生法による衛生検査が，生きている動・植物の場合には動・植物検疫法による検疫を受けなければならない。

輸出検査法に基づく検査には次の4種類の検査がある。

（ア）材料検査　（イ）品質検査　（ウ）製造検査　（エ）包装検査

これらの検査は輸出品としての声価を保ったり，一層の向上を図るため，一定水準以上の品質が保たれているかを検査するもので，電気通信機器，双眼鏡やカメラのような光学機器，絹織物や人絹織物，小型船舶など328品目が指定されている。これらの商品は国または公的な機関による検査を受け，合格したならばその旨を商品に表示をし，発行された**輸出検査証明書**（Inspection Certificate）は輸出の通関手続の際に税関へ提出される。生糸や真珠は戦前におけるわが国の重要な輸出品であったため，特に品質の維持を重要視し，国立の検査所の検査を義務付けていた。それが現在までもひきつづいている。

自社または自主検査では公的な機関での検査を買い手が要求してきた場合を除いて，製造業者自身か，メーカーへ発注した輸出業者が検査をすることになる。単なる検査合格の証明書だけでなく，具体的な試験結果を要求する場合もある。そのような場合には，**試験成績表**（Test Report）ないしは Data Sheet を付けて検査証明書を出すことになる。

（4）輸出梱包とマーキング

検査に合格した商品は輸出用の**梱包**（Packing）がなされ，それに輸出の貨物

（Cargo, Freight, Consignment）として**荷印**（**Marking, Case Mark, Shipping Mark**）を付けて輸出通関（Export Customs Clearance）の手続のために**保税蔵置場**（**Bonded Warehouse**）に搬入される。

1）輸出梱包

商品がこぼれたり，破損したり，あるいは品質低下したり，または他の商品や人畜に危害が生じないように，それぞれの商品の性質に応じて適切な包装・梱包がなされなければならない。通常，船舶で輸送されるもので，梱包される必要のあるものは海上輸送に十分耐えられるだけの強度を持ったもの（Seaworthy Packing）を輸出用標準梱包（Export Standard Packing）とする。また，商品によっては梱包出来ないようなものもある。たとえば，原油（Crude Oil）などはタンカー（Tanker）にそのまま積込まれる，木材（Lumber）や石炭（Coal）や鉄鉱石（Iron Ore）のようなものは無包装でバラ荷（散荷：Bulk Cargo）として**バラ積み専用船**（**Bulk Carrier**）で船積される。

次に一般的な輸出梱包の種類をあげておく。

ア）Wooden Box（木箱）……雑貨，精密機器などで最も一般的。しかし，最近木材価格や人件費などの上昇から，高価格の商品にもっぱら用いられるようになってきている。

イ）Carton Box（ダンボール箱）……コンテナー輸送の発達により，荷役作業の形態が変わり，荷役作業に伴う貨物の損傷（Damage）が少なくなり，従来，木箱梱包をしていたものでも，ダンボール箱のままコンテナー詰めが出来るようになり，梱包費用の低減化にも役立っている。

ウ）Drum Can（ドラムカン）……液状のものを入れる最も一般的な容器。標準的なものは200リットル入り。

エ）Tin-lined Wooden Box（茶箱）……お茶や紅茶など湿気に弱いものに，内側がブリキ板で内張りされているので品質を保全出来る。

オ）Coil（コイル：巻取り）……鋼線，電線，鉄板，輪転機用巻取り紙など長いもの。

カ）Bale（俵・梱〔コリ〕）……農産物，特に，穀類（Corn や Grain）など。

キ）Barrel / Cask / Keg（木樽）……漬物，釘など。

ク）Skelton / Crate（透し箱，木ワク）……大型家庭電化製品，板ガラス，小型機械類などダンボールだけでは重量などから不十分なので，木ワクで補強したもので，2，3段の積み重ねも可能である。

ケ）Bundle（束）……鋼棒，鉄筋など長尺であまり包装を要しないもの。

コ）Jar（瓶〔カメ〕）……酸性漬物，ピータンなど。

2）マーキング

梱包が完了すると，それぞれの梱包ごとに外側に**荷印**（Case Mark, Shipping Mark）を付け，それが誰宛の貨物であるかを特定出来るように印を付ける。この貨物に表示された荷印と同一のものが，その船積を証するB／L（船荷証券），Invoice（送り状），Packing List（包装明細書），Insurance Policy（保険証券）などのすべての船積書類に記され，当該貨物と書類との同一性の確認に利用されるのである。

その記載の仕方には一定の規則があるわけではないが，上記の識別性だけではなく，荷役作業や通関時の税率の適用などの利便性も考えて，必要最低限の情報がその中に入れられなければならない。

① Main Mark（主マーク）荷受人の特定を表示するので，通常，輸入者のHouse Mark（商号）や略号が用いられる。

② Destination Mark（仕向地マーク）当該貨物の荷揚港を示す。これを付けておくことにより，積込み時の船内荷役で間違ったハッチ（船倉）に入れられたり，荷揚げの際に他の港で下ろされたりする事故を未然に防ぐことが出来る。

③ Case Number（荷番号）複数個の梱包になる貨物の場合，通し番号で1から順に番号を付ける。この番号により，包装明細書で当該荷番号の梱包の内容がわかるので，事故や通関の際に，梱包ごとの内容が荷番号とPacking Listから特定出来ることになる。

④ Country of Origin Mark（原産地マーク）当該商品の原産地国名を表示する。これにより，輸入国での通関の際に適用される関税率の決定が容易とな

図14-3

```
        FRAGILE
        HANDLE WITH CARE        KEEP DRY
                THIS SIDE UP
L/C No.1234
  ◇DC              ↑
TOKYO JAPAN
VIA YOKOHAMA
No. 5
MADE IN USA
```

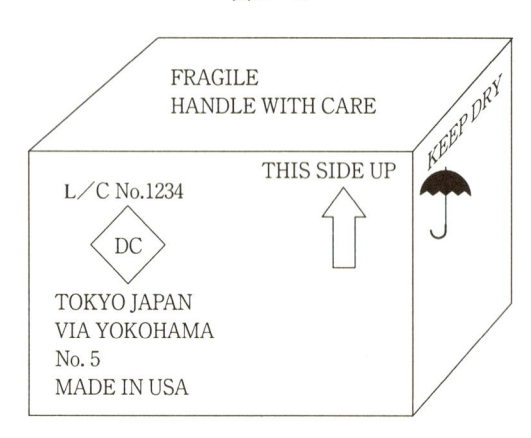

る。特に特恵税率の適用には絶対に欠かせない。最近ではFTAやEPAが締結されている国の間で行われる取引では原産地の確認が厳格になってきているため，原産地証明書と共に商品や包装への表示も厳しくなっている。ただし，転売などを目的として中継貿易をする香港などの業者の場合には，あえて原産地表示をしないように指示してくる場合があるので，注意を要する。この4つは最低限必要なものである。

　この他に，Counter Mark（副マーク）としてL/C No.（信用状番号）やOrder No.（注文番号）ないしはImport License No.（輸入承認番号）などを付けることもあるし，Quality Mark（品質マーク）やVia Mark（経由地マーク）やCaution Mark（注意マークないしは荷扱い指示マーク）などが付けられることもある。このCaution Markには，①荷扱い指示マークとして，文字や図などで表示されるものと，②危険物等の表示をする文字や図などがある。

　（A）荷扱い指示を示すマークの例
　　（ア）取扱注意………HANDLE WITH CARE
　　（イ）手鉤無用………NO HOOKS, USE NO HOOKS
　　（ウ）天地無用………THIS SIDE UP
　　（エ）湿気用心………KEEP DRY

（オ）冷所保存………KEEP COOL, KEEP IN COOL
　　（カ）こわれ物注意…FRAGILE, FRAGILE WITH CARE
　　（キ）水ぬれ注意……NO RAIN
　　（ク）当所開封………OPEN HERE

　（B）危険物等の表示の例
　　（ア）爆　発　物……EXPLOSIVE
　　（イ）危　険　物……DANGEROUS, HAZARDOUS
　　（ウ）毒　　　物……POISONOUS, TOXIC
　　（エ）高圧ガス……HIGH PRESSURE GAS
　　（オ）可　燃　物……FLAMMABLE
　　（カ）火気厳禁……NO FLAME
　　（キ）放射性物質…RADIO ACTIVES

2．輸出通関

　検査に合格し，輸出用の梱包をされ，荷印を付けられた貨物は**通関**（Customs Clearance）のために**保税地域**（Bonded Area）に搬入される。ここで税関（Customs, Custom House）の書類審査と貨物の検査を受け，管理法上またはその他の法律・規則上も問題なく，適格な輸出であることが認められると税関長の**輸出許可**（Export Permit）が出される。この輸出許可によってはじめて貨物を保税地域から搬出し，本船への積込みが可能となるのである。このように，通関とは貨物の関税法上の**内国貨物**（これを内貨という）を**外国貨物**（これを外貨という）にする輸出通関と，逆に外貨を内貨にする輸入通関とがある。従って，輸出（または輸入）する時には，必ず通関手続をしなければならないし，その時に貨物は必ず保税地域を通過しなければならない。

　次に保税について簡単に説明しておく。保税とは関税法上外国地域とみなされている所で，日本国の領域内であるから，わが国の法律が有効に適用され，公租公課は賦課されているがその性質上，その支払いが一時的に猶予されてい

るもので，それには次のようなものがある。
　　（ア）Bonded Warehouse（保税蔵置場）
　　（イ）Bonded Warehousing Factory（保税工場）
　　（ウ）Integrated Bonded Area（総合保税地域）
　　（エ）Bonded Transport（保税運送）
　　（オ）Bonded Display Area（保税展示場）

　保税蔵置場は（1）通関手続のための仮蔵置場として3ヶ月を限度として蔵置することが出来る。(2）保税蔵置場はまた長期の蔵置をしたい場合には，庫入れを認められてから，最長2年間蔵置することが出来る。保税貨物として蔵置されていた貨物で再輸出されたものについては，賦課されていた公租公課の支払いは免除される。中継貿易に便利なものである。保税工場は輸出用に外国から輸入した原材料を加工して製品，または半製品とするところで，輸出するものについては，それらの原材料について公租公課を支払うことなく製造することが出来るので，加工貿易をより有利に行うことが出来る。保税展示場は常設の商品展示場で，外国の機関や生産者が展示用見本を保税のまま展示出来るようにしたもので，展示終了後は速やかに本国または第三国へ向けて積み戻すことが条件になっている（U.S.トレード・センターなどが代表的）。これらは税関長が許可したものであるが，これらをまとめて総合保税地域と呼ぶようになった。万博や国際見本市などの行われる時に一時的に指定されることもある。そうすることにより，そこに出品展示する商品見本などの持込みが容易となるように便宜を与えるためである。

　さらに，保税地域に蔵置されている外国貨物を別の保税地域へ外国貨物のまま移動することも関税長の許可を得てすることが出来る。これを**保税運送**もしくは**保税回送**という。輸送手段は陸上，海上，航空を問わない。通関手続と船積地が離れている場合，たとえば東京税関本関で輸出通関をして貨物を神戸港で船積みするといった場合に，東京で通関済みの貨物を保税運送によって神戸まで運び本船への積込み荷役をするということが出来るわけである。

（1）輸出申告

税関への**輸出申告**（Export Declaration）には次のような書類が必要となる。

①輸出申告書（税関様式C第5010号）
②インボイス（商業送り状）
③その他所定の書類（他省庁による輸出許可書や商品説明書など）

税関では窓口で受け付けた順番に書類の審査をし，当該輸出申告が適法に行われていることを確認し，必要に応じて貨物の検査を行い，書類で申告された商品に間違いないことを確認する。

書類の審査と貨物の検査が終了すると，税関長は**輸出許可**（Export Permit）を出す。保税地域や保税蔵置場からの搬出にはこの輸出許可証が必要となる。

AEO（認定事業者）制度

一定期間法令遵守をしており，コンプライアンスやセキュリティの面からも制度が整備されている優良な輸出入業者を認定し，優遇措置を認めている制度。2001年に導入された簡易輸入申告制度から発展し，2006年から本格的にこの認定優遇制度が行われるようになった。

国際的な物流の高速化により，通関の迅速化が要求されるようになり，先進国を中心に諸外国でもこうした認定制度が採られている。アメリカでは2002年にC-TPATと呼ばれるAEO（Authorized Economic Operator）制度が導入されている。EUも2008年から始めており，カナダやシンガポール，マレーシアが検討を始め，韓国や中国も研究を開始している。

輸出AEO制度

a）特定輸出者

税関長がコンプライアンスとセキュリティの面から審査をして，問題ないと認定された優良な輸出者を「特定輸出者」と言い，保税地域に貨物を搬入しなくても輸出者の工場や倉庫に貨物を置いたまま税関への輸出申告から輸出許可まで行うことができる。そのため「コンテナ扱い」の申告は不要となり，工場

からコンテナヤードまでの保税運送の手続きも不要とされている。

　b）認定通関業者

　税関長から認定された優良通関業者を「認定通関業者」と言い，認定通関業者は貨物が保税地域に搬入される前に輸出申告を行うことができる。これを「特定委託輸出申告」という。ただし，輸出の許可は貨物の保税地域への搬入後になる。

　c）認定製造業者と特定製造貨物輸出者

　コンプライアンスとセキュリティの面から審査して税関長が認定したメーカーなどを「認定製造業者」と言い，そのメーカーの管理のもとで輸出を行う商社などを「特定製造貨物輸出者」と言い，その場合も貨物を保税地域に搬入する前に輸出申告をすることができる。ただし，この場合も輸出許可を受けるまでに貨物を保税地域に搬入する必要がある。

（2）特殊な輸出通関

　1）積戻しまたは再輸出（Re-ship, Re-export）

　保税貨物として保管されていた外国貨物を再び外国へ向けて船積みすること。この場合，通常の輸出通関手続よりも簡素化されている。

　2）艀中通関

　大口の貨物で，船一隻貸切りで本船船側まで持っていく，いわゆる自家積みの場合，艀に貨物を乗せたまま税関職員に船まで出向いてもらい検査を受けることが出来る。

　3）本船検査

　散荷で本船上の貨物を検査場などに持込んで検査を行うことが出来ない場合，艀中通関と同様，税関職員に本船まで出向いてもらい検査を受けることが出来る。

　4）臨時開庁

　通常の税関の執務時間外に通関手続を行う必要が生じた場合，事前に申し出て許可を得ることによって可能となる。ただし，追加の費用を輸出者は負担し

なければならない。生きものや人命にかかわる血液や臓器などの輸出入の通関は24時間体制で行うことが出来るようになっている。

5）輸出変更

いったん輸出の許可が出たものについて、その数量や金額あるいは積込み本船の変更などが生じた場合、速やかに税関長に届出てその変更の許可を得なければならない。実際、荷役中の事故などにより船積数量が輸出許可数量と違ってしまうことがありうるし、予定した本船のスケジュールが変わったり、船会社の配船予定の変更から別の名前の本船になったりすることはしばしばある。

3．船　　積

（1）荷役の形態

通関が済んで税関長の輸出許可の出た貨物は保税蔵置場から搬出され、本船への積込みが行われることになる。搬出に際しては蔵置場の管理者（民間の倉庫会社もしくは公営の場合は東京都や市など）は税関長の輸出許可書により確認し、本船側では本社からの当該貨物の本船への積込みをするようにという**船積指図書**（Shipping Order：S/O）に基づいて荷役を受け付ける。従って、予約なしに、つまりShipping Orderなしに、貨物を本船に積込むことはたとえ通関が完了しているものでも出来ないことになっている。**定期船**（Liner）を利用する個品運送契約と**不定期船**（Tramper）を貸切って運ぶ用船契約があるが、ここでは個品運送契約の場合について述べておく。その個品運送契約に基づく本船への積込み荷役は、本船の構造によって2つに大別することが出来る。

1）在来船（Conventional Vessel）による場合

在来船の場合には本船に積込み用のクレーンがついているので、原理的にはどこでも荷役の作業が可能である。原則的には岸壁（Pier, Quay, Wharf, Dock）に接岸して荷役をするのであるが、急ぐ時には岸壁の反対側の舷側で艀からの積込みもするし、接岸出来ない時には、沖荷役といって、沖のバース（Berth）に錨（Anchor）を下ろして艀で本船船側まで持っていって積込むこともある。

また、貨物の量により大口貨物と小口貨物では異なった取扱いをする。在来

船の場合，大口の貨物とは，おおむね20〜30トン以上で，艀一隻分に該当する貨物を称し，荷主が自分で艀を借上げて本船船側まで持っていくもので，このような荷扱いを**自家積み**という。これに対し，艀一隻分に満たない貨物は小口貨物として，船会社指定の上屋まで持込めば，あとは船会社の手で，他の荷主の貨物と一緒にしてまとめて荷役をする。これを**総積み**という。このような本船への積込みの荷役をする船内荷役業者を**ステベ**（Stevedor）という。

貨物が本船に積込まれると，**検数人**（Tally Man）は**検数表**（Tally Sheet）を本船の責任者である一等航海士（Chief Mate）に提出し，本船に積込まれた貨物の状況を報告する。この時，もし貨物に異常が発見された場合，その貨物のTally Sheet にはその旨の注意書き（Remarks）が付けられて報告されることになる。Chief Mate はその報告に基づいて**本船貨物受取証**（Mate's Receipt：M/R）を発行するので，船会社の本社もしくは代理店は発行する船荷証券（Bill of Lading：B/L）にもその旨を記す。

このようにRemarksが付けられたB/Lを**故障付き船荷証券**（Foul B/L またはDirty B/L）といい，銀行はこのようなB/Lを添付した荷為替手形の買取りには応じない。つまり，何らかの故障の生じている貨物を積込んでいるので，輸入者からの支払いの拒絶を受ける危険性が高いためである。売り手である輸出者が誠意をもって契約を履行していると考えられないからである。このような場合，輸出業者は代金の回収が大変面倒なことになるので，その貨物の損傷が軽微であり，内容物に重大な故障がないと思われる時には，輸出者がすべての責任を負うので，船会社には一切の迷惑をかけないことを保証した**補償状**（Letter of Indemnity）を差し入れて，B/L 上の Remarks を抹消してもらう。即ち，B/Lは**無故障船荷証券**（Clean B/L）として発行してもらうのである。

2）コンテナー船（Container Vessel）による場合

近年，輸送の合理化が大きく進められてきたが，その代表的なものがコンテナー方式によるものであろう。在来船による輸送の最大のネックはその荷役にある。天候により左右され，クレーンによる積込み作業に時間がかかり，またその作業中における事故による貨物の損傷の危険が大きいなど問題点が多かっ

たが，コンテナー方式によってこれらの問題点は大きく改善された。ただ，コンテナー船にも欠点がないわけではない。それは，在来船が沖荷役が出来るという利点があるのに対し，船自体にはコンテナーを揚げ降ろしするクレーンを普通のコンテナー船は持っていない。そのため，荷役は必ずコンテナー専用の大型クレーンの設置されている埠頭に限られてしまうということである。要するにコンテナー埠頭に接岸して荷役をしなければならないので，港湾設備が十分に整備されていない港では利用出来なかったり，港が混んでいる時には沖待ちさせられることになる。しかし，最近ではどの港でもコンテナー埠頭がかなりよく整備されるようになってきたので，こうした問題は解決されている。

コンテナー船利用の場合にも，大口貨物と小口貨物でその取扱いがやはり違っている。コンテナー1本になるような貨物を大口貨物 (Full Container Load Cargo：FCL Cargo) または Container Yard に直接持込める貨物ということから，CY Cargo などともいわれる。一般に15〜20トンくらいの大きさの貨物はこのようにコンテナー1本を貸切り，自社の工場なり倉庫から直接輸出者の負担でコンテナーへの積込み作業を行う。これを**シッパーズパック** (Shipper's Pack) という。パックされたコンテナーは，トレーラーでそのままコンテナーヤードに持込まれ，そこで通関を済ませ，そのまま本船への積込み荷役がなされるもので，時間的にも経費的にも荷主にとってメリットの大きい方法である。

これに対し，コンテナー1本に満たない小口の貨物 (Less than Container Load Cargo：LCL Cargo) は Container Freight Station (CFS) といわれる貨物の集荷場に持込まれ，船会社がそれらの小口の貨物を何口かまとめて1つのコンテナーへ混載して積込むもので，これを**キャリヤーズパック** (Carrier's Pack) という。輸出者たる荷主は，CFSへ通関済貨物として持込んでもよいし，CFSは保税蔵置場の扱いになっているので，そこへ持込んでから通関手続をとってもよい。また積込みの時の取扱い方法と，荷揚げの時の取扱い方法が同じである必要はないので，CY（積み）－CY（渡し）でもよいし，CY－CFSでもよいし，CFS－CFSだけでなく，CFS－CYでも可能である。

コンテナー船の場合には，貨物がCFSないしはCYに持込まれた時点で，在

来船の場合の Mate's Receipt にあたる**ドック・レシート**（Dock Receipt）が発行され，これによって B/L が発行される。したがって，このドック・レシートに Remarks が付いた貨物には Remarks の付いた B/L が発行されることになる。この点は在来船の場合と同様である。

（2）船積の方法
 1）船積方法
 ①全量船積

　特別な取決めのない契約の場合には契約数量の全量を1回の船積で行うことになる。ただし，貨物によっては正確に何トンと数量を確定出来ない物もあるので，多少の上下の幅を持たせてあり，**信用状統一規制**（Uniform Customs and Practice for Documentary Commercial Credit）に基づく銀行の解釈では概数，たとえば，About, Approximately, Around などの用語が用いられた時には10パーセントの許容範囲が認められている。即ち，約10,000トンの契約では，特に取決めのない場合には，9,000トンでも契約数量の積出しを完了したものと考えられるのである。もちろん，決済金額はそれに応じて調整されるわけであるが，契約の完全履行がなされたかどうかという判断からすると，これで一応契約の履行はなされたものと考えられるのである。つまり，その方が合理的であるからで，貨物の性質によっては製造上の歩留りが一定でないために，正確に注文数量だけを造ることが出来ないものがある。また，Landed Quantity Term の場合，輸送中における減量分（たとえば水分の蒸発などによる）などの歩留りがどのくらいになるかを正確に予測することもまた非常に困難なものもあるからである。ただし，商品によってはそれほどの許容範囲を必要としない場合もあり，その場合には，たとえば上下3パーセント以内であればよい，というような数量規定をすることがある。これを **More or Less Clause**（過不足容認条件）という。このような場合にはその許容範囲内であれば，契約数量の完全履行がなされたとみなされるのである。

②分割船積

契約数量を分割して何回かの船積に分けて積出す場合がある。これを**分割船積**（Partial Shipment, Instalment Shipment）という。この分割船積には1回の数量を限定しないまったく任意に積出すものと、1回の数量を決めて、ある一定期間のインターバルをおいて出す方法とがある。Partial Shipmentの語には前者のニュアンスがあり、Instalment Shipmentには後者のイメージが強い。長期にわたる供給契約の場合などはこの方法がとられる。

場合によっては注文品の一部を至急必要とするが、必ずしも全量すぐに必要とするとは限らない場合もあるので、このように分割船積を認める契約をするのである。また売り手側の都合で、全量一度に供給出来ない場合、とりあえず売りつなぎ用のものだけを船積し、残りを供給可能になり次第、1回ないし何回かに分けて順次船積することもある。

2）船積の形態

①直航船積

買い主は一般に輸出港から輸入港まで本船を替えないで船積する、いわゆる**直航船**（Direct Vessel）による船積、即ち、**直航船積**（Direct Shipment）を要求する。それは荷役作業の回数を最低限にすることにより、事故による荷傷みや紛失などによる損害を出来るだけ回避したいと思うからである。特に、これは在来船の場合に重要な要素になっていた。しかし、近年コンテナー船による輸送が発達してきており、コンテナー船ではこの荷役作業に伴う荷傷みや紛失ということがほとんど問題とならなくなってきたので、従来ほどにその問題は重要ではなくなりつつある。しかし、たとえコンテナー船であっても積替えによる作業日数がかかるので、その分だけ貨物の到着までの日数がかかることになるので、可能な限り直航船積がなされることが期待されている。ただし、航路によっては配船数が限られており、直航船の船腹が確保しにくかったり、スケジュールがかなり先になっていて利用しにくいといった場合もある。そのような場合には、あまりこの直航船積にこだわっているとそのメリット以上にデメリットが大きくなってしまうこともある。

②積　　替
　商品を出来るだけ安全に輸送することも大切なことであるけれども，時間的に早く送ることもまた重要なことである。前述のように可能なかぎり直航船積をするのが望ましいわけであるが，それにより大幅に貨物の発送が遅れてしまうようであっては顧客へのサービスが低下してしまうことになる。そのような場合には，途中の中継地の港までの船に積み，その中継地の港で別の船に積み替えて輸送する。このように途中の港で船を替えて運送する方法を**積替**（Transshipment）という。

　たとえば，日本からインドのムンバイまでの船積をしようとする時，直航船は1ヶ月後までないとする。その場合，1ヶ月後の直航船で船積するのか，シンガポールでの積替ですぐに船積するのかを選択しなければならない。顧客がその商品を急いで必要としていないならば1ヶ月後の直航船で船積すればよいであろうが，顧客がその商品を急いで必要としている場合には，積替を認めてもらい，出来る限り早い船積をするということになる。

（3）船積の時期
　船積の時期（Time of Shipment）はまた**引渡しの時期**（Time of Delivery）ともいわれる。これは売り主の契約履行の時を意味するものであり大変重要なものである。この日時を確定するものは前述したように，B/L（船荷証券）の日付である。その日付をもって船積，即ち契約の履行がなされたものとみなされるわけで，以下の期日についての指定では，履行日，即ち，B/L Date が基準として考えられるのである。B/L Date は本船入港の日から本船出港の日の間であればどの日でも都合のよい日が可能である。

　1）直積・即積
　契約締結後1〜2週間以内の船積（信用状統一規則によれば，銀行間では1ヶ月以内の船積）を**直積**または**即積**（Prompt Shipment または Immediate Shipment）という。航空輸送の場合にはさらに短く2〜3日以内というようなこともありうる。厳密に日数が決められているわけではなく，業界や取引当事間での了解事

項となっているので，銀行では最大公約数的な日数として1ヶ月としているわけである。商品が在庫から出荷されることが前提となっている。

　2）期限指定

　ある時を基準として，たとえば契約締結日か信用状受領日のどちらかから起算して何十日以内の船積とするといった決め方をすることがある。この方式は売り手にとっても直積のように忙しくないし，買い手にとってもある一定の期間内に船積が実行されることが約束されるので，両者にとり都合がよいので，比較的多く用いられているようである。商品により在庫のあるものであれば，その期間を短くすればよいし，特注品のようなものであれば製造に必要な日数を考慮してその期間を決めればよい。つまり在庫してあるものの場合には，Shipment within 30 days after receipt of the order.（受注後30日以内の船積）。また，注文生産をするものの場合，製造に約1ヶ月を要するとすれば，Shipment within 60 days after receipt of the covering L/C.（当該信用状受領後60日以内の船積）というふうにすればよいわけである。

　3）特定月指定

　これはもう少し船積の時期を漠然と指定するもので，その決められた月のうちであればいつでもよいというものである。たとえば，Shipment in July または July Shipment とあれば7月中の船積であればいつでもよいということになる。

　4）連月指定

　これはさらに船積の期間を漠然と指定するもので，たとえば，July / August Shipment とあれば7月中でもよいし，8月中でもよい。とにかく7月1日から8月31日までの間に船積されればよいというもので，緊急度の低い商品ないしは，生産または収穫の日時をあらかじめ特定できないような商品の場合に用いられる。

　5）特定日指定

　ある特定の日を決め，その日までに船積を実行するというもので，季節的な商品などでは買い手は時機を逸することのないように，期日を明確にすること

がある。たとえば，Shipment（must be made）by August 15 とあれば，8月15日より前に船積がなされることが要求されているのであって，その日にちょうどする必要はないのである。

（4）船積通知と船積案内

1）船積通知

輸出者は船積の準備がととのい，船積予定の本船が確定したならばeメールによって買い手に**船積通知**（Shipping Notice）を出す。即ち，買い手たる輸入者はCIF建ての取引を除いて，積地条件の取引では自己の船積品に自分で保険をかけなければならないからである。それには次のような情報が必要である。

①買い手の注文番号
②商品名及び数量
③積載船名または航空会社及び便名
④出発予定日時（ETD：Estimated Time of Departure）
⑤到着予定日時（ETA：Estimated Time of Arrival）

これは船積の事前通知（Preliminary Notice）であるが，輸出者は本船の出港後にもまた同様の通知をする。それを船積案内（Shipping Advice）といい，ここでは船積通知と区別しておく(注)。

　（注）この事前通知を**船積案内**（Shipping Advice）ということがある。この用語法には多少の混乱があるようで，会社ごとにより，必ずしも同じ用語法が用いられているわけではない。しかし，ここではそのような混乱を避けるため，さしたる根拠はないが，事前の通知を船積通知とし，本船出港後の案内を船積案内と区別しておく。

2）船積案内

本船出港後に輸出者は船荷証券（B/L）を船会社より入手することになるが，B/Lは原本として貨物の引取りに用いる**Negotiable**（買取用）のsetと，控え（Copy）としての**Non-negotiable**（非買取用）のsetとがある。Negotiableのsetには第一原本（Original），第二原本（Duplicate），第三原本（Triplicate）……とあるがいずれも原本と同一の機能を果すものとなっており，通常，特に何の

指示もなければ船会社は3通セットで発行する。もちろん，4通でも，5通でも希望すればそのようなセットで発行してくれるが，荷為替手形には発行されたB/L全通を添付することが要求されているので，このようなNegotiableのB/Lはすべて銀行に引渡されることになる。

一方，Non-negotiableのCopyは単なる控えであり，これでは貨物の引取りはできない。しかし，記載されている内容はまったく原本と同じであるので，これを送付することにより，どのような船積がなされたかを知ることが出来る。それゆえ，船積案内にはこのようなB/LのNon-negotiableのCopyを同封するのである。

この船積案内はどのような船積がなされ，どのような書類が作成されたかを知らせる意味があるので，次のような船積書類のコピーを一式そろえて，それに簡単な**添え状**（Covering Letter）を付けて送付する。

① B/LのNon-negotiableのCopy．

② Commercial InvoiceのCopy．

③ Packing ListのCopy．

④ Insurance PolicyまたはCertificateのCopy．

⑤ Certificate of OriginのCopy．

⑥ その他要求されたCertificate類．

以上の説明は信用状に基づいて振出されたり，D/P，D/A手形として振出される荷為替手形によって決済する場合の船積案内の仕方である。こうした荷為替手形ではNegotiableのDocumentsは為替手形に添付しなければならないので，船積案内にはNon-negotiableのものが用いられることになるのである。

これに対し，決済方法がこうした荷為替手形を用いないような場合——送金とか無為替などの場合——には船積書類を銀行経由で送ることはしないので，この船積案内でNegotiableのDocumentsを輸出者が直接輸入者に送ることになる。しかし，この場合にはB/LはNegotiableのものを全部送らない。つまり書類は書留郵便で送られることになるが，万が一の郵便事故によって，すべての書類が失われてしまうことがないように一部を輸出者の手もとに残しておくのである。

このように船積の性格によって船積案内の仕方も違ってくるのである。さらに，信用状の場合でも航海日数の短い近隣国への船積では銀行経由の船積書類の到着が貨物の到着よりも大幅に遅れることがしばしばある。このような場合，輸入者はこの船積案内で送られてきたNon-negotiableのB/Lで，船会社へ**銀行の保証状**（Bank Guaranty）を入れて貨物の引渡しを依頼することになる。信用状によってはこのような不便を避ける意味から，あえてNegotiableのDocumentsの一部を輸出者から輸入者へ直送させるように指示したものもある。信用状開設銀行にすれば輸入者が手形を決済ないしは引受ける以前に実質的に貨物を輸入者に引取らせてしまうので危険が伴うわけであるが，輸入者の信用が十分厚い場合にはこのような便宜を図ってくれるのである。

　また輸入者が貨物の引取りを急ぐ場合，輸出者が受領した船荷証券を裏書きして船会社に引渡しSurrendered B/Lとし，その代わりに輸入地の船会社の代理店へ輸入者への荷渡し指図（Delivery Order）をしてもらう方法もある。

4．海上保険

　貿易は通常，遠隔地間での取引ということになるので，その移動中における貨物に対する損害や決済に伴う危険，あるいは為替変動に伴うリスクなどいろいろな危険が予想される。それらの危険に伴う損害をカバーする制度として発達してきたものが保険制度である。

　即ち，保険の主旨は危険の分散ということであり，18世紀にイギリスの**ロイズ**（Lloyd's）を中心として発達してきたものである。その後，様々な型の保険が誕生してきたが，大きく分けると海上保険や火災保険のような損害保険と生命保険に分けられる。これらの保険は一般に民間会社で行われているが，わが国ではさらに，こうした民間の保険会社が請負わないような危険をカバーするために，特に貿易立国であるわが国においては，貿易に伴うそうした特別な危険に対して，独立行政法人の日本貿易保険が運営する貿易保険というものがある。ここでは貿易にかかわるものとして上記の海上保険と貿易保険を取り上げることにする。

（1）海上保険

　貿易取引に伴う貨物の移動に際して生ずるであろう損害をカバーするものとして広く用いられているものが，この民間保険会社による**海上保険**（Marine Insurance）である。

　貿易業者はその売買契約の条件により，売り手または買い手がその取引される商品に保険をかけることになる。原則的には自己の所有権が主張しうる貨物にかけるわけで，輸出地価格条件のFOBやCFRでは所有権は船積地で移転されるので，海上保険は買い手がかけることになる。逆に，輸入地価格条件のDAF，DES，DEQ，DDUやDDPでは所有権が荷揚地で移転されるので，海上保険は売り手がかけなければならない。ただ，CIFとCIPの場合だけは例外で，売り手は所有権がすでに移転されてしまった買い手の貨物に，買い手に代わって売り手が保険をかけることになる。

　このような海上保険について，どのような危険による損害をカバーするのか，その**海上損害**（Marine Loss, Maritime Loss）と，それをカバーする海上保険の**付保条件**（Coverage）及びその**特約条項**（Special Clauses）について以下順に述べていく。

1）海上損害

　海上輸送に伴う危険から生ずる損害を分けてみると，貨物の全部がだめになったのか，それとも貨物の一部分がだめになったのかにより，**全損**（Total Loss）と**分損**（Partial Loss，またはAverage）に次のように分けることが出来る。

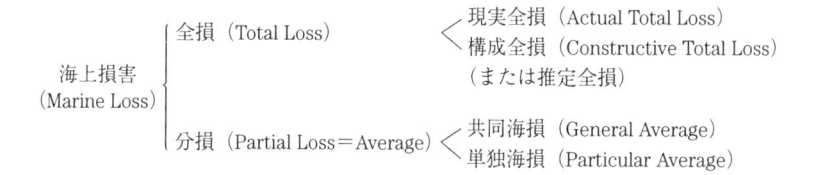

```
                    ┌ 全損（Total Loss）      ┌ 現実全損（Actual Total Loss）
                    │                         │ 構成全損（Constructive Total Loss）
海上損害            │                         └ （または推定全損）
（Marine Loss）     │                         ┌ 共同海損（General Average）
                    └ 分損（Partial Loss＝Average）
                                              └ 単独海損（Particular Average）
```

①現実全損

　現実に積荷の全財産的価値が失われるもので，火災による焼失や船舶の沈没

による滅失などによる損害。

②構成全損（または推定全損）

積荷がすべて滅失しているわけではないが，実質的には財産的価値はまったく失われているか，あるいは修復するとしても，それにはそれ以上の費用がかかると考えられるような損害で，結局は全損と考えた方がより合理的であるもの。たとえば，自動車保険でいま車両価格が100万円とする。この自動車が事故を起こしてその修理費が100万円とする。100万円かければ修復可能であっても，この場合，全損とみなし100万円の車両価格を支払い，保険会社はその残存している事故車を引取る。これを委付（Abandonment）という。保険会社はこれを解体業者へポンコツとして2万円で売り渡すとすれば，保険会社の実質的負担は98万円で済むことになり，修理費として100万円支払うよりはよいことになる。保険契約者も100万円で同じ程度の自動車を購入しなおすことで実質的な不利益は何もない。このように保険者（Insurer）と被保険者（Insuree）とどちらにとっても，より合理的な処理が可能となる場合，それを全損を構成するもの，あるいは全損と推定しうるものと考えるのである。

③共同海損

同一船舶に何人かの荷主（Cargo's Owner）の貨物が積載されている場合，海上危険（Marine Risks）によって船舶の沈没などの危険が切迫していて，その危険を回避するために一部の荷主の貨物を故意に投棄したような場合，その投棄された貨物の荷主だけがその損害を負担するというのでは公正でない。即ち，ある一部の人の負担で他の大部分の人々の財産が何の負担もなしに危険から救われたのでは不公平である。このような時，その投棄された犠牲は同一船舶に貨物を積んでいた荷主及び船主（Ship's Owner）の共同の損害であり，共同してその負担をするのがより公平であろうという考え方が出てきたのである。この考えは古く紀元前2～3千年のころ，フェニキア人たちが地中海で沿岸貿易を盛んに行っていた時からあったといわれており，日本でも，古く律令時代，即ち，1223年（貞応2年）に出された『回船式目』の中に，この共同海損に相当する規定がみられるのである。これは海上保険の原型とされ，その後に17世紀

にイギリスを中心とする東方貿易が盛んになるにつれて発達し，今日のような保険が出来上がってきたのである。

従って，共同海損が成立するためには，次の4つの条件が満たされなければならない。

① 緊急性……緊急避難の行為であること。
② 故意性……偶発的な事故によって生じたものは，その被害を受けた荷主または船主の個人が負うべき損害であり，結果的に他の人々の貨物が救われてもそれは共同海損にはならない。それは次に述べる単独海損に当たる。即ち，ある意識をもって，大方の財産を救うために，ある一部分の財産をあえて犠牲にする時に生ずる損害でなければ共同海損とはならないのである。
③ 合理性……その処分が合理的に行われなければならないということ。一部分を投棄すれば足りるのに全部を投棄してしまったという場合，過剰な犠牲の部分については共同海損とはみなされない。
④ 残存財産……結果的に残存財産がなければ共同海損は成立しない。なぜなら，共同海損は分損の一部であり，全部滅失してしまったものは分損ではなく，全損となってしまうからである。従って，積荷ないしは船体の一部が残存財産として残っていなければ結果として共同海損は成立しない。

この共同海損犠牲の中には，単に貨物などの投棄による犠牲・損害のみならず，救助料や損害防止費用なども含まれる。

このような共同海損は，損害発生後，船会社が共同海損宣言盟約書（General Average Bond：GA Bond）を利害関係人全員に送り，当該海上損害を共同海損とすることに同意するものとして宣言に署名するように要請してくる。あとはそれぞれの当事者がどれだけの負担をするのか，即ち，共同海損分担金（General Average Contribution：GA Contribution）の額は精算人が算定して決めることになる。

④ 単独海損

偶発的事故ないし天災などによって生じた損害で，当該の荷主または船主だけがその損害に対して，即ち，自己の財産に対する損害として，単独でその負

担をするもので，共同海損以外のすべての分損がここに含められる。

2）付保条件

前述の海上損害のどこまでを填補するものとするか，保険の条件を保険契約を結ぶ際に決めなければならないこれを付保条件（Coverage, Insurance Coverage）という。最新の保険約款では以下の3種類である。海上損害との関係は次のようになっている。

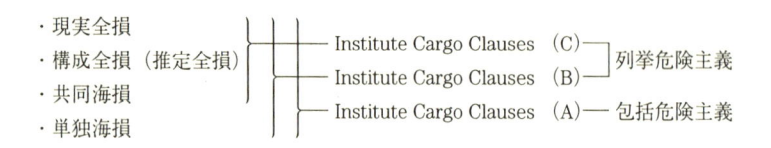

- 現実全損
- 構成全損（推定全損）
- 共同海損
- 単独海損

Institute Cargo Clauses (C) ─┐
Institute Cargo Clauses (B) ─┤列挙危険主義
Institute Cargo Clauses (A) ── 包括危険主義

①協会貨物約款（C）〔ICC（C）〕

旧約款のほぼFPA（Free from Particular Average：協会貨物約款単独海損不担保または分損不担保）に相当するもので，原則として単独海損はカバーされない。

②協会貨物約款（B）〔ICC（B）〕

旧約款のほぼWA／WPA（With Average／With Particular Average：協会貨物約款単独海損担保または分損担保）に相当するものであるが，上記のICC（C）と同様に列挙危険主義に基づくもので，保険会社の列挙した危険に起因する損害についてのみ担保するというものである。従って，たとえ単独海損であっても，列挙されていない危険──たとえば水濡れなど──による損害については保険会社は補償しない。そこで，列挙されていない危険による損害が予想されるような時には，特に追加料金を払って，**特約**（Special Clauses）として予想される危険を追加列挙することが必要となる。しかし，すべての危険を追加列挙するとなると大変なことになるし，費用も割り高となる。そこでそのような面倒なものよりも，それらの危険を包括的に全部含めたものがあれば便利であろうというのでつくられたのが包括危険主義の約款である。

③協会貨物約款（A）〔ICC（A）〕

これは旧約款のAR（All Risks：協会貨物約款全危険担保）に相当するもので，包

括危険主義に基づき,海上輸送に伴うすべての危険に起因する損害をカバーすることになっている。

各約款の担保する危険と保険会社がその責任を負わないとする免責事項をまとめると表14－1のようになる。

3）特　　約

前記の協会貨物約款に含まれないものとして,**戦争危険**（War Risks）及び**ストライキ危険**（Strikes Risks）がある。これらの危険については協会貨物約款とは別に,**協会戦争約款**（Institute War Clauses）や**協会ストライキ約款**（Institute Strikes Clauses）に基づいて特約で保険をかけなければカバーされない。

この他に,ICCの（B）や（C）では列挙危険の追加を特約で付ける場合がある。この場合も追加料金を払ってそのような特約を結ばなければならない。

4）免責歩合

ある一定率以下の小損害については保険会社は填補しない代わりに,**保険料**（Insurance Premium, Insurance Charge）を低くするということがある。これを**免責歩合**（Franchise）という。免責歩合を高くすればするほど,保険会社としては多発しやすい小損害をカバーしなくて済むので,危険負担がそれだけ低くなる。それゆえ,その分保険料を引き下げることが出来るのである。旧約款ではいわば免責歩合100パーセントといえるものがあった。即ち,全損が生じたときのみ担保するというもので,全損のみ担保（Total Loss only）という付保条件があった。しかし,これでは保険料が少々安くても,いざという時,ほとんど役に立たない保険になってしまうので,荷主にとってはあまり意味がないため,次第に用いられなくなり,新約款では削除されたのである。

5）保険契約

①個別保険契約

保険契約は必ず当該貨物を積込んだ船舶等の輸送手段が輸出地を出港する以前に結ばれなければならない。本船出港後では海上保険はかけられないのである。従って,各船積ごとに保険契約をする個別保険契約では,しばしば前もって船名等未詳のまま**個別予定保険**（Provisional Insurance）として契約すること

表14−1

担保危険および免責事項

	Institute	Cargo	Clause
	A	B	C

担保危険
◎下記に原因を合理的に帰し得る滅失・損傷

	A	B	C
・火災または爆発	○	○	○
・船舶・艀の座礁・乗揚・沈没・転覆	○	○	○
・陸上輸送用具の転覆・脱線	○	○	○
・船舶・艀・輸送用具の他物との衝突・接触	○	○	○
・遭難港における貨物の荷卸	○	○	○
・地震・噴火・雷	○	○	

◎下記に因る滅失損傷

	A	B	C
・共同海損犠牲	○	○	○
・投荷	○	○	○
・波浚い	○	○	
・海水, 湖の水, 河川の水の船舶・艀・船艙・輸送用具・コンテナ・リフトバン, 保管場所への侵入	○	○	
・船舶, 艀への積込み, それらからの荷卸中の海没, 落下による梱包1個ごとの全損	○	○	

◎上記以外の滅失・損傷の一切の危険

	A	B	C
	○		

◎共同海損・救助料（免責事項に関連するものを除く）

	A	B	C
	○	○	○

◎「双方過失衝突」

	A	B	C
	○	○	○

免責事項（戦争・ストライキ以外）

	A	B	C
・被保険者の故意の違法行為	△	△	△
・通常の漏損, 重量・容積の通常の減少・自然の消耗	△	△	△
・梱包・準備の不十分（危険開始前, または被保険者によるコンテナ・リフトバンへの貨物の積込みを含む）	△	△	△
・保険の目的の固有の瑕疵・性質	△	△	△
・船舶・艀の不堪航, 船舶, 艀, 輸送用具, コンテナ, リフトバンの不適合（被保険者が関与している場合）	△	△	△
・遅延（被保険者危険に因る場合を含む）	△	△	△
・船主, 管理者, 用船者, 運航者の支払不能, 経済的窮乏	△	△	△
・一切の人または人々の悪意ある行為による全体または一部の意図的損傷, 破壊		△	△
・原子力兵器の使用による損害	△	△	△

がある。本船名等は輸出通関が完了して実際に本船に積込むまでは確定出来ない。つまり，船会社の都合により別の本船をそのスケジュールに配船してきたりすることがしばしばあるからである。また積込数量なども積込み荷役中に事故を起こしてしまって変更を余儀なくされるといったこともある。そのため，最終的に確定出来るのは無事に本船上に積込みが終了してからであるので，それから保険契約をしたのでは本船の出港に間に合わないことになりかねない。そこで前もってこのような個別予定保険をかけておき，本船出港後，すべての事柄が確定した時点で確定保険契約とし，**個別予定保険証券**（Provisional Policy）を**確定保険証券**（Definite Policy）に切り替えるのである。もちろん，事故の発生により保険会社へ**救償**（Claim）する際には保険証券は確定保険証券となっていなければならない。

②包括予定保険契約

　個別保険契約では前述のように手数や神経を使わなければならないし，無保険状態となる危険が常にある。そこでそうした心配のない保険契約の形式が生まれてきたのである。即ち，ある一定期間──通常は1年間──のすべての船積貨物に対して自動的に保険がかけられるようにしたものである。これを**包括予定保険契約**（Open Contract, Open Cover）という。この契約方式は個別の保険契約と比べて次のような点で優れている。

①無保険のままでの船積の危険がまったくない。

②保険料率（Insurance Premium Rate）が一般的に個別保険契約の場合より低くなる。つまり，保険契約額が1年分にまとめられるので大きくなり，しかも1回限りの手続で済むため，保険会社としては費用やリスクの面ではるかに軽減されるので，低い保険料率をオファーすることが可能となるからである。

③最低保険料（Minimum Charge）による無駄払いを排除出来る。たとえば個別保険契約では，小額の船積の場合，保険料率からの計算では最低料金以下であるとしても，一保険証券当たりの最低料金を支払わなければならない。この支払い差額は無駄払いになるわけで，そのような船積を繰り返し

行うと大きな費用増加要因となる。従って，継続的に相当量の船積をしている商社ではこうした包括予定保険契約をするのが一般的である。

包括予定保険契約では年間通して一契約であるため，**包括予定保険証券**（Open Policy）は1通しか発行されない。そのため個々の船積には保険証券（Insurance Policy）を付けることが出来ないことになる。さらにこの包括予定保険証券は個別保険契約による保険証券と違って，裏書きして譲渡することが出来ない。それゆえ，包括予定保険契約の場合には，個々の船積に対しては保険証券に代わって**保険証明書**（Insurance Certificate）というものが発行され，それで保険証券の代用をする。これは裏書して譲渡することが出来るものであり，個別保険契約による保険証券と同様に扱われるのである。

6）保険金額

保険契約を結ぶ際には保険の対象物となる貨物や船体などの有体物と運賃や**希望利益**（Imaginary Profit, Expected Profit）などの無体物がある。一般に貿易業者が自己の商品にかける海上保険では商品代金に希望利益——取引が上首尾に終わったなら得られるであろう見込み利益——を加えた額で保険をかける。つまり，貨物の価額が仮にCIFで10,000ドルとすると，希望利益が10パーセントであれば保険金額（Insurance Amount, Amount Insured）は合計11,000ドルとなるわけである。この10パーセント上乗せ分をmark-upなどということもある。

CIF金額が確定している場合には保険料の金額は容易に算出しうる。それは次のような式で表される。

CIF Amount × m × r = Insurance Premium ……（1）

m = mark-up, r = Premium Rate

しかし，CIF金額が確定していない場合，即ち，FOB金額からまたはCFR金額から保険料を計算しようとするとこの式では算出出来ない。輸入者側からみた輸入コストは結局はCIFの金額になるので，上記（1）式のように，保険金額はCIF価格に希望利益を加えたもの，言い換えればCIFに一定のmark-upを乗じたものであるので，保険金額が算出出来ないとCIF金額が決まらないことになる。CIF金額が確定しないと保険料も確定しないというジレンマに陥って

しまう。そのような場合には次のような式を用いればよい。今，ここでFOB金額と運賃の金額は確定しているものとする。

FOB 金額 ＋ 運賃額 ＝ CFR 金額

CFR 金額 ＋ 保険料 ＝ CIF 金額

前と同じように，m ＝ mark-up，r ＝ Premium Rate

x ＝ Insurance Premium とすれば，

$$[(CFR) + x] \times m \times r = x$$

$$(CFR) + x = CIF$$

この式を x について解いて次の式を得る。

$$x = \frac{(CFR) \times m \times r}{1 - m \times r} \quad \cdots\cdots\cdots\cdots (2)$$

この（2）式さえわかっていれば，FOBないしCFRの金額から保険料を算出することが出来，結果としてCIF金額を算出することが出来るのである。

（2）貿易保険

民間の保険会社が請負わないような非常危険や信用危険に対して，貿易を振興させることを目的として，昭和25年に輸出保険法に基づき創設されたのが現在の貿易保険の前身である輸出保険である。従来はわが国の輸出を奨励するために輸出についてのみの保険制度であったが，1987年に貿易摩擦を緩和する意味もあって，輸入や三国間貿易についても適用されるように改正され，総合的な貿易保険（International Trade Insurance）となったのである。2005年4月には民間の保険会社にも解禁となり海外の貿易保険大手との提携により10〜40％安い保険料で請負うところも出てきた。今では年間50万件以上，引受額も15兆円に近づこうとしている。それには次の11種類の保険がある。2009年5月より対象を「外・外取引」といわれる日本企業の海外事業所でも利用できるようになった。

①普通輸出保険

②輸出代金保険

③輸出手形保険
④海外投資保険
⑤為替変動保険
⑥輸出保証保険
⑦前払い輸入保険
⑧仲介貿易保険
⑨海外事業資金貸付保険
⑩資源エネルギー総合保険
⑪温暖化防止事業貿易保険（地球環境保険）

　貿易保険は戦争，内乱，ストライキ，貿易制限発動，為替制限導入などの貿易相手の契約当事者の責に帰すことの出来ない事由によって生ずる，いわゆる非常危険と，輸出相手企業の倒産などにより貿易代金が支払われなかったり，融資金を返済してもらえなかったり，当然相手側が履行しなければならない債務の履行をしないことによる信用危険とをカバーするもので，これらの危険については事故発生の確率の算定も困難なため，民間の保険会社では請負わない。そのため政府がこれらの保険事業を行っているのである。

　1997年6月よりドル建の貿易保険も認められるようになり，保険料も契約時の一括払いだけでなく年払いも可能になった。この場合，保険料は為替相場に応じて毎年見直される。

　これらの保険は貿易業者の費用負担でかけられ，外国為替銀行を通して申し込む。取引相手の外国業者が『海外買付業者一覧』(Overseas Buyer's Guide) で，ある一定のランクに掲げられていることを要し，いわゆる"ブラックバイヤー"といわれるブラックリストに載っている悪質業者との取引については引受けてもらえない。最近，これらの保険の適用されるケースが増え，保険勘定は赤字となってきたため，保険料を引上げたり資本金を1988～1989年にかけて70億円から1,002億円に増資して資金的基盤を強化した。近年の最大の保険事故となったのはIJPC（イラン・ジャパン石油化学会社）に対するものであったことは記憶に新しい。

1）普通輸出保険

　貿易契約後に，非常危険または信用危険により代金回収が出来なくなった場合の損害をカバーするもので，輸出業者に限らずメーカーも契約できるし，非常危険と信用危険とに分けて保険をかけることも出来る。

2）輸出代金保険

　プラント輸出などの長期にわたる延払いの場合で，非常危険または信用危険により代金回収が不可能となった場合の損害をカバーする。輸出業者の他に，技術提供者や輸出代金貸付者（一般には輸出業者の取引している外国為替銀行）も保険契約をすることが出来る。

3）輸出手形保険

　信用状に基づかない，いわゆるD／P，D／Aによる決済では輸出業者の取引銀行の外国為替取扱銀行は一般的に手形の買取りをいやがる。しかし，輸出業者の振出した為替手形がこの保険でカバーされるならば，銀行は危険をあまり感じないので，そうしたD／P手形やD／A手形も買取りに応ずる。これは輸出業者にとっては一種の金融的支援となるのである。

4）海外投資保険

　海外投資を行った者が，投資先の国における非常危険により，株式の元本や配当金，不動産に対する権利を取得出来ないなどにより生じた損害をカバーするものである。

5）為替変動保険

　決済が2年を超えるような長期の延払いの輸出で，米ドル，英ポンド，ユーロなどによる外貨建取引で，決済日の為替相場が契約時の為替相場より3パーセント以上円高になった場合に生ずる為替差損をカバーするもので，もし仮に3パーセント以上の円安による為替差益が生じた場合にはその差益分を政府に納めなければならない。

6）輸出保証保険

　国際入札の際に差入れた保証金（Bond）の没収による損害をカバーするものとして，1977年10月に新しく設けられたものである。

7）前払い輸入保険

それまでの輸出保険法が1987年3月31日に貿易保険と改められた時に設けられたものの1つで，はじめて輸入についてもかけられるようになったものである。輸入者が前払いしたものが，相手国側の非常危険もしくは信用危険により貨物の輸入が出来なくなった上，その前払金の返還を受けることが出来なくなったことによる損害をカバーするものである。

8）仲介貿易保険

三国間貿易で仲介貿易業者が販売代金または賃貸料を相手国側の非常危険または信用危険によって回収出来なくなった場合の損害をカバーするものである。これによってプラント輸出等で外国で調達した財やサービスについてもわが国の貿易保険でカバーされるようになり，わが国の貿易業者にとってはより一層取引を安心して広げることが出来るようになり，貿易の促進にさらに貢献するものと期待されている。

9）海外事業資金貸付保険

海外で合併事業などを行っているわが国の業者が，そうした海外の事業者への事業資金の貸付をした場合，その元利金の回収が不可能となった場合にその損害をカバーするものである。昨今わが国企業がどんどん海外に事業を展開しており，その必要性が高まっている。

10）資源エネルギー総合保険

海外での石油などの資源開発を行う事業者向けに，2007年4月から引き受けを始めたもので，テロや自然災害などで事業が中止・中断した場合，その損失を補充する。戦争や天災などの非常時のカバー率を投資額の100％まで引上げた。

11）温暖化防止事業貿易保険（地球環境保険）

省エネ機器や自然エネルギー関連設備などの輸出を対象とし，**クリーン開発メカニズム**（Clean Development Mechanism：CDM）向けの投資や融資も対象とする。最高で全額を補償する。

5．船荷証券と船積書類

　貿易決済に用いられる為替手形が逆為替となっているのは代金の回収をより容易にすることを目的としているからである。しかし，買い手である輸入者はたとえ売り手である輸出者から支払いの指図＝命令を受けたとしても，何を根拠にしてその指図に応ずるのか判断するものがなくては困ることになる。即ち，売り手は契約商品の船積＝引渡し＝契約の履行をしたのであるから，その代金の支払いという買い手側の契約履行の請求をする意味が為替手形にはあるのであるが，為替手形だけでは相手（売り手）が本当に契約を履行したのか定かではない。つまり，買い手は売り手の契約履行の証しがない限り，安心して支払の要求に応じることが出来ないのである。そこで，このような逆為替ではしばしば支払いの要求の根拠となる契約履行＝船積の証しとなる書類を添付して，いわゆる荷為替手形（Documentary Bill of Exchange, Documentary Draft）というものにするのである。

　船積の事実を証する書類を船積書類（Shipping Documents）という。それには次のようなものがある。

　① Bill of Lading（B/L：船荷証券）
　② Commercial Invoice（商業送り状）
　③ Packing List（梱包明細書，包装明細書）
　④ Insurance Policy（海上保険証券）または Insurance Certificate（保険証明書）
　⑤ Certificate of（Country of）Origin（原産地証明書）
　⑥ Consular Invoice（領事送り状）
　⑦ Customs Invoice（税関送り状）
　⑧ Certificates（各種証明書類）

（1）船荷証券

　貨物の運送は船舶にのみ限られないから，貨物の運送の事実を示す書類は実際にはその運送手段によって異なる。それらを総称して，**Transport Documents**（運送状）ということがある。**航空輸送**（Air Freight）の場合には**航空貨物**

運送状（AWB：Air Waybill）が用いられ，郵便物の場合には**郵便小包受取証**（Parcel Post Receipt）が用いられ，コンテナーによる海陸一貫輸送の場合には**複合輸送証券**（Combined Transport Documents）が用いられる。これは船荷証券と同様に有価証券であり，売買の対象たりえ，裏書きして譲渡することが出来るが，航空貨物運送状や郵便小包受取証は有価証券ではないので裏書譲渡することは出来ない。即ち，これらの書類は本来は船荷証券と同一機能を持つものではないが，便宜上これらのものでも船荷証券と同様に船積書類として認めて，それらの添付された荷為替手形も銀行は買取りに応じている。ここでは代表的に船荷証券について述べることにする。

　船会社が発行するもので，船積の事実を最もよく証明する書類である。船荷証券には次のような性質があるため，船積書類としては最も重要な書類である。

　1）船荷証券の性質
（ア）輸出者と船会社との間で結ばれた運送契約書である。
（イ）船積された商品の価額が体化された有価証券であり，その所待人は当該貨物に対する所有権を主張しうるものであり，裏書きして第三者に譲渡することが出来る。従って，輸入地で貨物を引取る際の引換証でもあるのである。
（ウ）船積貨物が確かに本船上に積み込まれたことを示す船会社による貨物の受領書でもある。

　2）船荷証券の種類
　船荷証券はその貨物の**荷受人**（Consignee）の記載の仕方により次のように分けることが出来る。

船荷証券　┬ 記名式
(Bill of Lading)　│　(Straight Bill of Lading)　　┬ 単純指図式
　　　　　└ 指図人式　　　　　　　　　　　　　　　└ 記名指図式 ┬ 船積人の指図式
　　　　　　　(Order Bill of Lading)　　　　　　　　　　　　　　└ 銀行の指図式

①記名式船荷証券（Straight Bill of Lading）
　船荷証券の荷受人欄に輸入者などの特定人の名前を記載したもので，裏書きして譲渡することが出来ない。それゆえ，銀行は担保価値がないため，荷為替手形に添付する船荷証券としては認めない。送金による決済や無為替の取引に用いられるものである。

②指図人式船荷証券（Order Bill of Lading）
　船荷証券の荷受人欄に特定の名前を記載せず，裏書きして譲渡することが出来るよう流通証券としたもので，荷為替手形に添付する場合はすべてこの形式のものが用いられる。これはさらに単純指図式のものと記名指図式のものに分けられる。単純指図式では荷受人欄に"指図人渡し"（"To Order"）としか記入されてないもので船積人（Shipper）が**白地裏書（Blank Endorsement）**をする。記名指図式では，㋐船積人の指図人渡し式（"To Shipper's Order", "To the Order of the Shipper"）のものと，㋑銀行の指図人渡し式（"To Banker's Order", "To the Order of xxxBank"）とがある。この×××Bankは通常，信用状開設銀行である。㋐の場合には単純指図式と同じく，ShipperのBlank Endorsementがなされ，㋑の場合には銀行が裏書きをする。

③無故障船荷証券（Clean B/L）と故障付き船荷証券（Foul B/L, Dirty B/L）
　無故障とは輸出港における貨物の本船積込み時に外装上何ら異常が見られないということを表しており，そうした船積みに対して発行される船荷証券をClean B/Lという。荷為替手形に船積書類の1つとして添付されるB/Lは必ず無故障船荷証券でなければならない。それに対し，故障付とは本船積込み時に貨物に外装上異常が見られるもので，検数人（Tally man）が作成する検数表（Tally Sheet）にその旨の注記（Remarks）がなされていると，本船貨物受取証（Mate's Receipt：M/R）にもその旨の注記がなされる。その結果，B/Lにもその旨のRemarksが付けられる。こうした注記の付いたB/Lを故障付船荷証券といい，そうしたB/Lが添付された荷為替手形は銀行での買い取りに応じてもらえない。このような場合，輸出者は大変困ったことになるわけであるが，損傷の程度が軽微な場合，輸出者は船会社には一切迷惑をかけないということを

誓って，**補償状**（Letter of Indemnity）を差し入れ，B/LのRemarksを削除してもらうことが出来る。もちろん，輸入者との問題については輸出者の責任において解決しなければならないことはいうまでもない。

④積込式船荷証券（Shipped on Board B/L）と受取式船荷証券（Received for Shipment B/L）

　積込式船荷証券は貨物の本船への積込みが無事に完了し，本船が出港した後に発行される船荷証券で，輸出者側の貨物の引渡しという契約履行が完全になされたことが確認出来るものである。従って，信用状による船積では必ずこの積込式のものでなければならない。受取式船荷証券は主にコンテナー船による船積の場合で，船会社が船積貨物を船会社指定の場所で受取っただけで，本船への積込み以前にB/Lを発行するものである。即ち，コンテナー船では荷役作業も早く，本船出港後のB/L発行では輸入者の手許へのB/Lの到着が貨物の到着より後になってしまうおそれがあるからである。せっかくの迅速な船積も書類が遅くては何の意味もなくなるわけで，こうしたコンテナー船による船積ではなるべく早いB/Lの引渡しをする必要が出てきたわけで，このような受取式の船荷証券が用いられるようになったのである。しかし，信用状による船積では受取式のB/Lでは手形買取りに応じてもらえないので，受取式船荷証券の場合には，**積込みの証明**（On Board Notation）をB/Lに記載して，実質的に積込式と同等に扱えるようにしている。

⑤外洋式船荷証券（Ocean B/L）と国内船荷証券（Local B/L）

　外国航路を走る外航船への積込みをした時に発行されるものを外洋式船荷証券といい，信用状による船積ではこちらが要求されている。海洋船荷証券ともいう。国内船荷証券は内国航路の船舶での輸送に用いられるものである。

⑥結合船荷証券（Combined B/L, Jointed B/L）

　2つの船荷証券を1本にまとめたもの。横浜からロンドンまでの船積と神戸からロンドンまでの船積の2つの外洋式船荷証券を結合してもよいし，函館－横浜間の国内船荷証券と横浜－ニューヨーク間の外洋式船荷証券の結合でもよい。後者の場合もこれを外洋式船荷証券として扱い，銀行はこうしたB/Lが

添付された荷為替手形の買取りに応ずる。

⑦通し船荷証券（Through B/L）

横浜からシンガポールへ向けて船積したい時，スケジュールの都合で香港で積替えをするというような時，横浜－香港間の『A丸』の船積と香港－シンガポール間の『B丸』の船積とを1本の通しの船荷証券とするもので，この場合気をつけなければならない点は，横浜で最初に積込んだ船の名前と最後にシンガポールに着いた時の船の名前とが違っていることである。

⑧期限経過船荷証券（Stale B/L）

船荷証券は船積後一定期間内に荷為替手形として買取銀行に引渡されなければならない。その期間を経過してしまったものを期限経過船荷証券といい，そのような船荷証券を添付した為替手形を銀行は買取ることを拒否する。その期間については，たとえば船積完了後10日以内というように信用状に明示してあることもある。期間の明示がない場合には，信用状統一規則により，21日以内とされている。この期間を経過してしまった場合には，銀行に**保証状**（Letter of Guarantee：L/G）を差し入れて買取り依頼をすることになる。

⑨航空貨物運送状（Air Waybill：AWB）

これは正式には船荷証券のような有価証券ではないが，貨物の引換証としての機能はほぼ船荷証券と類似しているので，ここでもう少し説明を加えておく。航空貨物受取証ともいわれるが，これは記名式であるため，流通性は与えられていない。即ち，裏書きして譲渡するということは出来ないようになっている。それゆえ，信用状などの場合にはAWBの荷受人を信用状開設銀行とし，銀行への決済なしに輸入者が貨物を引取ることのないようにしている。つまり銀行宛の貨物としておくことにより，荷受人である銀行以外の人には，銀行からの**貨物引渡指図書**（Release Order）がない限り渡らないようにしているのである。AWBには**航空会社**（Carrier）が発行する **Master Airwaybill** と**航空貨物代理店・混載業者**（Conosolidator/Forwarder）が発行する **House Airwaybill** とがある。

⑩その他－小口貨物受取証（Parcel Receipt），略式船荷証券（Short From B/L），郵便小包受取証（Parcel Post Receipt）

いずれも正式な船荷証券ではないが，手形買取り上は一応船荷証券に準ずるものとして，銀行ではいずれも認めている。

3）裏書の方式

①記名式裏書（Full Endorsement）

"Deliver to ×××Co., Ltd."として譲渡先を明記して，その下に署名をする。

②指図式裏書（Order Endorsement）

"Deliver to the Order of ×××Co., Ltd."として，その下に署名をする。これは譲渡先は特定していないが，譲渡先を決める者を明記したものである。

③白地裏書（Blank Endorsement）

無記名式ともいわれる。譲渡先の名前を特定せず，ただ単に裏書人の署名をするだけのものである。

（2）商業送り状

売り手である輸出者が発行する船積の明細を記した納品書兼請求書の機能を有する書類。「仕切書」ともいわれる。ニュアンスが正確に伝わりにくいので，そのままインボイスと称されることの方が多い。

これには請求先，出荷先，船積日，積載船名または便名，船荷証券番号，送り状番号，発行年月日，決済方法，商品名，数量，単価，建値，総計額，梱包数，荷印，請求者名及び署名などが記されており，CIF建ての場合には海上保険証券の番号が入れられることもあるし，信用状番号，信用状で記載を要求する輸入承認番号や見積書ないしは注文書番号，あるいは商品の関税率表番号なども入れられることがある。

輸入者は税関への輸入申告の際にこの商業送り状を提出しなければならない。即ち，輸入金額の把握，つまり輸入関税の課税額算定の資料とされるのである。

（3）梱包明細書

船積された貨物の包装・梱包がどのようになされているか，各梱包の内容明細を記したもので，輸出者が作成する。貨物の外装に表示された荷印と同一のものが，インボイスに記載されたように，この梱包明細書にも記されなければならない。さらに場合によっては梱包の**総重量**（Gross Weight）や**容積**（Measurement）が記入されることもある。

（4）海上保険証券

船積書類の一部として海上保険証券が必要となるのはCIF及びCIP建ての契約の時だけである。即ち，積地条件での取引では買い手である輸入者自身が船積された自己の財産に保険を輸入地でかけているのであり，輸出者は海上保険の手配をしなくてもよいからである。ただし，CIF及びCIPの場合には例外で，船積され買い手の財産となった商品に，売り手である輸出者が輸入者に代わって海上保険をかけるわけであるから，輸出者は契約通りの海上保険をかけたことを証明しなければならない。さらに，この保険証券は買い手に譲渡される必要がある。つまり，万が一の時に保険請求をする権利を有するのは輸入者であって，保険契約者である輸出者ではないからである。従って，輸出者は保険証券に裏書きをして権利の譲渡をする意志表示をすることが要求される。

輸入地条件の取引の場合には輸出者は自己の船積された財産に自ら保険をかけるが，損害が生じた場合には輸出者が保険請求をする必要があるので，保険証券は輸出者の手許に置かなければならないので，譲渡はしない。

（5）原産地証明書

船積された貨物の原産地を証明するもので，輸出国の商工会議所が発給する場合と，輸出地在駐の輸入国領事館によって発給されるものとがある。後者の場合，次に述べる領事送り状と一体となっている場合がある。

原産地証明書は輸入国側での通関時に必要となるもので，特に課税に際して適用される関税率が原産地国ないしは船積地域等により異なる場合があるため

である。なお，特恵税率を適用しようとする場合には世界統一様式の原産地証明用紙が用いられる。

（6）領事送り状

輸出地にある輸入国領事の**査証**（Visa）のある送り状を要求している国がいくつかある。その目的は，（ア）ダンピング防止，（イ）課税上の問題，（ウ）通商関係上の問題などがあるが，他方では現地領事館経費の一部に当てる査証料収入もあるであろう。発展途上国に多かったが最近では少なくなっている。

（7）税関送り状

これも前述の領事送り状の目的と同じように，ダンピング防止や課税上の問題で要求しているものであるが，収入にはならない点では領事査証とは違う。以前にはアメリカやカナダでも必要であったが，最近では輸入通関にこうした一定様式の用紙のものでなくても，輸出者の作成した商業送り状による申告を認める国が多くなってきたため，これらの送り状が使われることは今後ますます減っていくものと期待される。それは世界貿易の拡大にとっても，手続の簡素化という面から，望ましいものといえよう。

（8）各種証明書類

以上の他に，取扱う商品により，または，取引相手国により，あるいは買い手の希望により，種々の証明書が必要となる場合がある。おもな証明書の種類をあげると次のようなものがある。

1）Inspection Certificate（検査証明書）

輸出検査法により要求されるものをはじめとして，買い手の要求により公正な第三者の指定検査機関によるものや，製造業者自身による検査に合格していることを証明するものまである。

2）Certificate of Analysis（分析証明書）

単に検査に合格しているというだけでは不十分な場合，試験成績表（Test Report) を付けたり，分析結果を証明するもので，化学品や鉱物などの取引で用いられる。

3）Sanitary Certificate（衛生証明書）

食品，獣皮，肉類，化粧品などは無菌，無害であることを証明した書類が輸入国で要求される。Certificate of Health ともいわれる。

4）Certificate of Quarantine（検疫証明書）

生きている動植物の場合には上記の衛生証明書の１つであるが，この検疫証明書がないと国際間で移動することは出来ない。

5）Certificate and List of Measurement and / or Weight（検量証明書）

船積される貨物の容積・重量・数量について検量・検数を行い，その検量結果を日本海事検定協会や新日本検定協会などの専門の**宣誓検量人**（**Sworn Measurer**）が証明した書類。容積・重量証明書ともいわれる。

6）Supplier's Certificate（供給者証明書）

輸出業者が原価等を証明したもので，ダンピングなどを防止することを目的として要求している国がある。

6．輸入の実務

銀行に手形の決済を済ませるか，手形の引受けをして船積書類の**貸渡し**（**Trust Receipt：T/R**）を受けた輸入者は貨物を引取り，通関して顧客に売却して引渡さなければならない。輸出者との間の売買契約は手形決済ですべて完了しているので，最後の章のクレームの問題を除けば，ここからは輸入者自身の仕事ということになる。輸入が輸出の場合と比べて大きく異なる点は，関税がかかるという点である。

（1）輸入手続

現在わが国ではすべての商品が自由に輸入出来るわけではない。政策的配慮からまだ何品目かの商品は自由化されていないし，輸入が禁止されている品目もある。まずこれらの規制にどのようなものがあるかを知る必要がある。これ

らの規制や，輸入割当及び規則等は輸入公表といわれるもので公表される。規制の内容を図示するとおおよそ図14－4のように分けられる。

1）輸入割当

現在わが国でGATT（関税貿易に関する一般協定：General Agreement on Tariffs and Trade）で自由化が義務付けられていながら自由化されていない，いわゆる残存輸入制限品目（Residual Quantitative Import Restriction Items）は水産物を中心とした8品目（関税率表による四桁分類による）のみである（2007年4月現在）。1999年4月1日には68年ぶりにコメが自由化された。アメリカが特に農産物の自由化を要求してきており，その結果わが国の残存輸入制限品目は近海魚と食用海草類の8品目だけとなった。

また1988年発効の「ウィーン条約」による**「モントリオール議定書」（1989年発効）**により規制される特定フロン，ハロン，四塩化炭素なども輸入割当品目とされている。

これらの**輸入割当品目**（Import Quota Items：IQ Items）は年間総輸入量が定められており，輸入ワクがいっぱいになれば当該年度の輸入は出来ないことになる。輸入の割当は原則として数量ベースで，毎年上期と下期に分けて限度数量が公表される。通産省が事前に数量把握する都合上，まず輸入割当をとり，割当ワクの確保が出来たものについて輸入承認をすることになっている。

上記の他に1970年11月4日に発効した「絶滅のおそれのある野生動植物の種の国際取引に関する条約」（通称「ワシントン条約」）の附属書にあげられている

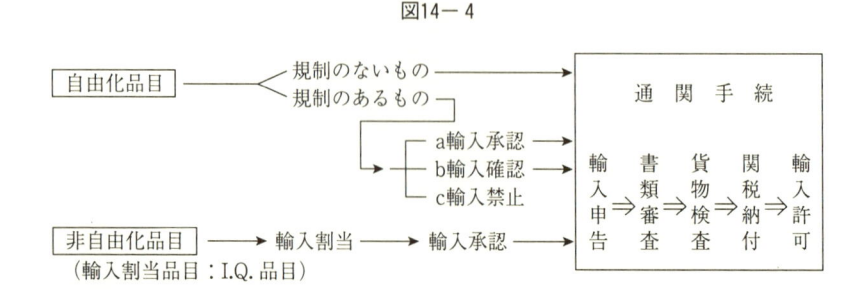

図14－4

ものも実質的には輸入割当と同様の扱いがなされている。

　輸入割当方式には，a）純粋商社割当方式といわれるもので，それはさらに（ア）通関実績割当，（イ）割当実績割当，（ウ）オリンピック方式割当（総輸入割当量の内で先着順に割当てる），（エ）割当審査会議の決定による割当に分けられるものと，b）内示書方式といわれ，輸入実績，輸入計画，生産能力，生産実績，生産計画などに基づき，割当基準により算定された発注限度内示書を受け，需要者から内示書の範囲内で発注を受け割当申請をするものと，c）発注書方式といわれ，需要者からの発注により輸入業者に割当てる方式とがある。

　2）輸入承認

　1998年4月のいわゆる「外為法」の改正により，外国為替もそれまでの原則禁止から原則自由となり，大幅に規制が緩和されることとなった。以前の1980年12月の改正ですでに貿易の面は原則自由となっており，現在，輸入承認が必要とされるのは，品目による規制と船積地（国）または原産地（国）による規制だけである。

　3）品目による規制

　①非自由化品目

　これは先に述べた輸入割当を必要とするもので，現在55品目（4桁分類で）が残されている。ただし，このうちガットが必ずしも自由化を義務付けていない兵器，航空機，原子力関係の47品目を除くと，残存輸入制限品目は8品目となる。

　②ワシントン条約関連物資

　「絶滅のおそれのある野生動植物の種の国際取引に関する条約」（通称「ワシントン条約」）により規制されているもので，その保護の必要性に応じて3つの段階に分けられている。最も厳しい附属書Ⅰのものは学術研究用に限り，輸出国の許可と輸入国の許可があれば輸出入できる（商業目的の移動禁止）。附属書Ⅱ・Ⅲにあげられているものは，生きたままのもののみならず，それらのハク製や，それらを用いて造られた製品（ベルトや靴やバッグなど）も規制されている（商業的取引の国際間移動の規制）。

③「バーゼル条約」(1992年発効)の規制による有害廃棄物等の国際間移動が制限されている。

4) 輸入公表により公表されている特定の原産地または船積地域からの特定の貨物

ここにあげられる品目は国際協定等の国際的約束の履行のため，特定の地域を原産地または船積地域とする貨物を規制するためのものである。

「外為法」の大幅な改正により，「外国為替及び外国貿易管理法」から「管理」の文字がはずされ，法律の名前も「外国為替及び外国貿易法」と改められ，いわゆる外国為替の銀行集中制度が廃止された。改正により，外貨や外国為替についても自由化が進み，わが国の外貨事情も安定してきたため，「外為法」から貿易業者に対する"外貨債権回収の義務"がはずされ，それは個々の貿易業者の責任とされることになった。それゆえ，外国為替銀行の勘定を経由することについて規制がなくなり，「外為法」第17条の廃止により特殊決済についての規制はなくなったのである。

5) 輸入確認

輸入承認まで厳しく規制するものではないが，輸入の監視や国内法の実効性を上げるためや条約の履行などで輸入割当制を補完することを目的として設けられた制度で，①事前確認を要するものと，それよりやや穏やかな，②通関時確認のものとがある。

①事前確認を要するもの
1．治験用の微生物，ワクチン，免疫血清など……厚生大臣
2．ウラン触媒……科学技術庁長官
3．野菜栽培種子用の豆……農林水産大臣
4．試験研究用のDDT，繭，わかめ，たばこ，鮫肉，絹糸，絹製ベッドリネンなど13品目……通産大臣

これらの品目は税関への輸入申告に先だって当該省庁の大臣または長官の確認を受けなければならないことになっている。

②通関時確認を要するもの

　ケシの実，ワシントン条約の附属書Ⅲにあげるもの，放射性同位元素，コーヒー，ココア，大韓民国や台湾からの絹織物などの11品目。これらの品目は税関への輸入申告の際に，証明書や，確認Visaのあるインボイスや原産地証明書などを提出して確認を受けることになっている。

（2）その他の輸入許可や輸入届出
　1）戦略物資

　いわゆる戦略物資といわれる品目は，かつて共産圏への軍事物資や軍事技術の流出を規制したもので，冷戦構造の終りとともにその意味が改めて問い直され，新しくワッセナー協約としてより広い範囲の国々を入れて新しい規制が出来上がった。兵器，弾薬，車両，航空機，ミサイル，化学品，原子力関連物資，高性能通信機，レーダー，大型コンピュータなどやそれらの関連品があげられている。これらの商品は国際的テロ支援国へ行かないよう，輸出国－輸入国間で互いにその商品の出し入れを確認できるようにIC－DV制度（Import Certificate-Delivery Verification System：国際輸入証明－通関証明制度）をとっている。

　2）他法令に係る輸入許可

　この他に外為法関係以外の国内法による規制を受けているものは，それぞれの法律に基づいて，たとえば医薬品等であれば厚生大臣の輸入許可書を輸入申告に先立ってとっておかなければならない。これらの許可を得るものに，従来は国内での試験成績が必要であったが，諸外国から一種の**NTB**（**Non-tariff Barriers：非関税障壁**）であると批判され，最近では，外国の製造業者の行った試験のデータでも認められるようになってきている。

（3）通関手続
　前節で述べられたような輸入承認や輸入許可などの事前に必要な書類がすべて用意出来たら，税関への輸入申告をすることになる。大まかな流れを図示すると次の図14－5のようになる。実際には税関や貨物運送業者や倉庫会社や通

図14－5

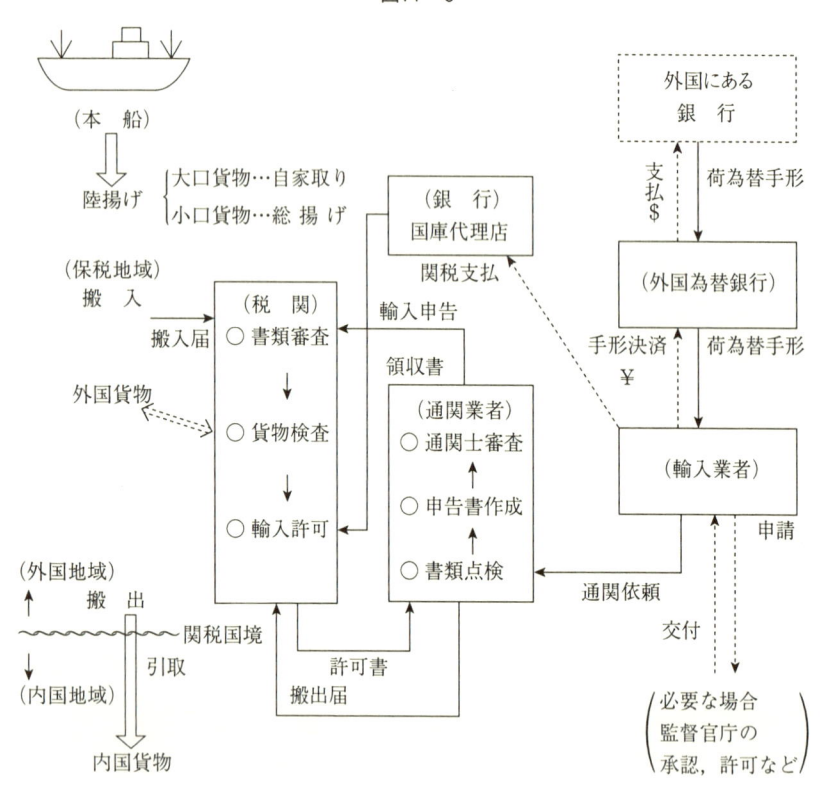

関業者及び銀行を1つのコンピュータのネットで結んだ **NACCS**（**Nippon Automated Cargo Clearance System：通関情報処理システム**）を通じて迅速な処理が行えるようになっている。

通関手続は図14－5からもわかるように，書類の審査と貨物の検査という2つの面がある。またその輸入品が有税品であるか無税品であるかによって関税の支払いの有無が生じる。有税品の場合には，関税定率法や関税暫定措置法等により定められた税額を国庫金納入指定代理店になっている銀行に所定の納付書により納税する。この納付書に受領印が押され領収書となったものは，税関長による輸入許可を受取る際に必要となるものである。

税関の申告には**外国貨物**（外貨ともいう）を**内国貨物**（内貨ともいう）にする，いわゆる輸入通関の他に，外国貨物のまま保税蔵置場に保管するための手続である庫入れ申告，外国貨物としてA保税地域からB保税地域への移動をするときの手続である保税運送申告などもある。その他に次のような手続が必要な場合に応じてなされる。

①指定地域外検査……申請に基づき，許可されたものについては，税関の所定の検査場以外での出張検査も可能。（移動困難な大きな物や散積貨物など）艀中検査や本船検査なども行われる。

②臨時開庁……事前に申請し，許可を得て税関の正規の執務時間外に通関業務を行うもの。

③許可前引取り……税率等の決定がすぐに出来ない場合，予定される関税額に見合う担保を差し入れて，正式に輸入許可が出る前に貨物の引取りを許可してもらう。後日，税額が確定した時に納税すると担保に差し入れていた供託金は返還される

１）輸入の評価申告

当該取引の取引当事者が特殊な関係にある場合，たとえば本支店関係であるとか，親子関係であるとか代理店関係であるなどの取引では，一般的にそれ以外の特殊でない関係での一般の取引価格より低い特殊価格が適用されているのが通常であるので，貨物の輸入申告に先立って，当該輸入取引がどのような形態であり，そこで取引されている価格がどのような性質のものであるのか，言い換えれば，仕入書としてのインボイス価格が課税基準額の算定としてどのように評価をしたらよいのか税関として判断しなければならない。そこで，輸入業者に輸入の評価申告というのをまず行わせる。これには個々の輸入申告についてそのつど申告する個別評価申告の方式と，一定の取引についてはあらかじめ一括して申告しておく包括評価申告の方式とがある。後者においては，輸入申告の際にはその包括申告の受理番号を記載するだけでよい。

税関はその取引の形態に応じて，取引価格が何らかの割引ないしは値引き価格であるとすれば，その取引価格に一定の**補正**（マークアップ）をして課税基準

額とする。たとえば，代理店などで，実質値引きが5パーセントとみなされると，IP×1.05（インボイス価格の5パーセントアップという意味）とされ，インボイス価格がCIF相当額で10,000ドルとすれば，課税基準額は10,500ドルで計算しなくてはならないことになる。

　2）関税率と税額計算

　無税のもの（個人用の身の回り品や引越荷物など）を除いてすべて，品目ごとに決められた関税率によって課税されることになっている。もちろん申告納税制度であるから，本人が正しく申告しなくてはならない。しかし，関税率は一品目について1つだけというわけではない。多いものについては4段階の違った税率が設けられているのである。現在のわが国で適用されている税率は次のようなものであり，それぞれ違った税率となっている。

　①基本税率……国定税率 National Tariff（関税定率法による）
　②協定税率……ガット税率 Conventional Tariff（ガット加盟国間の取引に適用される条約税率）および FTA や EPA 締結国からの貨物に適用
　③暫定税率……一時的に適用する税率 Temporal Tariff（関税暫定措置法による）
　④特恵税率……Preferencial Tariff 特定国の特定品目について，ある一定限度までの輸入については特別に低率のあるいはゼロ税率の関税をかけるというもの。

　ガットは原則的には自由貿易，互恵の原則に反するものであるとしてこの特恵関税を認めていない。しかし，近年，発展途上国からの要求が高まり，わが国でも一部認めている。

　暫定税率を除いて関税率のうち適用しうる最も低い税率のものから順に適用される。便益関税は税率的には協定税率と同じものが適用される。これはガットに加盟していない国からの輸入であっても，相手国がわが国からの輸出品に他のガット加盟国からと同じ協定税率を適用してくれている国に対しては互恵の立場から，わが国においてもその国からの輸入品には他のガット加盟国と同様の扱いをすることにしているからである。

　関税額の計算は単純化すると次のように表せる。

CIF相当額 × m × r × c ＝ 関税額

ここでm＝関税評価によるマークアップ（5％の補正であればm＝1.05），r＝関税率表による適用税率，c＝円換算レート（前週の金曜日に翌週適用される換算レートが発表される）。課税基準額はすべてCIF相当額が基準になるので，FOBで輸入した場合には，着払い運賃の領収書と保険料の領収書を提出しなくてはならない。

内国消費税も，輸入価格が蔵出し価格とみなされるので，輸入申告の際に同時に納付する。この課税基準には上で計算した関税額も含まれることに注意しなければならない。即ち，その計算式は，

{(CIF相当額 × c) ＋ 関税額} × t ＝ 消費税額

ここでc＝円換算レート，t＝内国消費税率

このようにして計算した2つの税額を合わせて納付することになる。

3）特殊関税制度

相手国の不公正な貿易や輸入量の急増などにより自国の産業が被害を受けているときは，WTOも対抗措置として次のような特殊関税を課すことを認めている。わが国では「関税定率法」や「関税暫定措置法」により，特殊関税制度として設けられている。

a）相殺関税

外国で生産または輸出に対して直接または間接に補助金を受けている貨物の輸入により，わが国の生産者等が損害を受けた場合，その補助金額を上限に相殺するために掛けられる関税。

b）不当廉売関税

通常の取引価格である正常価格よりも低い価格（不当廉売価格）で輸入されることにより，わが国の生産者等が被害を受けた場合，その正常価格と不当廉売価格との差を限度として掛けられる関税。

c）報復関税

WTO協定上の利益を侵害したり，わが国からの輸出に対し他の国からの輸出より不利な扱いをしている国に対して，対抗措置として課すことが認められ

ている関税。

  d) 緊急関税

　輸入の急増によりわが国の産業が被害を受けている場合，わが国の産業を保護するために緊急に課すことができる関税。

輸入 AEO 制度

　通常の輸入通関では輸入申告と関税の納付申告は同時に行われなくてはならないが，コンプライアンスとセキュリティの面で税関長が審査をして優良輸入業者として認められた場合，特例としてこの2つの申告を分離して行うことが出来る。

  a) 特例輸入申告

　通常の輸入申告は貨物が陸揚げされ，保税地域に搬入されてから行われるが，特例輸入申告では貨物の陸揚げ前に輸入申告と輸入許可を受けることができ，関税の納税申告は輸入の許可を受けた月の翌月末までに納付すればよい。この「特例申告」は通関の迅速化という要求から設けられた制度で，貿易の促進に貢献している。

  b) 認定通関業者による輸入申告

　コンプライアンスとセキュリティの面で税関長が審査をして優良通関業者として認定されている優良通関業者に輸入申告を委託した場合も上記と同様に，輸入申告と納税申告を分離して行うことができる。ただし，輸入申告は貨物の陸揚げ前に行えるが，輸入の許可は貨物の保税地域への搬入の後になる。関税納付は上記と同様に輸入の許可を受けた月の翌月末までに納付をすればよい。

　こうした分離納税を認められた場合には，納税期間の延長期間は通常の3ヶ月から2ヶ月になっている。

（4）特殊輸入

　以上述べてきたものは通常の商業ベースで輸入される場合を中心としてきた。補足説明を要するものが2，3あるのでここでそれらを簡単にまとめておく。

1）無為替輸入

　商品見本やクレームの処理のための代金支払いを要しない輸入で，基本的な手続はほとんど同じであるが，一部の商品を除いて，輸入承認は税関長において行うことが出来ることになっているなど，手続上簡素化されている。「外為法」の改正により，外貨債権の回収義務が免除されてからは，無為替輸入は以前のように面倒なものではなくなった。また，小さなもので，郵便小包みなどで送られてきたものについては，通常，受取人本人が国際郵便局内の税関出張所へ出向き，簡易申告制度で輸入申告をすることが出来る。海外旅行から帰ってくる時の別送品などについても同様に簡易申告制度が適用されている。

2）並行輸入

　最近ではこの言葉もポピュラーになってきたが，1972年以前においては関税定率法第21条による輸入禁止品目として並行輸入は認められていなかった。つまり，代理店の持つ商標権が侵害されると考えられたのである。即ち，代理店経由以外の輸入品については真正品かどうか確認出来ないため，商標の持つ品質保証の機能が損なわれてしまうということが理由であったが，当然それは代理店による独占権益を守ることが目的であった。ところが，この独占行為が公正取引委員会から問題にされたため，裁判所の判断も従来の代理店の権益保護の立場から180°転じて，第三者による真正品の輸入を認めるようになったのである。つまり，商標権の保護の直接の対象は商標の持つ識別機能と品質保証の機能であるから，代理店が輸入するものと同一の商品を第三者が輸入しても商標権の侵害——そのブランドの信用性を傷つけること——にはならないと考えられるようになったのである。

　こうして今では並行輸入は法的にも認知され，広く行われるようになり，デパートでも同じ銘柄の洋酒などが「並行もの」と「代理店もの」として二重価格で売り出されているというのもめずらしくなくなってきている。その仕組みを図にしてみると次の図14−6のようになる。

3）その他

　委託加工貿易・逆委託加工貿易などもますます盛んになり，分業化，協業化

図14－6

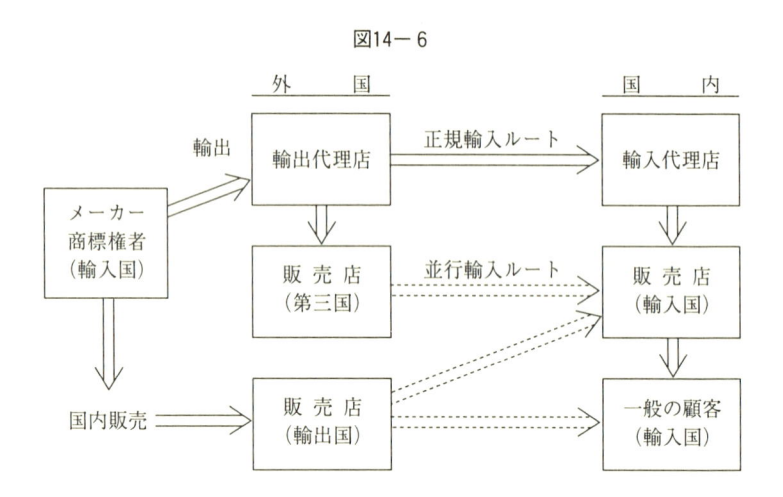

```
                    外　国                           国　内
        輸出   ┌──────────┐  正規輸入ルート  ┌──────────┐
       ┌─────→│ 輸出代理店 │───────────────→│ 輸入代理店 │
       │      └──────────┘                 └──────────┘
┌──────┴──┐        │                              │
│ メーカー │        ↓                              ↓
│商標権者  │   ┌──────────┐  並行輸入ルート  ┌──────────┐
│(輸入国) │   │  販売店  │ - - - - - - - →│  販売店  │
└──────┬──┘   │ (第三国) │                 │ (輸入国) │
       │      └──────────┘                 └──────────┘
       │           ↓                              │
       │      ┌──────────┐                        ↓
       │国内販売 │  販売店  │ - - - - - - - →┌──────────┐
       └─────→│ (輸出国) │                 │ 一般の顧客│
              └──────────┘                 │ (輸入国) │
                                           └──────────┘
```

が世界的規模で進展する中で，こうした形式の貿易の比重は大きくなっていくであろう。海外の**合弁会社**（**Joint Venture**）や子会社（Subsidiaries, Subsidiary Company）などによる逆委託加工貿易や外国企業からの委託加工貿易など，いわゆる**OEM**（Original Equipment Manufacturer：**相手方ブランドによる受託生産**）**方式**によるリスクの軽減と製品ラインの充実という，従来では相反することを両立させる企業努力がますますもってこのような方向を強めていき，世界企業（Global Enterprise）ないしは**多国籍企業**（**Multinational Enterprise**）の方向を目指す企業が多くなっている。

また，仲介貿易や中継貿易として，わが国に仮陸揚げされたり，保税蔵置場への庫入れをしたりという"輸入"も増えてきている。これらは本来の意味での輸入ではないが，貨物は日本領土内を通過していくので，貨物の積下しは日本で行われる。仲介貿易ではこのようなことはないが，外国為替は少なくとも日本にかかわることになる。

以上，簡単に述べてきたが，貿易は奥深いもので，詳しく述べ始めたらきりがない。最近では，目に見えない貿易，即ち，サービス貿易も増大してきているし，商標権や**工業所有権**（**Industrial Property**）といった無体財産権（Intangible Property）の取引も多くなってきている。2001年から始まったドーハラウンドもこうした面での国際的ルールづくりをしようとしている。そこでは特許

（Patent）やノウハウ（Know-how）といったものが大きな役割を果たしている。これらの取引については本書では取扱いきれなかったが，それらの問題はより上級の専門書が多数あるので，そちらに譲ることにし，これで貿易の一応の流れを理解するという当初の目的は達せられるものと期待する。

7．クレームとその処理

取引が無事に終われば前節までの知識で十分足りるわけであるが，現実には当事者の故意または過失あるいは不可抗力により，契約通りの品質，数量の商品が輸入者の手許へ到着しないということが生じうる。ここに**クレーム**（**Claim：損害賠償請求**）という問題が生じる。これは生じないことが当たり前だし，そう希望しているが，皆無とすることが出来ないのもこの問題の特徴であり，やっかいな点である。

（1）クレームの原因

クレームの発生原因
　①売買当事者間の意志の疎通を欠いたため
　②売り手または製造業者による過失
　③買い手による過失
　④輸送中や保管中における変質，品質劣化
　⑤積込み，輸送時における何らかの事故
　⑥買い手の悪意による
　⑦売り手の悪意による

クレームとなる事由
　a）品質不良（Inferior Quality）
　b）品質相違（Different Quality）
　c）不完全包装（Bad Packing）
　d）破損（Breakage）
　e）着荷不足（Shortage）や不着（Nondelivery）

f） 船積相違（Different Shipment）
　　g） 船積遅延（Delayed Shipment）
　　h） 法規違反（Breach of Control）
　　i） 解約（Cancellation）
　これらを，分類すると，当事者の責に帰せられるかその過失によるものと，当事者の責に帰せられない事故や不可抗力によるものと，当事者の悪意によるものとに分けられる。その発生原因により，その解決方法もまた異なってくるので，以下その発生原因により3つに分けて説明しておく。

（2）クレームの種類
1）貿易クレーム（Trade Claim）
　前記の当事者の責に帰せられるものを一般に貿易クレームと呼んでいる。これは前述の原因，①，②，③，④の他に輸出者の不馴れ，製造業者の手違い，不十分な梱包，輸入者の思い違いなどによるもので，当事者間の誠実な対応と話し合いにより解決することが望ましい。この中には発注者のミスにより，品番や色指定番号，カタログ番号などの読み違いや単純な事務的な手違い，誤記，タイプミスなどによって生じるものもあるので，輸出者が注文書を受取ったならば，引合やオファーでやりとりしていた製品と同一物であるかもう一度チェックする必要があり，こうした努力がこのようなクレーム発生の未然防止に役立つのである。こうした事務的な失敗は受注者である輸出者の側でも起こりうる，メーカーや工場への注文や指図の上でも起こりうるので，こうしたミスは相互の密接な連絡でしか防止出来ない。もし不審な点に気付いた時には，勝手な解釈をせずに，必ず相手に連絡をとって確認する労を惜しんではならない。
　両当事者の通常の注意では防止出来ないということもある。たとえば従来の輸出標準梱包（Standard Export Packing）で船積したのに，航路の違う船積をした新規顧客への商品に，梱包不適による品質劣化などのクレームが生じることがある。
2）保険クレーム（Insurance Claim）／運送クレーム（Transportation Claim）
　当事者の責に帰せられないような事故，不可抗力による場合，その損害は保

険で填補することになるので，一般に保険クレームと呼ばれている。原因は荷役作業中の事故や，航海中の海難事故や船員による悪行や海賊行為や戦争，ストライキなどによるもので輸送中の単独海損及び共同海損による損害や倉庫保管中の事故による損害などである。原因は天災によるなど不可抗力によることが多く，少なくとも輸出者には何の責任もないにもかかわらず，買い手の財産である船積貨物が失われてしまったり，損傷を受けたりの損害を受けているわけであり，損害賠償請求をする相手が具体的に見つからないということになる。それゆえ，そのような財産的損害に対する補償を目的として契約してあった保険に基づき，保険会社へクレームすることとなるのである。

3）マーケット・クレーム（Market Claim）

貨物には現実には損傷がないにもかかわらず，輸入者の悪意により，たとえば市況の急激な変動や流行が過ぎてしまうなどにより，当該商品の必要度が著しく低下したり新製品の発表などにより，価格が急落したなどの理由から，また，輸入者の金融上の都合などにより輸入者が貨物の引取りを何らかの理屈をつけて拒否することによって生ずるもので，擬装クレームともいわれる。理由が理由であるだけに，まず円満な解決は望めない。商品には何の損傷もないのに，梱包が汚れているとかケチをつけて大幅な値引きを要求してきたりすることもある。悪質な業者などでは，はじめからそのつもりで注文してくることもある。輸出者は不払いにされたら，相手国に到着済みとなっている貨物を再び積戻す手続をしなければならないなど，費用と手数がかかることになり，多少の値引きで済むものであればそうした追加的な費用を考えれば同じようなものであると考え，大幅な値引き要求をのんでしまうということをねらっているのである。現に，代理店も支店もない所では，積戻しのための手続すら簡単には行えないわけで，そうした輸出者の弱みにつけ込んでこうした法外な要求をしてくるのである。

(3) クレームの処理

貿易クレームの場合には当事者間の円満な話し合いで解決する**和解**（Compromise）で解決するのが大原則であるが必ずしもすべての場合においてそう

うまくいくとは限らない。そのような場合には全体の利益を考えてクレームの請求権を放棄（Waiver）することもあるし場合によっては第三者に間に入ってもらって解決するしかないが，その第三者のかかわり方により次のように分けられる。

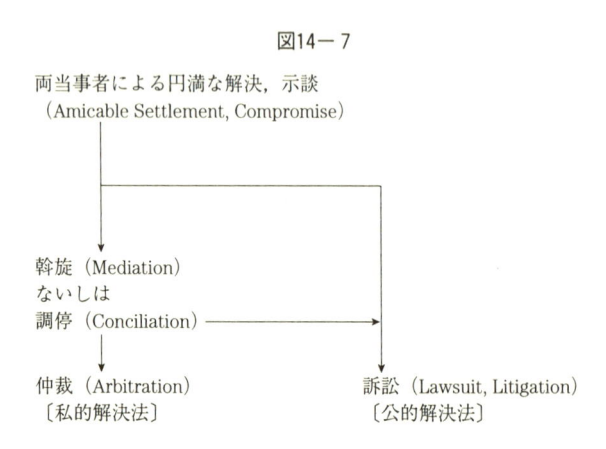

図14－7

両当事者による円満な解決，示談
（Amicable Settlement, Compromise）

斡旋（Mediation）
ないしは
調停（Conciliation）

仲裁（Arbitration）　　　　　訴訟（Lawsuit, Litigation）
〔私的解決法〕　　　　　　　〔公的解決法〕

1）斡旋・調停（Adjustment・Conciliation）

当事者間の直接交渉が不調な場合，どちらかの当事者の関係する有力商社なり，銀行あるいは商工会議所などに依頼して解決を図るものである。しかし，その解決案には拘束力・強制力はないので，どちらか一方が拒否すれば失敗に終わるわけで，その場合には次の解決策を考えなければならない。その場合，私的な機関による解決方法をとるか，公的な機関による解決方法をとることになる。

2）仲　　裁（Arbitration）

私的解決方法として，斡旋・調停に次いで行われるもので，これが最終的なものとなる。斡旋や調停と違って，両当事者が合意した第三者により行われるもので，両者は共にその**裁定（Award）**には服従しなければならない点で，斡旋・調停と大きく異なる。こうした商事仲裁を専門に行うものとして，わが国には**国際商事仲裁協会**（Japan Commercial Arbitration Association）というのがある。クレームが生じてからどちらの側にある仲裁機関に依頼するかを決めよう

とすると，そこでもまた争いになるおそれがあるので，通常，取引を始める際に，一般的な取引に関する諸条件を取決めておき，その「一般的取引条件に関する約定書」（Agreement on General Terms and Conditions of Business）の中の一項として**仲裁条項**（Arbitration Clause）を入れておき，問題が生じた時には，両当事者間での話し合いによる円満解決を図るが，それが不調の場合にはどこの仲裁機関による仲裁をもって解決するかを前もって取決めておくのである。

この仲裁によって出された裁定は確定判決と同様の効力を有し，相手がそれに沿った解決に応じない場合には裁判所に申し出て執行判決を得ることが出来るものであり，その判断をくつがえすことは出来ないものである。

3）訴　　訟（Lawsuit／Litigation）

私的な解決法に対し，公権力の判断によって解決しようとするもので，はじめから訴訟に入ることもあるが，調停の結果を不服として裁判で争うという方向に向かうこともある。また，逆に訴訟の途中で裁判官による斡旋や調停で解決するということもある。

訴訟の場合，第一審による**判決**（Judgment）に不服であれば第二審へと控訴する道がある。しかし，そのことは逆に解決までにより長い時間がかかるということを意味するので，費用の面だけから考えれば訴訟は不利な面がある。

従って，特許などの工業所有権や知的所有権などの権利の保護，確認など，後々に同様の問題が再び生じないようにする場合には訴訟で黒白をはっきりとさせておくということもあるが，一般的な売買では通常，費用と時間のかかるこうした方法をとらず，私的な機関による解決法をとるのが普通である。

最後に，クレームの最良の解決方法は，クレームが生じないように十分な注意を払うことである。そして，不幸にして生じてしまった時には，誠意をもって解決することである。時にはそれによってさらに信頼関係が深められるということもあるから，単に相手のクレームを拒否するばかりでなく，災い転じて福となすくらいの気持で解決にあたる方が長い目で見てより賢明であるように思われる。

（4）保険求償

　海上輸送中や荷役中の何らかの事故による損害については最終的には保険会社へ請求して，保険金の支払いを受けて解決する方法をとる。

　貨物が輸入地に着いて陸揚げされる時に異常が発見されると**ボートノート**（**Boat Note**）または**検数表**（**Tally Sheet**）に注書き（Remarks）が付いている。荷役会社または船会社から通関業者を経由して輸入者に通知されるので，輸入者はただちに保険会社に連絡をする。保険会社はすぐにはクレーム請求を受付けないから，船会社もしくは荷役会社に対してまず第一義的責任のあるものとしてクレーム請求の手紙（Claim Letter）を出す。船会社は運送約款を盾にとってクレーム請求を拒否する旨の返事を出してくる。この返事と先に出したクレームレターの写しを添えて保険会社に求償手続をとる。もちろん，この間にその損害高について**公認鑑定人**（**Authorized Surveyor**）による損害額の鑑定も行っておく。

　最終的な保険金支払額の決定は，この鑑定人の作成した**鑑定報告書**（**Survey Report**）に基づいて計算されることになる。この保険会社への求償は本船からの荷下し完了後60日以内になされなければならないことになっている。通常の取引でよく用いられているFOBやCIFなどのような積地条件のものでは，これらの手続は一切輸入者が行わなければならない。もちろん，CIFの場合には輸出者が契約した保険証券を譲り受けていなければこれらの手続はとれないのは言うまでもない。

（5）マーケット・クレームの処理

　この種のクレームは先にも述べたように，相手方の悪意によるものであるから，そもそも円満な解決ということは望めない。解決方法としては，唯一つ，そうした相手に引っかからないように注意するということだけである。そのためには，取引を最初に始める時，十分に相手の信用調査をしておく必要があるわけで，それによって事前にチェックをしていく以外によい解決方法はないのである。その意味でも，信用調査の重要性ということがあらためておわかりいただけるものと思う。

第六編　海外投資と環境問題

第15章
海外投資

1．直接投資と技術移転の問題

　直接投資（Foreign Direct Investment：FDI）とは，企業が自社の事業活動を拡大するために，海外に生産や販売の拠点を設置することで，その進出方法には大きく分けて次の方法がある。その際に考慮しなければならないのは，現地国（投資受入れ国：Host Country）の為替政策，金融政策，関税政策，雇用政策や外資政策と自社の資金対策及び技術移転の問題とリスク管理である。進出先の国によりどの項目を重要視するかは違ってくる。概して，先進工業国では政策は安定的であり，外資に対しては開放的で，進出する際のリスクは小さいといえる。反面，人件費の高さや，市場の成熟さや競争が激しいというデメリットがある。逆に，NIESや途上国では，政府や政策が不安定であり，治安の心配があるが，市場は開拓の余地があり，人件費は低く抑えられるというメリットがある。

　最近では，大手銀行が中小企業の海外進出を資金需要に応えるだけでなく，工場の立地選定や現地の法制度に基づいた人事労務管理について助言するサービスを始めた。提携先の現地銀行と協力して進出企業を支援する銀行もある。

（1）全額出資新規設立方式

　企業が必要資金を用意して，直接的に市場に関与するために現地に子会社，

工場，または支店を設立して事業を海外にまで拡大するものである。
　資金的な面でのリスクを除けば，技術の移転に伴うリスクは小さい。ただし，受入れ国の外資の受入れ度（途上国では一般的に外国資本の進出に対して，制限をしていて，受入れ度が低い場合が多い），労働者が外資系企業で働くことに対して不安や嫌悪感を持っていないかなど，雇用面での不安がある。現に日本では，戦後しばらくは外資系企業で働くことに対して差別的な意識があった。そのため，人材確保に高い賃金が払われたのである。

（2）現地企業買収方式

　上記の場合と同じく資金面でのリスクを除けば，技術移転のリスクは小さい。ただし，上記の場合に加えて，さらに企業文化の問題がある。まったく新規に設立される企業では，既存の企業文化というものがないので，文化の衝突という問題は発生しないが，既存企業を買収するとなると，買収する企業の文化と買収される企業の文化が違っているので，従業員にカルチャーショックが起こる。それは良い場合もあるが，悪い場合も当然ある。もちろん，買収される企業が国防関係やその国の基幹産業である場合には，政府による反対や，法令により外国資本の出資比率を一定以下に制限している場合が多い。

（3）合弁事業方式

　進出に伴うリスクの分散や資金負担の軽減，あるいは受入れ国側での外資規制などの理由により，進出企業が1社ではなく，複数社によって設立される事業活動で，進出先国の企業と手を組んで行われることが多い。出資の割合は折半出資のものから，どちらか主導権を握る企業が多く出資するという形のものまで様々である。資金面でのリスクは軽減出来るが，技術移転の面ではリスクが高くなる。即ち，持ち込んだ新技術がすぐに流出してしまう危険があることと，出資比率を進出先国の企業が高めることにより，経営権を奪われてしまうことによって，技術の流出が起こるからである。
　戦後しばらくの間，1980年に資本の完全自由化がされるまでは，わが国でも

外資に対する規制が行われており，外国企業の進出に対して，分野によっては50％以上の外資による合弁ないしは株式保有を認めていなかった。現在中国で自動車産業が急速に発展し，外資の導入を進めているが，かつてのわが国と同様，50％以上の外資の出資は認めていないのが現状である。これは経営権は渡したくないが相手の持っている技術の移転を求めているからである。

直接投資には以上述べたような形態があるが，それに附随する技術移転については様々な問題がある。さらに労務管理や経営管理や財務管理といった問題も考えていかなければならない。それらを専門に扱うものとして国際経営学という分野がある。

2．間接投資

直接投資は，事業を行うものが直接海外で事業活動を行うために出資し，進出していくことであるが，間接投資は直接事業活動を行うことを目的とはしないで，株式や債券といった証券の取得を通じて，配当金や利息を得たり，またはそれらの売買を通じて売買差益である**キャピタルゲイン**（Capital Gain：資本利得）を得ることを目的とした投資であり，**証券投資**である。

事業会社も資産運用の1つの方法としてこうした海外投資を行っているが，その主役は金融機関であり，最近ではファンドといわれる資金運用グループが発達してきており，そうしたグループもこうした海外投資を積極的に行うようになってきている。最近では，日本の金利が低いことを利用して，日本で安い金利で円の資金を調達し，その円で米ドルを買い入れ，その米ドルを投資に回すという，いわゆる「円キャリー取引」とか「円借り取引」といわれるものが盛んに行われているようで，外国為替市場で円売りドル買いが多くなり，円安ドル高相場が必要以上に進んでいる1つの原因になっている。

このように，内外金利差が大きいと，高金利を求めて海外への証券投資は増加する。もちろん金利だけではない。収益性と成長性も大きな要素である。今中国ブームといわれている証券市場の活況は，中国の成長性に注目して投資資金が集まってきていることによる。中国への投資の急増にはもう1つ理由があ

る。それは為替相場の問題である。人民元の為替相場が実態以上に低く維持されているので、人民元が安いうちに買っておき、いずれ切り上げられるであろうから、その時高くなった人民元を売れば差益としてキャピタルゲインも狙えるという思惑も働いているからである。通貨の交換価値は両国の物価に依存するから、海外投資では物価の動向にも注意を払っていかなければならない。

3．リスクマネージメント

海外投資には様々な危険が伴うので、その危険をいかにコントロールしていくかという問題が重要になってくる。ここでは直接投資における危機管理の問題を取り上げる。

海外投資にかかわるリスクには先に述べたカントリーリスクが一番大きい問題であろう（第四編第9章参照）。直接リスクとしての非常危険と間接リスクとしての政策的危険があるが、当該国の政治的な問題と経済的な問題とから発生する危険であり、一企業ではこれをコントロールすることは出来ない。この危険を分散するものとして、独立行政法人日本貿易保険が行っている海外投資保険や新しく設けられた資源エネルギー総合保険などがある。規制緩和により、2005年4月からこれらの貿易保険も民間の保険会社が扱えるようになり、保険料が一部下がったものもある。しかし、それだけでは十分にカバーすることが出来ないので、もっぱら事前の調査、**フィージビリティースタディ（Feasibility Study：企業化の実現可能性調査）**をしっかりとすることが重要である。

その際に考慮しなければならない点として、立地の問題、資金調達の問題と技術移転の問題がある。

（1）立地の問題

企業の直接投資による海外進出で最も重要になるのが、進出先の選定である。その進出によって、企業はより高い収益を安定的に上げられることが大切で、それがなければ、危険を冒してまで海外に進出する意味がなくなってしまうわけである。その進出先選定で重要なのが立地の問題である。

1）地理的条件

その地域の交通の利便性を含めた**社会基盤（インフラストラクチュアー）**は重要である。原料の供給や製品の輸送に不自由な所や，エネルギーや通信が確保出来ない地域ではどんなに地代が安くても進出することは出来ない。また，産業によっては気候風土も重要である。精密産業では風の強い所や振動のある所は不向きであるし，高温多湿がよい産業もあれば，逆にそれは望ましくない産業もある。電力を大量に使う半導体産業では，豊富でかつ安価な電力が確保出来る所が望ましいので，日本では九州がシリコンアイランドといわれるように，他と比べて相対的に電気料金が安い九州に多くの半導体工場が立地されてきたのである。

2）人的資源条件

立地は単に地理的な問題だけではない。もちろんその地域のインフラは重要であるが，企業の生産活動にとって必要な労働力が確保出来る地域かも重要である。実際に進出する時の立地の評価に大きくかかわるものに，その地域の労働力の量と質である。日本の自動車産業が対米進出をする時に，進出先の選定で考慮したのは，雇用する労働者のUAW（全米自動車労組）の影響力の小さい所を選んでいったということである。それが結果的にデトロイトの相対的な地盤沈下をもたらしたのである。最近，インドがIT関連の企業の進出先として注目されてきているのは，インドには豊富なIT技術者がいるからである。

さらに民族感情とか人種問題，宗教なども考えなければならない。人的資源の問題は最終的には労働者の意欲や忠誠心ないしは愛社精神といった**ロイヤリティー（Loyalty）**の問題だからである。それが高められるかどうかが事業の成否に大きくかかわるのである。それには労務管理（人事管理）の問題も附随してくる。当然，それは機会均等，無差別，適材適所が原則で行われなければならない。特に外国企業の場合，あらゆる意味での偏見をゼロにすることは出来ないという現実があることも理解しておかなければならない。

(2) 資金調達の問題

　資金調達の方法は自社の株式を発行して増資するか，社債を発行して売却し，市場で直接資金を調達する**直接金融**によるか，銀行からの借り入れという**間接金融**によるものがある。どの方法を選ぶかはその企業の市場における評価と金融機関の評価による。市場における評価が高ければ，相対的に直接金融の方が低コストであろう。もちろん金額やその時々の金融市場の状態にもよるであろう。証券市場が堅調であれば発行価額（額面金額）と市場での売却価格との差額であるキャピタルゲイン（資本利得）を手にすることも出来る。このような資金調達方法はどちらかといえば大企業に向いている。

　それに対し，市場での知名度などはほとんどないような企業では，銀行からの借り入れによる間接金融で資金を調達しなければならない。この場合には比較的高い利子負担と，比較的短い返済期限という制約を受けることになる。それを回避する1つの方法として，政府系の金融機関である日本政策投資銀行などの貸し付けを利用することも出来る。

　次に，投資資金を国内で調達するか，海外で調達するかという問題がある。海外で調達する場合には，進出先の国で調達するのか，それとも第三国で調達するのかという問題もある。基本的には金利の低い国で資金を調達するのが望ましい。ただし，為替相場の変動が大きい場合には，特に長期で借り入れた場合，為替相場変動によるリスクは高くなる。現在，日本は先進国では最も金利の低い国である。そのため，欧米のファンドは低金利の日本で借り入れた円で米ドルを買い，その資金で中国に投資するような形をとっている。いわゆる「円借り取引」とか「円キャリー取引」などと呼ばれているものがこれである。現在は低金利で安い円であるが，円高がもし急速に進むようなことになると，大きな為替差損が生じ，内外金利差以上になると，ファンドの中には巨額の損失で倒産する所も出てくるだろう。

　このように，資金調達では金利や手数料などの調達コストと，資金調達の迅速性，容易性や為替相場の変動という間接コストの2つの要素からなるリスクを考慮しておかなければならない。

（3）技術移転の問題

　海外に直接投資をして現地生産をする場合，その生産活動で使われる生産技術についての情報流出という問題がある。即ち，**特許**（Patent）や**ノウハウ**（Know-how）あるいは商標やデザインといった工業所有権や知的財産権が守られるのかという問題である。

　企業が海外進出する時にはこうした自社で蓄積した情報を持っていく。進出先での生産の効率を考えると，最新の情報や技術を持っていくことになる。もちろん資本コストや賃金コストの構成比率が本国のそれとは違っているので，本国で採用している技術や生産方法をそっくりそのまま持っていっても必ずしも効率がよいとはいえない。スズキ自動車がインドで成功したのは，そうした現地と本国の違いを意識して，今のインドで最も生産効率が上げられる技術と生産方法を持っていったからである。それは1世代も2世代も古いものかもしれないが，現在ではそれがその国においては最適な方法であるからであり，現地の従業員に現時点での最適な技術や生産方法を会得させる必要があるからである。同時に，それは技術移転に伴うリスクを低減させることにもなっているのである。

　企業は進出先の事業所では1日も早く技術や生産方法をマスターして欲しいと思うと同時に，それが社外に流出して欲しくないと考えている。そこで重要になるのが情報管理や生産管理などのリスク管理である。進出先の国の法律制度などについて十分に情報を得て，専門家のアドバイスやコンサルティングを受けるなどの工夫をして，コピー商品などの流通には断固たる手段で対応していくことが必要である。国民意識と遵法精神の問題であり，それはその国の近代化——発展段階の程度によるものであるから，進出先の選定ではこの問題には十分考慮が払われなければならない。

　右の図15－1は生産の無差別曲線を用いて生産の最適技術の選択について説明したものである。縦軸に資本（K），横軸に労働（L）をとる。Iは自動車1台の生産の無差別曲線（等生産量曲線）である。資本豊富国であるA国は相対的に賃金が高く，資本コストは低い。反対に，B国は労働豊富国で，相対的に資

図15－1

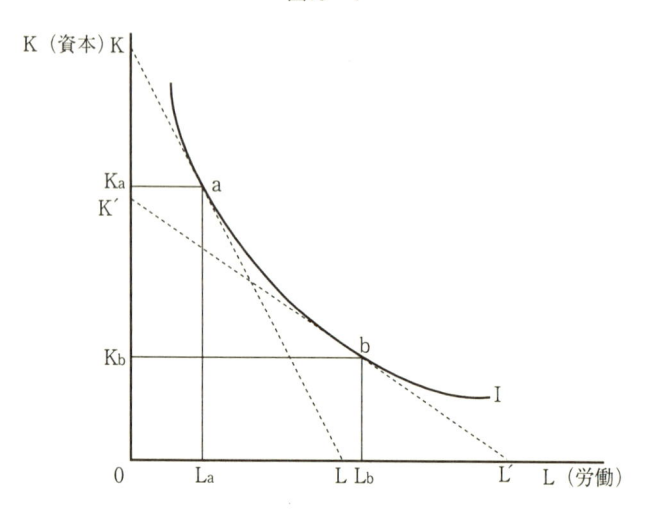

本コストは高いが，賃金は低い。当然，両国で選ばれる資本と労働の組み合わせの点は違ってくる。A国では予算線KLと無差別曲線Iが接するa点が最適点であり，B国では予算線K'L'と無差別曲線Iが接するb点が最適点である。資本豊富国であるA国では，資本K_aと労働L_aを組み合わせた点で生産を行うので，即ち資本を多く用いた生産方法が最適であり，労働豊富国のB国では，資本K_bと労働L_bを組み合わせた点で生産を行うので労働を多用する生産方法が適していることがわかる。

4．開発輸入

　最近，中国の輸出制限でレアアースの輸入が停止したことから，にわかに注目されるようになったのが開発輸入である。これは，日本から技術や資金を提供し，産出されたものを日本に輸入するというものである。以前から行われていたのは石油や天然ガスの開発輸入であったが，今ではそうした天然資源についてだけではなく，工業品や軽工業品にまで広げられている。最近ではレアアースやレアメタルからウラン鉱山の開発まで計画されている。これを大きく

分けてみると次の3つの類型に分類できる。

A) 天然資源獲得型

　資源の少ないわが国で戦後最も早くから始められた開発輸入の形態で，石油や石炭，天然ガスや液化天然ガス（LNG）と言ったエネルギー関連から，鉄鋼石やレアメタル，レアアースなどについてわが国への安定供給をはかることが主な目的であった。主として総合商社が中心となって進められて来たものである。

B) 製品開発型

　以前は逆委託加工の形で海外の生産者に生産委託していたものを，自ら生産者を育成したり，子会社を設立して，自社の製品を製造する企業が出て来た。ユニクロなどはこうしてコストを下げることに成功したのである。

C) 環境ビジネス型

　地球温暖化問題から環境問題に対する意識が高まり，新しいビジネスとして生まれて来たのが**排出権取引**（Cap and Trade）といわれるものである。**クリーン開発メカニズム**（Clean Development Mechanism：CDM）は，生産物の取引というよりも，その新しい技術の導入により削減できたCO_2の排出権を技術提供や資金提供の代償として手に入れ，それを日本の削減分にしたり，排出権を売買するものである。

第16章
国際環境問題

1. 環境保全と企業活動

　企業の生産活動やわれわれの日常の消費活動には3つの大きな外部性の問題がいつも附随している。最近まではそれが意識されるほど生産活動が大きくなかったため問題が表面化していなかっただけである。第1は天然資源の採取による環境破壊であり，これは企業の経済活動からみると入口の問題である。第2は生産や消費による環境破壊で，これは経済活動そのものから生ずる問題である。第3は生産や消費から出てくる廃棄物の処理からくる環境破壊の問題である。これは経済活動からみると出口の問題である。企業の海外投資にはこれらのすべての面でこの問題にかかわってくる。

（1）資源採取による環境破壊の問題

　天然資源の安定的調達のために，資源産出国の企業に出資したり，合弁企業を設立するために海外投資が行われる。単なる出資だけで，配当金の受取りや権益確保を目的とする間接的な証券投資のこともあれば，実際の事業活動を行うための直接投資のこともある。直接投資では，先にあげたリスク管理に加えて，環境保全からくるリスク管理も必要になってくる。最近では地球の温暖化の問題から，森林や海洋の資源の採取に対しても規制が厳しくなってきた。
　日本で枯渇した資源を海外に求め輸入しているものが少なくない。たとえば，建築用に使われる川砂利が日本では採取禁止になったため，韓国から輸入したが，韓国で川を掘り過ぎて橋が危険になり採取禁止になったことがある。このように，一国での環境破壊が他国に波及してしまうのが，環境問題に特有

なしかも厄介な現象である。

　環境問題に関心を持つ国では，こうした資源の乱開発に一定の歯止めをかけるための法律を制定し，環境保全に努めているが，発展途上国の多くがいまだそうした環境問題に関心を持たず，ただ生産の拡大のみに関心を持っている。

　最近では，森林の伐採制限や漁獲制限をするだけではなく，植林や養殖といった資源の再生や代替製品の開発の技術が進歩してきており，そうした面で海外に技術供与しながら直接投資も行っていく企業が増えている。日本の活路はこうした活動を通じて環境保全に貢献するというものになっていく必要があるであろう。

（２）生産や消費による環境破壊の問題

　生産や消費がある一定水準以下であれば，それから生ずる環境への負荷は自然の自己回復力によって解消されるのであるが，その水準を超えてしまうと，もはや自然の自己回復力では吸収しきれなくなり，環境の悪化につながる。

　今問題になっている地球の温暖化などもそうである。地球は常に放射冷却しているが，同時に多少の保温効果が大気にあるため，そのバランスにより生物にとって生存可能な環境が保たれているのである。そのバランスは太陽放射や地球内部の活動や自然の生物活動や人間の生産・消費活動などの微妙な関係の上に成り立っている。最近の環境問題の議論ではやや人間の活動が過大に取り上げられている感はあるが，バランスを崩す原因は少ないに越したことはないから，やはりこの問題は真剣に取組んでいかなければならない問題である。

　気候変動枠組み条約（FCCC）の第３回締約国会議（1997年）で採択された「**京都議定書**」（Kyoto Protocol）では，二酸化炭素などの温室効果ガスの排出量を2008年から2020年までの12年間で，1990年比で5.2％削減を義務付けている。その内日本は６％，アメリカは７％，EUは８％となっているが，アメリカは批准していないし，日本は削減義務を達成出来ていない状況である。自国での排出量を削減出来ない場合には，削減枠に余裕のある国から，その削減枠を買い取ることが出来るようになっている。これが「**排出権取引**」といわれるもので，

発展途上国は森林などが多いため排出枠に余裕がある場合が多い。先進国はそうした国から排出権を買って義務を履行しようとしているが，そうした温暖化ガスの大量排出国であるアメリカと中国が参加していないという大きな問題がある。

最近では，そうした「排出権」を必要としている企業に，排出権に余裕のある国や地域から「排出権」を購入して転売したり，取引を仲介するという新しいビジネスが誕生しており，日本の商社や銀行がそうしたビジネスに進出し始めている。

こうした**外部不経済**は生産活動から生じるだけではなしに，消費活動からも生じる。ヨーロッパではすでに環境税として「炭素税」が導入されているが，わが国でもそう遠くない将来，同様の環境税が導入されるであろう。これは税金をかけることによって，消費を抑制させ，それによって温暖化ガスの排出量を削減しようとするものである。

われわれの消費活動で排出される温暖化ガスで大きな比率を占めているのが自動車の排気ガスである。近年，自動車の環境規制が厳しくなってきたのと，原油価格の上昇によって，自動車の排気ガス削減の技術は飛躍的に向上した。ハイブリッド車や燃料電池車，コモンレール方式や様々な技術を駆使したクリーンディーゼルエンジンなどが開発され，環境負荷の少ない自動車が市販され，政府も補助金や税制上の優遇措置を講じて，そうした自動車の普及に力を入れている。

自動車の技術開発と同時に，最近急速に開発されてきたのがバイオ燃料である。植物由来のエタノールをガソリンに混合して燃焼させるもので，京都議定書によれば，植物はその生育過程で二酸化炭素を取り込んで酸素を放出しているので，その製品を燃焼させた時に生ずる二酸化炭素は排出量に加えなくてよいことになっている。ブラジルではすでにガソホールといわれるアルコール（エタノール）とガソリンの混合油が使われているし，アメリカでも５％エタノールを混合することが決まっていて，将来的には混合比率を10％まで高めていくようである。わが国でもエタノールを３〜５％混合したバイオ燃料を認めるようになってきた。わが国の混合比率も高められていくものと思われる。

また，てんぷら油のような植物油からバイオディーゼル燃料を効率良く造る

技術も開発され，コスト的にも十分採算が取れるまでになってきたようである。これらの技術とその製品の普及は地球の温暖化ガスの排出量を抑えるという点では確かに役に立つのであるが，バイオ燃料の原料になるサトウキビやトウモロコシの作付けを農家が増やしたため，他の農産物の作付けが減り，農産物価格が上昇するという思わぬ副作用が働いてしまったのである。生産物価格が上昇すれば，やがてその作付け量は増えるから，それは一時的なものかもしれないが，エネルギーか食糧かという選択が行われることになる。

（3）廃棄物処理による環境破壊の問題

われわれの生産や消費活動の結果生じるもう1つの問題に，廃棄物処理の問題がある。最近わが国では，自動車や家庭電化製品の一部で法律により資源のリサイクル化が実施されるようになった。廃棄物の処理費用をその製品を使用した人の負担としようとするものである。しかし，使用されなくなった製品の3分の1がリサイクルされないで，どこかに消えてしまっている。つまり外国へ資源または中古品として輸出されているのである。

数年前に，自治体が回収している資源ゴミとしての古新聞紙を民間業者が回収してしまい問題になったことがあるが，これは製紙原料としての古紙の内外価格に開きが出来たためである。自治体が回収した古紙は国内の製紙会社に原料として納入されており，国内の製紙会社は古紙よりも安い輸入のバージンパルプを使いたいので，古紙の仕入れ価格を低くしているためである。民間業者は国内市場よりも高く売れる外国市場へ輸出するので，古紙の確保をしたかったのである。経済活動を市場の自由な活動に任せておくのなら，より高い価格で売れる方に資源が配分されるのが望ましいのである。ただ，これをゴミ輸出と考えられるなら，排出国で処理するのが当然と考えられる。自治体の発想は従来から行っているゴミ処理の一環と考えているからである。

同じような問題が家庭電化製品でも生じた。大手量販店が回収費を顧客から取って回収した電化製品を，法律で決められた回収機構に乗せないで，自社で処理をしてしまったということが問題にされた。これも資源ゴミとして外国に

輸出されたのである。国内のリサイクルには費用がかかるのに対し，資源ゴミとして輸出すれば，逆に収入になるのである。廃棄物をゴミと見るのか，資源として見るのかの違いがここにもあるのである。

処理の難しいPCB（ポリ塩化ビフェニール）や，焼却処理をすると発ガン物質であるダイオキシンを発生させるプラスチック類などの廃棄物が，処理費用が安く済む海外に運び出され，汚染除去装置も不十分な施設で安易に処理されていた。日本で公害問題は発生しないが，その分外国で環境汚染が進むし，その度合いは処理技術の進んでいる日本よりはるかに汚染度が高いのである。

そこで，そうした廃棄物の国境を越えた移動を規制する条約が1992年に結ばれた。それが「バーゼル条約」である。日本も1993年に参加「特定有害廃棄物等の輸出入等の規制に関する法律」により輸出入については経済産業大臣の承認が必要とされるようになった。

これから一番大きな問題となるのは，原子力発電所から出る放射性廃棄物の処理であろう。耐用年数が過ぎた原子力発電所が解体されるようになると，高濃度に汚染された廃棄物が大量に出ることになる。早晩国内の処分場がそれをすべて受け入れきれなくなるとすると，海外に運び出すことになる。おそらく，貧しい国に経済援助と引き換えに受け入れてもらうようになるのであろうが，そのコストは現在考えられているよりもはるかに高いものになるに違いない。ここでも，処理技術と資金を持って行かないと受け入れてもらえないことになる。この放射性廃棄物の厄介な点は，それが決して資源ゴミにはならないで，純粋に廃棄物でしかないということである。従って，市場化が困難であるということである。

こうした環境問題は，公共財と同様であり，一部前述のような「市場化」の試みもなされてはいるが，外部性を「内部化」するには公共的な機関の介入は欠かせないのである。そのような意味で，一国内だけでなく，国際的にもそうした機能を果たす機関が必要である。環境保護のための世界共通の基準を創るという点で**ISO (International Organization of Standardization：国際標準化機構)** が，それらの基準に基づいて各国が義務を履行しているか，あるいは取引が公正に行われているか，監視したり貿易紛争の処理などの点でWTOの果たす役割は今後ますます重要となる。

2．資源管理とナショナリズムの台頭

　世界経済の成長による生産の拡大に伴う資源やエネルギーの需要の増加と資源の確保という国益の面から，資源ナショナリズムの考えが急速に拡がってきた。以前は**排他的経済水域**（**EEZ：Exclusive Economic Zone**）における漁業資源をめぐる紛争程度であったが，最近では地下資源，特に需要の多い原油や天然ガスなどの権益にかかわるものとして，より深刻なものになってきている。

　この問題の背景には，資源確保が国益に適うという，一見常識的に思われる偏狭な民族主義的思考が根底にあるのである。これは強大な国による支配の形態が崩壊する過程でよくみられる現象で，第二次世界大戦後の米ソによる冷戦の終結によって，この過程が始まったのである。

　支配－従属の関係は，支配者は他方を支配するが，同時に保護もする。これはこの関係の表裏をなすものであるから，支配だけして保護をしないということはないのである。このような関係が世界を支配していた間は，支配者も非支配者も自国の安全という意味で保護されており，なんら不安を抱く必要はなかったのである。だから資源の確保などということに頭を悩ます必要がなかったのである。ところが，2つの強大国がその支配力を失ってくると，支配－従属の関係が薄れるに従い，この支配と保護の関係も薄れ，多くの国が保護による安全から自前による安全確保が必要になってきたのである。これが最近のナショナリズムの出現の背景である。

　以上のような理由から，それぞれの国が自国の天然資源の管理に敏感になってきたのである。その問題を今後のわが国の貿易に大きくかかわる次の2つの面からみておくことにする。

（1）大国をめぐる動き
　1）アメリカにおける新保守主義（Neo-conservatism：ネオコン）の台頭
　中東における支配権の維持を狙って，イランで失敗したアメリカはイラクのサダム・フセインを使って湾岸地域の勢力の安定を図ろうとしていた。ところが，彼はアメリカの手先になる振りをして強大な軍事力を手に入れ，自身が中

東の実質的支配者になろうとしたので，1992年アメリカと戦闘状態になった。これが第一次湾岸戦争である。これを機に，アメリカ国内で石油こそ国家繁栄の要であるとして，資源ナショナリズムの考えが広まり，国民の支持を得るようになってきた。その流れは，2001年の9.11のテロ以降，一層加速され，その後，急速にネオコンといわれる思潮が台頭してきた。

　ネオコンの考えは，資源確保のみならず，貿易にも大きく陰を落としてきた。1980年代には日本との通商摩擦が，1990年代になると韓国と，そして2000年代になると中国との通商摩擦が起きている。米国通商法スーパー301条の適用や，ダンピング課税や様々な輸入規制を行ってきている。また，環境問題でも自国優先主義で，1997年採択された京都議定書も脱退し，国際的取決めなどで拘束されるのを嫌っている。

　政府がネオコンに支配されている間に，民間企業の方が，株主や顧客からの評価を考慮して，率先して環境問題に取り組み始めた。米有力企業が温暖化ガス削減のため**気候行動パートナーシップ**を創設。会員企業に温暖化ガスの削減を義務付けた。彼等は環境対策が競争力の源泉になることに気が付いたのである。

２）ロシアの対抗政策

　ソヴィエト連邦の崩壊後，旧連邦国家構成国が次々に連邦を離脱し，いわゆる西側世界に合流するようになると，それらの国にあった旧ソヴィエト連邦が所有していた地下資源に対して，旧ソヴィエト連邦の後継国家としての独立国家共同体（CIS）のロシアと資源保有国との間で権益をめぐって紛争が生じている。ロシアの国営石油会社であるロスネフチや天然ガス会社であるガスプロムなどが供給削減や販売価格の大幅な引上げなどを通じて圧力をかけ，株式の譲渡を迫り，ロシアの完全な国営企業にし，資源の確保と独占体制による価格引上げによる外貨の獲得を目指して資源外交を展開しているのである。

　また，パイプラインの敷設や油田やガス田の開発について，外国企業の出資比率を制限するなどして，資源の国有化を強く打ち出している。日本の企業も樺太での天然ガス開発に参加しているが，サハリン第一，第二ガス田の出資比率を引き下げられた。出資比率が下がると，産出ガスの引取量もそれにつれて

少なくなるので，それ以上の購入には市場価格で購入をしなければならなくなる。中欧や東欧においても同様の国有化政策を行っているが，このような一国のナショナリズムは他国のナショナリズムを誘発し，不安定な世界を造り出す。その不安定さのために投資リスクが高くなり，結局は投資の減退から投資不足となり，成長を阻害することになり，国益に反する結果になるのである。

NATO（北大西洋条約機構）の東方拡大というアメリカやEUの揺さぶりに敏感に反応している結果であるが，現在のロシア政府がとっている政策は，この西側世界からの揺さぶりに見事に振り回されていて，のせられてしまっているように思われる。それは明らかにロシアにとっても利益にならない。

(2) 日本をめぐる動き

戦後処理がまだ済んでいないロシアとは北方領土問題が残されたままである。領土問題を棚上げしたまま，日ソ両国は漁業資源についてのみ話合いで，相互の漁獲量を決めるという形で暫定的に処理してきた。

しかし，最近になって再び日本漁船を拿捕するようになり，ロシアにおける資源ナショナリズムが高まってきたことを示している。日本からの経済協力を引き出すための政治的アピールであるが，力を誇示して圧力をかけたり，不当な取引を要求するようでは，本当の意味での協力としての投資を呼び込めない。ロシアが北方領土問題を未解決にしておくことのメリットとして，外交カードとして役立つと考えていることと，将来の資源開発の可能性を手放したくないからである。

従って，世界における資源ナショナリズムの思潮が現在のように高まっている時には，おそらく日本が望むような形での領土問題の解決は困難であろう。せいぜい資源開発についての相互協力の名のもとに，資金提供をして必要資源を手に入れることくらいしか出来ない。これは資源の温存という意味ではよいかもしれないが，経済発展をしたいロシアにとっては必ずしも名案であるとはいえない。

次に問題となっているのが，日本海の小さな島，竹島をめぐっての韓国とそ

の領有権についての対立がある。日本は日韓平和条約で戦後処理は解決していると考えているが，韓国は竹島（韓国名独島）は韓国固有の領土と主張しており，永年日韓両国は領土問題は棚上げしたまま，現実の問題としては経済問題として漁獲量について話し合うという形で処理してきた。しかし，最近になって資源ナショナリズムの考えが強くなり，排他的経済水域内の地下資源が注目されるようになってきた。その理由の1つは，それまでの技術では開発不能な海底資源であったものが，技術の進歩により開発可能になってきたことが大きい。

　その海底資源開発が現実のものとして問題になっているのが，東シナ海での中国との経済水域の中間線付近における海底ガス田の開発問題である。中国は領海内での開発であると主張しているが，そのガス田は日本の領海内につながっているようである。それが1つのガス田であるとすれば，早い者勝ちでいいのかという問題がある。日本も同ガス田の日本領海内での開発を進める考えで，中国の出方を牽制しているが，地下資源の獲得競争が始まっている。

　一国の資源管理は，資源の独占的な権利の行使ではなく，乱開発や開発に伴う環境破壊を出来るだけ少なくするために必要なことであり，目先の利益のみに走るようでは，資源管理の責任者の資格はない。限られた資源を世界全体でいかに効率良く利用するかということが最も大切なことなのではあるまいか。現在の資源ナショナリズムの考えはこの方向に向かっているとは思えない。

　化石燃料を中心としたエネルギー・技術パラダイムの時代の最後を飾るものとして，今日の資源ナショナリズムが台頭してきた。地下資源に依存する経済から，やがて違った形の経済に向かうだろう。必要は発明の母といわれるように，人知は不足を克服してきた。富を保有するだけでは豊かになれないことをわれわれはスペインの歴史で学んできた。資源を保有するだけでは決して豊かな国にはなれないことをわれわれは認識しなければならない。

　前近代的なあの重商主義的発想が今でも信じられているということ自体驚くべきことである。平和的な通商によりそれぞれの国家が必要物を確保する方がはるかにコストが低く，より国益に適うということをわれわれは学習してきたはずである。

第七編　世界貿易機関（WTO）と地域経済協定

第17章
世界貿易機関

1．ブレトンウッズ体制とGATT

　先にも述べたように，第一次世界大戦でイギリスの覇権は実質的には消滅したが，それでもまだ形式的にはイギリスが中心の世界であった。アメリカは当時まだ新興国で，覇権国となるには十分な力を持っていなかったので，後継の覇権国が決まらない状態で，支配者のいない世界になっていた。イギリスはその衰退しつつある覇権を維持しようとして，1932年7月カナダのオタワでイギリス，カナダ，オーストラリア，ニュージーランド，南アフリカ，アイルランドと，当時植民地であったインドと南ローデシアの代表が集まりイギリス帝国経済会議を開いた。イギリス経済の救済と力の保持を図るため，一般通商問題と，通貨及び金融問題と，特恵関税問題が話し合われた。その目的は差別的経済体制の確立であり，それが関税同盟を中心とする経済のブロック化であった。このイギリスの動きに刺激されて，アメリカをはじめとして世界中で経済のブロック化が進んでいった。

　この経済のブロック化が第二次世界大戦の原因の1つになったことを反省し，連合国の代表が1944年5月アメリカ，ニューハンプシャー州ブレトンウッズに集まり，戦後の世界経済の復興と新しい枠組みについて話し合ったのがブレトンウッズの会議であった。この会議にはイギリス代表としてケインズも参加していたが，結局はアメリカ代表のホワイトの案を中心としてまとめられ

た。

　ヨーロッパの復興や途上国の発展のための比較的長期の資金供給を担当する機関として創られたのが**国際復興開発銀行**（International Bank for Reconstruction and Development：IBRD）（通称**世界銀行**：World Bank）であり，国際的な為替や通貨の安定と金融システムの安定のため短期的な資金の供給をする機関として創られたのが**国際通貨基金**（International Monetary Fund：IMF）である。そして，世界貿易の新しい枠組みの骨格を決めたのが**貿易と関税に関する一般協定**（General Agreement on Tariffs and Trade：GATT）であった。

　国際復興開発銀行と国際通貨基金は実行機関としての組織で本部もあったが，GATT は協定であって，実行機関としての組織ではなかった。GATT の精神を実行する組織を国連に設置しようとして，国連の一機関として**国際貿易機関**（International Trade Organization：ITO）を創る条約が結ばれたのであるが，アメリカの議会はその条約の批准を拒否してしまったのである。そのため批准を見送る国が次々と現われて，結局この条約は成立せず，ITO は幻に終わってしまったのである。

　GATT はそのようなわけで正式な機関ではなかったが，戦後の新しい世界貿易の枠組みを運営していかなければならなかったので，事務局や本部を設けて貿易の促進や紛争の処理を行ってきたのである。GATT はその原則である，自由，無差別，互恵，多角的な精神に基づいて世界貿易を発展させるために，全参加国による**多角的通商交渉**（Multilateral Round Negotiation：ラウンド）を重ねてきたのである。

　しかし，世界経済が発展し，企業の経済活動が国境を超えて活発に行われるようになると，GATT が当初想定していなかった様々な問題が現われてきた。特に貿易紛争の処理という問題では，GATT は国際的に正式に認められた機関ではなかったので，強制力を持っていなかったのである。そのため紛争処理に時間がかかったり，問題を処理出来ないという限界が現われてきた。この限界を克服するためにはやはり国連の正式機関が必要であるということから，ITO の復活が議論され，新しい組織として国連の正式な一機関として，81ヶ国が参

加して1995年に誕生したのがWTO（世界貿易機関）である。

[GATTによる貿易一括交渉の歩み]

ラウンド名	参加国数	開始年月日
第1回ラウンド	23	1947年
第2回ラウンド	13	1949年
第3回ラウンド	38	1950年
第4回ラウンド	26	1956年
第5回ラウンド（ディロン・ラウンド）	26	1961年
第6回ラウンド（ケネディ・ラウンド）	62	1964年
第7回ラウンド（東京・ラウンド）	102	1973年
第8回ラウンド（ウルグアイ・ラウンド）	123	1986年
第9回ラウンド（ドーハ・ラウンド）	150	2001年

2．WTOと多角的貿易交渉（ラウンド）

　第7回の東京・ラウンドまでは何とか関税の一括引下げ交渉が合意されたが，その後は先進工業国と発展途上国との利害の対立が激しくなり，ウルグアイ・ラウンドが妥結されるまで8年もの年月がかかったのである。そこで問題となったのは，農業補助金の問題や，工業所有権／知的財産権の問題といった従来からの議論で積み残してきた問題に加えて，投資の自由化や電子商取引や環境問題などが新たに追加されたのである。

　これらの問題の解決には強制力を持った国際的な機関で取扱われるべきであるという合意に至り，ウルグアイ・ラウンドの総仕上げとしてWTOの設立が合意され，設立されたのである。ITO設立構想から50年，ようやく念願がかない，国連の一機関として陽の目を見ることになったのである。

　GATTが発展的に解消して，新たにWTOが誕生し，新しい多角的貿易交渉がWTOのもとで2001年にドーハ・ラウンドとして開始された。合意達成目標年次を2005年としていたが，7年延長しても2012年中にも合意出来そうにない

状態である。交渉は遅々としているが，工業所有権問題にかかわる特許制度の共通化では進展がみられた。関税の上限引下げについても，日本国政府は不本意であろうが，高関税率の引下げに消極的な日本抜きで決まりそうである。しかし，依然として農業補助金の問題と，農産物の自由化の問題は残されたままである。

WTO における交渉に時間がかかるようになってきた背景には，参加国が多くなってきたということもあるが，問題が複雑になってきたことが大きい。かつては先進工業国と発展途上国の対立という一元的な問題であったが，最近では先進工業国間での対立——日本やアメリカや EU の間でみられるような農業補助金問題——も加わり，さらに途上国間での利害の対立——経済の発展段階の違いにより利害が一致しなくなってきている——という問題も加わり，それがまた先進工業国の利害とも相容れないという，多元的な対立関係になってきているからである。各国が自国のエゴを捨てなければ，問題解決に道はない。

GATT や WTO のラウンド交渉は原則全会一致で決めることになっているため決着までに時間がかかることが多い。問題処理を急ぐ国や地域では，当該国や地域との二国間ないしは数ヶ国間の特定国同士の協定に解決の場を見つけようとして FTA や EPA が締結されてきている。それは GATT の無差別の原則に抵触するおそれがあるが，企業が国をまたいでの分業体制を機能させようとすれば——当然それは当該国の利益とも結び付いているのであるが——通商の拡大に資するという表向きの口実に正面から反対することは出来ない。WTO は大きな希望と力とを与えられたが，同時に大きな責任と，その巨体ゆえに小回りが利かないというジレンマに陥っているように思われる。WTO が有効に機能しえないと多くの国が考えるようになれば，それぞれの国や地域はそれぞれの地域経済協定に向かっていってしまうだろう。それではブレトンウッズの反省会の意味がなくなってしまうのではないだろうか。

第18章
地域経済協定

1. EU（欧州連合）の誕生

　第二次世界大戦後，米ソの2大国の登場によって相対的に弱体化したヨーロッパの立場を強化しなければならないとして創られたものが欧州共同体であった。その母体となったものの1つは**欧州原子力共同体（ユーラトム：EURATOM）**であり，もう1つがベネルックス三国の関税協定に始まる**欧州経済共同市場（EEC：European Economic Common Market）**であった。

　EECは1958年に発足。1992年には12ヶ国が参加してローマ条約により，**EC（European Community：欧州共同体）**が発足した。1993年にはマーストリヒト条約により**EU（European Union：欧州連合）**設立について合意。経済ブロック化から脱して，ヨーロッパは経済的には1つの国になるという当初の目的に近づいていった。1995年には参加国も15ヶ国となった。1999年には11ヶ国が参加して通貨を統合し，新しい通貨単位であるECU（European Currency Unit：欧州通貨単位）を採用。統一通貨の制定に向けて一歩前進していったのである。そして2004年1月より統一通貨**ユーロ（EURO）**が誕生した。しかし，イギリスはこの通貨統合には参加せず，自国通貨のポンド（Sterling Pound）を維持している。

　その後EUは拡大の一途を辿り，旧東欧やバルカン諸国の一部も入って，2006年には参加国は25ヶ国となり，さらにその数は増加しようとしている。EUはこのようにして成功をおさめつつあるが，その成功のゆえにまた新しい問題を生み出しているのである。1つは内部的な問題であり，もう1つは外部に与える影響であった。

　内部的には，加盟国が多くなるにつれて各国の利害調整に時間がかかるよう

になったことと，EU内部での地域間格差の拡がりである。これは組織の宿命で，EUはそれゆえ，加盟のための条件を厳しくしているが，加盟を希望する国は後を絶たない。ロシアに対しても，アメリカに対しても力を保持していきたいという政治的な思惑もあって，拡張もしたいがそうした内部における対立が生じることは避けたいという両方の思いが複雑に交叉しているのが実情である。

外部に与えた影響としては，EUの成功に脅威を感じて対抗しようとする反応と，その成功をお手本にしようとする反応とがあった。対抗したのがアメリカであり，お手本にしようとしたのがANCOM（アンデス共同市場：Andes Common Market）やMERCOSUR（南米南部共同市場：Mercado Comun del Cono Sur）あるいはASEAN諸国が目指しているAFTA（アセアン自由貿易地域：ASEAN Free Trade Area）やさらにその先を見つめたAU（アジア共同体：Asian Union）構想である。

脅威を感じたアメリカはカナダとメキシコの3国の間で1994年**NAFTA**（**北米自由貿易協定：North-American Free Trade Agreement**）を締結，ヨーロッパに対抗しようとした。カナダにはアメリカ企業の工場や下請けの企業が多く，関税なしで物資が移動出来るのはアメリカ企業と同様にカナダにも利益があった。また，メキシコには安い労働力が沢山あり，アメリカ企業が進出するには関税の問題があったが，これが解消出来るのと，メキシコにも産業誘致による工業化や経済の成長発展に好都合であったので，各国の利害が一致したのである。

このアメリカの動きに刺激されたのが中南米の諸国であった。彼等はNAFTAに対抗する必要があり，EUの成功が1つの見本となって，MERCOSURやANCOMが創られていったのである。しかし，メキシコでは米国製品の流入や農業など国内産業にしわ寄せがあり，一部に不満が出てきていることも事実である。アメリカは南北アメリカ全域にまたがる自由貿易地域であるFTAA（Free-Trade Area of The Americas）を1994年にクリントン大統領が提唱したが，この巨大な経済ブロックは未完成に終わった。1990年代にはこうして世界の各地で，地域の経済統合が進んでいった。アジアでも当然にそうした動きが生じていた。

ASEAN諸国を中心に，こうした世界の動きに対応しようとする動きが活発になっていったのである。1992年ASEAN諸国は，域内の水平的分業を強化

し，地場産業の国際競争力を高めること，市場規模を拡大しスケールメリットを生かして外資の導入を促進し，世界的な自由貿易体制への移行に備える目的でAFTAを結び，93年から向こう15年間で関税率を5％以下にすることを目標とした。日本は当初ASEAN諸国からの活発な働きかけにもかかわらず，そうした地域統合は経済のブロック化につながり，GATTの精神に反するとして大変消極的であった。しかし，時代の流れには抗しきれず，最近ではAFTAとのFTAやEPA締結について積極的になり，日本や韓国，中国をも巻き込んだアジア共同体構想にも前向きになってきた。ここで尻込みをしていては，周囲の国々が経済連携協定や自由貿易協定を結んでいく中で，日本が1人取り残されてしまうという焦りがそうした姿勢の転換をもたらしているのである。

2．FTAからEPAへ

　ヨーロッパや南北アメリカで経済のブロック化が進んでいたのに対し，アジアでは1990年代まではAFTAの他には自由貿易地域の創設や自由貿易協定締結の動きは少なかった。日本も1992年シンガポールとFTAを結んだのが初めてであった。韓国や中国，台湾も日本がFTAを結ぶまではあまり関心を持っていなかったようである。ところが，その後これらの国・地域は急速にFTA締結に向かったのである。それはWTOでの多角的貿易交渉ドーハラウンドが遅れていることと，東アジアの諸国が輸出市場の確保の手段としてFTAを考えるようになったことによるのである。すなわち，それまでの輸入代替産業政策から輸出促進産業政策に貿易政策を切り替えていったことによる。

　そうした中にあって，日本政府は前述のようにFTA締結に消極的であった。その理由は，表向きはGATTの精神に反するというものであったが，実際には国内の産業間の利害調整が出来なかったからである。つまり，産業界は自由化によって輸出が拡大するという恩恵があるのに対し，それまで手厚い保護を受けてきた農業分野は国際的な価格競争に打ち勝つことが出来ないため，輸入の自由化に強く反対してきたためである。シンガポールとはそうした農産物で国内の農家が損害を被ることがなかったからであるし，メキシコとはそれほ

ど競合する農産物がなかったからである。水平的分業や，垂直的分業がうまく成り立っている間柄ではFTAによるプラスの経済効果—**貿易促進効果**—が見込まれるが，互いに競合するような関係では，損害を被るグループが出るので，むしろマイナスの効果が目立ってしまう。

日本は今や物を売るだけの国ではなく，生産拠点を全世界に拡げようとしている投資大国である。そのため，政府は当初FTAよりさらに包括的な経済連携協定であるEPAの締結を目指していた。ところがこちらは投資の自由化や知的財産権の保護制度や，税制や補助金の問題，労働力の移動の自由化の推進などの問題があり，締結までの交渉に時間がかかってしまう。その遅れを政府は国内の調整に使おうとしていたが，韓国や中国がFTA締結に積極的になってきたため，時間のかかるEPAからFTAの締結に切り替えたのである。

わが国政府の政策には一貫したフィロソフィーが感じられない。すべて場当たり的で，周囲の国の出方を待って，決して先駆けることはなく，2番手でもよいから乗り遅れることのないようにするという，いかにもお役人的な発想で，小利口に立ち回ってきた。日本人の感覚からすれば賢いやり方と見えるのかもしれないが，こうした振る舞いは世界では信用されない。日本がどういう反応を示すか，日本に関心を寄せても何もわからない。結局，関心を持っても仕方がないといって，無視されることになる。それでは国益に適わない。諸外国がより取組みやすいFTAから始めていくというのに，より困難なEPAからなぜ始めなくてはならないのか。その意図がそうした協定を結びたくないという所にあることがわかれば，日本はまったく信用されない国になってしまう。

FTAには貿易促進効果があると一般には考えられているが，マイナスの効果として**貿易転換効果**があることも事実である。これはそれまでFTA締結国以外から入っていた良い商品が，FTA締結により，他の締結国の相対的に良くない商品に切り換えられるものでその国の消費者にとってはFTAを締結してない国からの商品が比較的に高くなるという不利益をこうむることである。さらに実際の貿易業務の現場では，実はかえって貿易がやりにくくなってしまっているという。それは，当該の輸入品が間違いなく当該国で生産されたものであ

るか，原産地の確認のために余計な費用と手間がかかってしまうからである。また，最近の中国製の商品の安全性に一部問題があるというようなことについても，自由貿易の拡大は一方でわれわれの生活を豊かにしてくれるが，同時に危険を拡散するというリスクも背負っているので，参加者のモラルが，こうした相互依存の社会ではより一層求められることになる。FTAやEPAはどちらにしても，貿易を促進しようとして考えられたものである。それはとりもなおさず，より相互依存の強い世界を創ろうというものに他ならない。そこに参加するにはそれだけの自覚と誠実さが求められるのである。日本政府は2012年中に太平洋を囲む9ヶ国からなる**TPP**（**Trans-Pacific Partnership：環太平洋経済連携協定**）に参加する方向で検討をしているが，農業問題が大きなネックになっている。

3．生産要素移動の自由化

　貿易の発展は世界経済の発展と軌を一にしている。地理的フロンティアは全世界に拡げられ，取引されるものは「モノ」だけではなく，「サービス」にまで拡げられ，ついにはそうした「商品」の売買だけではなく，生産要素にまで及ぶようになってきたのである。世界企業といわれる大企業は，世界中の至る所で生産活動を行っている。その生産活動に必要な生産要素は土地と資本と労働である。土地は移動させることが出来ないので，企業の側で移動していかなければならないが，資本と労働は本質的には企業の望む所に移動させることが出来る。企業は最も有利な所で生産活動を行おうとする。それは生産要素が豊富である所であったり，販売する市場の近くであったりする。

　最近は生産物の貿易の自由化が進み，近い将来（十数年のうち）には自由貿易が当たり前になる時代がやってくるであろう。そうなると，最適生産地での生産ということがますます追求されるようになる。最適生産実現のためには，生産要素の移動が自由に行われることが保障されなくてはならない。貿易の自由化の進展に合わせて，資本の自由化もある程度進んできた。FTAやEPAを結ぶ国が多くなればなるほど，資本の自由化も進むであろう。資本の自由化を進めるうえでは，国内の様々な障害を取り除いていかなければならない。たとえ

ば，ある特定の産業は免許制度になっていて，新規に免許が取れない仕組みになっているとか（通信や放送事業や電力事業など），割当制になっているとかの制約があれば，資本の自由化を外国為替の面でだけ行っても実質的な資本の自由化の意味がないことになる。その点では，まだまだの国が多いようである。結局，**既得権益の保持**（Rent Seeking：レントシーキング）を求める階層がいるからである。改革をする際の最大の敵がこのレントシーキングなのである。

資本の自由化も始まったばかりであるが，もう1つの生産要素である労働の移動はまだほとんど自由化されていない。労働を土地と同じように固着的なものと従来は考えてきたが，労働は本来，土地のように移動不可能なものではない。それを移動困難にしているものは，単に制度という，人が造り出したものによるだけである。これは時代と場所によっていつでも変わりうるものである。

現在，企業は労働を従来的に移動は困難なものと考えて，企業の側で動いていっている。多くの先進国のIT関連の企業が，インドに**アウトソーシング**（Outsourcing：外部委託）しているのはそのよい例である。最近では**BPC**（Business Process Outsourcing）としてコールセンターや会計処理，顧客・人事管理などの下請をする企業や，**KPO**（Knowledge Process Outsourcing）**知的業務委託**といわれる専門家による市場調査や新薬開発や臨床データ処理などの高度業務を受託する提案型ビジネスに向かい，脱下請を目指している。これがもし，労働の移動が自由化されれば，企業はいながらにして，つまり，労働以外の他の生産条件はそこがベストである所で事業活動を行っているということであるので，必要な労働力を世界中から集めることが出来るようになるのである。

世界的な意味での最適生産をするということになれば，この労働の移動の自由化が実現しなければならない。経済の発展が全世界に拡がり，豊かな国がより多くなり，人々がさらに豊かな生活を求めるならば，最終的な世界経済の形態としては，すべての要素の移動が自由に行える状態にならなければならない。そのような時代になれば，制度は必要にせまられてそのように変更されざるを得ないのである。現在のような人口爆発の状態が続くならば，早晩，われわれはそのような制度変革をせまられることになる。

第19章
貿易政策

1. 貿易政策の目標

　民主主義国家の政策とは国の繁栄と国民の幸福の増進，即ち，経済の安定と成長の促進であることはピグー（A.C. Pigue）の厚生経済学の命題で明らかなように，あらゆる経済政策に共通するものであろう。ただ，貿易政策の場合，その実施面で貿易や資本移動を含めて外国との取引を扱うため，外国にまで直接影響を及ぼすという点で国内の政策とは大きく異なる。

　貿易は相手国は外国であり，それも一国ではなく全世界の国が相手であるから，自国内経済のように統一的政策—通貨政策や利子率政策にしろ賃金や雇用政策にしろ—を適用することができない。そのような貿易政策の目標は重商主義者（Mercantilist）のいう国富の蓄積でもなく，保護貿易主義者（Protectionist）のいう国内産業の保護でもないし，民族主義者（Nationalist）のいう資源の保護でもない。それは明確であり，ただ1つである。つまり，世界的に増加する人口を十分に養い且つより豊かにすることが出来る体制を築くことであり，そのためには企業の国際競争力をつけることである。これは単にその国一国の問題ではない。他の事情にして等しい限り，より合理性の高い企業がより高い競争力を持つことは明らかである。より合理性の高い企業とは，より生産効率が高い技術を持っているということを意味する。我々が資本主義の発展の歴史から学んだことは，そのような**イノヴェーション**（Innovation: 革新）の実行によって，今日の豊かな社会が実現していることである。従って，ある国のある企業が高い技術を持って高い競争力を持っているとすると，それによる恩恵はその企業のみならず，その国にも，同時に世界中の人々にとっても恩恵があること

になる。エネルギーはじめ食料など獲得競争が激しくなるような今日においては，このことは以前にも増してその重要性が高くなっているのではないだろうか。以下産業の競争力強化について若干の考察をしてみよう。

2．産業の国際競争力強化の方法

まず個別企業のミクロ的な面から見てみると，a）技術の問題と，b）コストの問題がある。

a）技術の面ではその優位性を確保すること。日本の精密産業や環境技術に見られるように，先端技術の開発を促進することである。それには科学技術の研究開発，特に基礎研究における優遇策が必要である。

また学術上だけではなく，資金的な面でも支援策が必要であろう。企業の研究開発費には無利子融資をするくらいの支援策があってもよい。

b）コストの面ではコスト競争力をつけること。つまり労働生産性の高い産業へと誘導し，付加価値の高い産業への転換を狙うべきである。例えば，ITや宇宙航空などのハイテク産業の育成である。日本はその国土の性質からして，もはや重工長大型の産業には有利性が無くなって来ているのであるから，これからは省エネルギー型の精密産業に比較優位が生じる。労働移動の自由化も図り，良質の労働力を世界中から集められるような体制が必要である。それは結局企業の，そして日本の産業のコスト競争力強化に繋がるのである。

次に企業を取りまく経済環境としてマクロの面から見てみると，a）政治的な問題，b）経済的な問題，c）文化的な問題がある。

a）政治的な問題では，租税政策や外国貿易及び関税政策や外国為替政策がある。租税政策では特に法人税の問題が挙げられる。WTOの次のラウンドの大きなテーマの1つに挙げられることになるのが，この法人税の問題―税の引き下げ競争を防止すること―であろう。わが国でも財政収入が不足しているにも拘らず法人税の引き下げが行われようとしている。これは，1つに日本の企業の海外脱出を防ぐことであり，もう1つは外国企業の呼び込みを狙ってのことである。

また，外国貿易及び関税政策においても，日本の比較優位産業を強化するという発想で取り組む必要がある。EPA や FTA を結ぶ上でいつも問題になるのが日本の農業である。日本の農産物が全て比較劣位であるわけではない。比較優位のものは何かを見極めそれを強化すれば良いだけである。日本全体をかつての香港のように自由貿易地域にすれば，日本の貿易も経済ももっともっと発展するであろう。即ち，政治的な問題はつまるところ規制の緩和ということになる。

　b）経済的な問題としては，健全な生産活動で企業が存続できる環境が必要である。要するに，健全な正常利潤が確保できるような，マクロ経済政策が行われているかが問題になる。現在のような異常な低金利は企業の健全な活動をもたらさない。金融面でも，まだまだファンドが悪者扱いされているが，21世紀の金融はもはや銀行と証券会社だけのものではない。ファンドがいかに健全に活躍できるような仕組みになっているかが，これからの国の繁栄に係ってくる。企業が本業で上げる利益よりも，財務の運用で上げる利益の方が大きいというのは決して健全な社会ではない。低金利政策は弱い企業にとっては有り難いことかもしれないが，強い企業にとっては魅力的な政策ではないのである。つまり，強い外国企業にとっては魅力的ではない国に映ってしまい，日本に投資しようとは思わないことになる。こうして外国からの投資が減少すれば，証券市場や金融市場は活気を失う。即ち，金利はある適正水準に引き上げるべきで，その水準で利益を生み出せない企業は市場から退出させられるべきである。それは効率が低く，社会にとってはかえって非効率で，そのような企業の温存は社会にとって不合理だからである。

　c）文化的な面では，労働の質を高めるという意味で，教育が最も重要になる。生産性を高めるためには質の高い，生産性の高い労働力が欠かせない。高学歴が必ずしも生産性を上げるとは限らない。単純で付加価値の低い仕事に高い学歴は必要ではないのに，名前だけでも大学を卒業しておかなければという風潮は社会全体としては生産性の向上には妨げにこそなれ，貢献はしていない。

また，雇用形態についても，質の高い労働力を確保しやすいものでなければならない。それには高い賃金だけが有効かといえばそうではない。雇用の安定性も労働者の側から見れば大きな魅力である。あまりにも急な年功序列の賃金形態は問題外であるが，子供の養育に大変な世代には手厚くし，それより上の年齢層の賃金は引き下げていくような柔軟な賃金・雇用形態を追求すべきであろう。従業員にとって魅力的な企業なら，世界中から有能な労働力を集めることができるような制度が必要となるであろう。即ち，雇用について外国人労働者の受け入れについても自由化しなければ企業の発展はないし，産業の発展もないし，国家の繁栄もないことになる。

　以上は国内に向けての政策—競争政策を中心に論じて来たが，他方で，対外的な貿易政策も考えなければならない。次にその問題を取り上げてみる。

3．グローカリズムへの道

　貿易の促進がわれわれの生活をより豊かにしてくれることは近年良く知られるようになった。しかし，それを全世界的に進めようとすると，それぞれの国の利害が対立しなかなか前進しない。戦後に進められたブレトンウッズの体制は第一波のグローバリゼーションと言えるだろう。それは **Pax Americana** の時代を象徴するものであった。GATTの崇高な精神に基づいて世界経済を営もうとするものであった。わが国もかつてはGATTを中心とした貿易政策をとって来たのであるが，先に第3章貿易の歴史のところで触れたように，ア）参加国の増加，イ）発展途上国の経済発展からくる相対的な経済力の向上に伴う発言力の高まり，ウ）途上国間の経済力格差の拡大，エ）先進国間の特に農業問題に対する対立と言った問題から，WTOのドーハ・ラウンドは当初の目標年であった2005年を再三延期してもまだ2012年中の妥結も出来そうにないほどに時間がかかっている。他方で，近隣国が自由貿易協定を推進し始め，わが国も危機感からそれまでのグローバリズムの方針を転換し，地域主義—ローカリズムへとFTA締結に舵を切ったのである。

　ここで問題となるのは，最も国益にかなうものは何かということである。そ

れは決して二者択一的なものではないであろう。WTOやEPA／FTAについては先の第17章，第18章で述べて来たので，ここではそれらについて貿易政策の立場で考えてみる。

（1）WTOを中心としたグローバルネゴシエイションの立場

　全世界的な合意で進めるため，基本的には貿易転換効果は生じない。それ故，企業の世界戦略にバイアスを掛けることは少ない。企業にとっては投資戦略が立てやすいというメリットがある。反面，合意形成の過程で諸国間で利害の対立が生じ，合意に時間が掛かるというデメリットがある。特に最近では途上国の発言力の増加と要求の多様化により，また，先進国間での利害の対立―主にアメリカのヘゲモニーの低下から来るヨーロッパの相対的な発言力の高まりに由来する―に加え，先進国グループと途上国グループとの対立という複層的な対立のために，殆ど合意は出来ない状態になっている。

　そのため国も企業も合意成立まで辛抱強く待っていることが出来ない。時間をかければ合意できるというものではなく，むしろ，時間が掛かれば掛かるほど，途上国グループ内での問題は成長段階の格差の拡大によりさらに複雑化し，それはまたさらに合意に時間を要することになる。最近の中国やブラジル，インドなどの急速な発展を見ればそれは明らかである。

　従って，グローバルネゴシエイションの立場では，いっぺんに高い理想を実現しようとするのではなく，出来る所の水準から合意形成をし，時間をかけながら次の目標に上げて行くしかないのではないか。その際にもっとも重視しなければならないのは，企業活動の活発化―競争を通じて効率を高められる体制にいかにして導いて行くかで，国のエゴで交渉を遅延させているようでは，国は企業から見放されて行くであろう。善くも悪くも，資本主義の経済を営む社会では企業の健全な活動が，地域，国，国民の幸福の増加に必要なのである。そのためには企業の合理性追求にどんな合意が役立つのかを考えていかなければならない。

（2）EPA／FTAを中心としたローカルネゴシエイションの立場

　グローバルネゴシエイションでの合意に時間がかかり過ぎて，その成果を期待できないと感じた各国は密接に関係する国同士で地域的な協定を結ぶ方向へと向かって行った。そのようなEPAやFTAといったローカルネゴシエイションは合意形成が比較的早いことがそれを選ぶ最大の理由であるが，そのメリットとは反対にEPAやFTAの負の効果である貿易転換効果を持つ。これはその国の国民の選択の幅を狭め，協定締結国以外の国の優れた製品の恩恵を受けられなくするという負の効果だけではなく，企業の世界戦略に対して大きく影響する。このように企業の世界戦略において強いバイアスが掛かると，全世界的な意味での資源の最適分配を妨げることになる。これは資源の最適利用という，本来限られた資源の最も効率の良い使い方が要求され，それに近い形での利用を促す自由な企業活動を前提とする資本主義経済の精神とは乖離が生じてしまうようである。

　ここで我々が考えなくてはならないことは，国民の幸福の増進であり，それにはいかなるシステムがより有効なのかということである。そこで考えられるのが，グローバルな資源の最適分配を考えながら，経済をより発展させて行くにはどうしたら良いかということである。従って，それが経済の発展に資するという限りにおいて，EPAやFTAは進められるべきで，近視眼的な"国益"だけでそういう方法を選ぶべきではないのである。

　以上見て来たように，貿易政策の本質は輸出を拡大することでもないし，国際収支の黒字を拡大することでもない。経済の発展こそが真の意味での国益であり，それのみが国民の幸福を増大させるものなのである。そのためには，グローバルな視点に立ってローカルな問題解決を図って行くという"グローカル"（Glocal）の考え方が重要になってくる。先進的な企業は既にこのような考え方に基づいて国際的な経営戦略を立てて実行しているのである。

参考文献

(貿易実務関係)
貿易の実務	石田貞夫著(日本経済新聞社,1996年)
貿易手続全解	(貿易弘報社,1995年)
現行輸入制度一覧	(通商産業調査会,2010年)
貿易実務	石田貞夫著(白桃書房,1986年)
貿易取引(有斐閣選書)	石田貞夫,東京銀行貿易投資相談所編(有斐閣,1985年)
貿易為替用語辞典	東京リサーチインターナショナル編(日本経済新聞社,2005年)
外国為替の実務	三菱UFJリサーチ&コンサルティング編(日本経済新聞社,2008年)
貿易手続総覧	通産省通商政策局・貿易局編(通商産業調査会,1978年)

(マーケティング関係)
マーケティングの知識	上岡一嘉著(日本経済新聞社,1982年)
海外市場の研究	石曽根孝輔著(同友館,1977年)
最新マーケティング論	出牛正芳・宮沢永光編(ダイヤモンド社,1976年)
新市場開発の着眼点	梅田　修著(中央経済社,1974年)
市場調査の手引き(日経文庫)	門山　允著(日本経済新聞社,1967年)
マーケティング論	深見義一編(有斐閣,1965年)

(保険関係)
海上保険入門	葛城照三著(海文堂,1967年)
保険学の論理と現実	葛城照三ほか編(成文堂,1965年)
船舶保険の理論と実務	林田　桂著(海文堂,1963年)
貨物の損害とクレーム	浜谷源蔵著(同文舘,1962年)

(貿易英語・ビジネス関係)
新ビジネス・イングリッシュ入門	小川智弘著(創成社,2011年)
貿易英語	平田重行著(一橋出版,1984年)
商業英語	石田貞夫他著(有斐閣,1981年)
模範貿易英語	中村新吾著(東洋経済新報社,1978年)

国際貿易英語　　　　　　　　　烏谷剛三著（成美堂，1973年）

（理論関係）
環境経済学　　　　　　　　　　細田衛士・横山　彰著（有斐閣，2007年）
国際経営学入門　　　　　　　　淵本康方・徐　燕著（創成社，2004年）
アジアの経済統合　　　　　　　（財）アジアクラブ編（文眞堂，2003年）
ゼミナール経済学入門　　　　　福岡正夫著（日本経済新聞社，2000年）
雇用・利子および貨幣の一般理論　J. M. ケインズほか著　塩野谷祐一訳（東洋経済新報社，1995年）
経済政策論　　　　　　　　　　尾上久雄・新野幸次郎編（有斐閣，1991年）

（年報関係）
通商白書　　　　　　　　　　　毎年1回発行（通商産業省）
朝日年鑑　　　　　　　　　　　毎年1回発行（朝日新聞社）
世界年鑑　　　　　　　　　　　毎年1回発行（共同通信社）
世界経済白書　　　　　　　　　毎年1回発行（大蔵省）

（辞典関係）
貿易為替用語辞典　　　　　　　東京銀行貿易投資相談所編（日本経済新聞社，1987年）
和英・経済英語辞典　　　　　　花田　実編（ジャパンタイムズ社，1976年）
英和貿易産業辞典　　　　　　　藤田仁太郎編（研究社，1971年）

（その他）
ジェトロ利用の手引　　　　　　（日本貿易振興会，1966年）
Shipping Gazette　　　　　　　（ジャパンプレス社）

附　　錄

Distributorship Agreement

THIS AGREEMENT dated this____day of_____
19____, by and between JMC INTERNATIONAL, LIMITED
(hereinafter called "International"), and_____
                                                                              (Name of distributor)
of_____
                                                     (Address of Distributor)
(hereinafter called "Distributor") ;

WITNESSETH THAT :
WHEREAS, both International and Distributor desire to promote the sale and use of International's products, NOW, International and Distributor agree as follows :

1 . APPOINTMENT : International hereby appoints Distributor to act as a distributor of International's products in the area and Distributor hereby accepts that appointment and agrees so to act. Should International determine that Distributor is not adequately meeting its obligations and responsibilities under this Agreement International may terminate this Agreement by giving Distributor ninety (90) days' advance written notice of termination.

2 . PURCHASES BY DISTRIBUTOR : Distributor shall purchase from International, on such terms and conditions of sale as may be agreed upon from time to time in writing between International and Distributor, International's products for resale and distribution in the area only. Unless International shall designate otherwise in writing, all purchase orders of Distributor for International's products shall be placed with International and payment therefor made in accordance with International's written instructions.

3 . NO AGENCY : Distributor shall sell and distribute International's products on its own behalf and not as International's agent, nor shall Distributor act or purport to act as an agent of, nor pledge or attempt to pledge the credit of International, any parent, associated, or subsidiary companies of International, or of any company having a direct or indirect equity interest in International.

4. SALES PROMOTION : International shall assist Distributor in promoting the sale of International's products by keeping Distributor supplied with reasonable amounts of sales literature, price sheets, published technical information, samples, and other selling aids. In turn, Distributor shall exercise its best efforts to promote the sale of International's products in Distributor's area.

5. DISCOUNTS AND COMMISSIONS : With respect to orders received from and invoiced to Distributor by International, Distributor shall be invoiced at International's prices less such discounts as may be agreed upon from time to time between Distributor and International by written communication.

6. ASSIGNMENT : Distributor is appointed as such by reason of International's confidence in Distributor's ability. Such confidence in Distributor's ability is personal in nature and, therefore, this Distributor-ship Agreement may not be assigned or otherwise transferred by Distributor to any third person or persons without the express written consent of International obtained in advance.

7. ADDITIONS AND CHANGES : No additions or changes to the terms and provisions of this Distributorship Agreement shall be effective unless entered into in writing as an express supplement to this Distributorship Agreement and signed by Distributor and International.

IN WITNESS WHEREOF, International and Distributor have caused this Distributorship Agreement to be signed as of the day and year first above written.

CYBERDYNE INTERNATIONAL LTD.　　　_____
　　　　　　　　　　　　　　　　　　　　　(Name of Distributor)

By _____　　By _____
(Managing Director)　　　　　　　　Title

By _____　　By _____
(Assistant Secretary)　　　　　　　Title

Agreement on General Terms & Conditions of Business

Both Seller and Buyer agree to the following terms and conditions :

1. Business :

   Business is to be transacted between Seller and Buyer as Principals to Principals on their own account and responsibility.

2. Prices :

   Unless otherwise specified, all prices submitted by Seller or Buyer shall be quoted in US Dollars on CIF Los Angeles basis.

3. Offers :

   Firm offers are to remain effective for 48 hours after the time of dispatch excluding Sunday and National Holidays.

4. Orders :

   All transactions closed by cable or telex shall be further confirmed in writing without undue delay; transactions thus concluded shall not be cancelled unless by mutual consent.

5. Discount :

   The special discount of 5 percent from the contract price is to be accorded on an order exceeding 500 units.

6. Letter of Credit :

   Buyer shall arrange an Irrevocable Letter of Credit with a prime bank to be established in favor of Seller for the full amount of the contract upon the conclusion of each contract.

7. Payment :

   Drafts shall be drawn under credits at sight, documents attached, for the full invoice amount.

8. Shipment :

   Seller shall ship all goods sold to Buyer within the period stipulated. The date of the Bill of Lading shall be taken as conclusive proof of the date of shipment.

9. Marine Insurance :

   Unless otherwise expressly stated, marine insurance is to be covered by Seller.

10. Claims :

    Any claim or dispute that cannot be settled amicably between Seller and Buyer shall be settled by arbitration in Japan under the rules of the Japan Commercial Arbitration Association, whose award shall be final and binding upon both Seller and Buyer.

Mitsubishi Bank

TO:APPLICANT
KOWA TRADING CO. LTD.

ADVISING BANK:
CONTINENTAL BANK N.A.,
HEAD OFFICE,
CHICAGO

WE HAVE ISSUED
A LETTER OF CREDIT TO OUR
CORRESPONDENT WITH
PARTICULARS AS STATED HEREIN

DATE OF ISSUE: 91-11-19
(YEAR-MONTH-DAY)

DOCUMENTARY CREDIT NO : S-022-2000888

FORM OF DOCUMENTARY CREDIT: IRREVOCABLE

DATE AND PLACE OF EXPIRY: 92-02-15 (YEAR-MONTH-DAY) AT COUNTERS OF NEGOTIATING BANK
DOCUMENTS MUST BE PRESENTED WITHIN 15 DAYS AFTER DATE OF ISSUANCE OF
TRANSPORT DOCUMENTS.

BENEFICIARY: SWIFT INTERNATIONAL DIVISION OF SWIFT-ECKRICH, INC.
              2001 BUTTERFIELD ROAD, COWNERS GROVE, IL U.S.A. AC NO.77-51370
APPLICANT   : KOWA TRADING CO. LTD.
              NO.4-5, HATCHOBORI 1-CHOME, CHUO-KU TOKYO

AMOUNT: USD   9,900.00

AVAILABLE WITH   : ANY BANK
                      BY NEGOTIATION

DRAFTS AT SIGHT FOR FULL INVOICE COST DRAWN ON CONTINENTAL BANK N.A., HEAD OFFICE, 231 SOUTH
LA SALLE STREET, CHICAGO, ILLINOIS 60693, U.S.A.

DOCUMENTS REQUIRED:
+SIGNED COMMERCIAL INVOICE IN 3 COPIES.
+INSURANCE IS TO BE EFFECTED BY BUYER.
+FULL SET OF CLEAN ON BOARD OCEAN BILLS OF LADING MADE OUT TO THE ORDER OF SHIPPER AND
BLANK ENDORSED MARKED FREIGHT PREPAID NOTIFY APPLICANT.
+PACKING LIST IN 3 COPIES.
+CERTIFICATE OF ORIGIN IN 3 COPIES.
+GOVERNMENT'S OFFICIAL INSPECTION CERTIFICATE.

SHIPMENT OF GOODS:
360 CARTONS OF ''SWIFT'S PREMIUM'' CORNED BEEF
24/12 OZ TINS(PACKED IN WHITE LABEL)
CANDE YOKOHAMA.

SHIPMENT FROM PORTS OF BRAZIL FOR TRANSPORTATION TO YOKOHAMA
LATEST DATE OF SHIPMENT: 92-01-31(YEAR-MONTH-DAY)

PARTIAL SHIPMENTS: ALLOWED.   TRANSSHIPMENT: NOT ALLOWED.
ADDITIONAL CONDITIONS:
+BENEFICIARY'S CERTIFICATE, STATING THAT ONE COPY EACH OF INVOICE INSPECTION
CERTIFICATE, CERTIFICATE OF ORIGIN, AND BILL OF LADING HAVE BEEN COURIERED DIRECTLY TO
KAIMA CORPORATION, TOKYO IS REQUIRED.
CONFIRMATION INSTRUCTIONS: WITHOUT ADDING YOUR CONFIRMATION

INSTRUCTIONS TO THE PAYING / ACCEPTING / NEGOTIATING BANK:
REIMBURSEMENT BY TELECOMMUNICATION IS PROHIBITED.
SPECIAL INSTRUCTIONS TO THE NEGOTIATING BANK:
ALL THE DOCUMENTS MUST BE FORWARDED DIRECTLY TO US BY TWO CONSECUTIVE REGISTERED
AIRMAILS AND THE DRAFTS MUST BE PRESENTED TO THE DRAWEE BANK.
SPECIAL INSTRUCTIONS TO THE DRAWEE BANK:
                                                              - TO BE CONTINUED -

(022)YAESUDORI /CONTRACT NO. 07/11/91 /AM   3430019
Except so far as otherwise expressly stated, this documentary credit is subject to Uniform Customs and
Practice for Documentary Credits(1983 Revision), International Chamber of Commerce, Publication No.400

Mitsubishi Bank

TO: APPLICANT

PAGE(2)　L/C NO. S-022-2000888

WE HAVE ISSUED
A LETTER OF CREDIT TO OUR
CORRESPONDENT WITH
PARTICULARS AS STATED HEREIN

FOR REIMBURSEMENT UNDER THIS CREDIT, YOU MAY DEBIT OUR HEAD OFFICE ACCOUNT WITH YOU FOR THE AMOUNT OF THE PAYMENT, FORWARDING THE DEBIT ADVICE TO US WITHOUT DELAY.
THIS CREDIT IS ISSUED SUBJECT TO UNIFORM CUSTOMS AND PRACTICE FOR DOCUMENTARY CREDITS (1983 REVISION) ICC PUBLICATION NO.400

--- END OF MESSAGE ---

(022)YAESUDORI /CONTRACT NO. 07/11/91 /AH   3430019
Except so far as otherwise expressly stated, this documentary credit is subject to Uniform Customs and Practice for Documentary Credits(1983 Revision), International Chamber of Commerce, Publication No.400

Received on APR 10 1971
No. 11
Amendment.

THE HONGKONG AND SHANGHAI BANKING CORPORATION
(INCORPORATED IN HONG KONG WITH LIMITED LIABILITY)
UN CHAU STREET BRANCH.
386-392, Un Chau Street,
Kowloon, Hong Kong.

To: Messrs. Matsuzawa Boeki Kaisha Ltd.,
Kanda P. O. Box 134,
Ogawa Building,
5-2-Chome, Kanda Awajicho,
Tokyo,
Japan.

2nd April, 1971.

Dear Sirs,

OUR IRREVOCABLE LETTER OF CREDIT.

No. 107/51 for US$177.00 in your favour.

At the request of the applicants we have amended the above Letter of Credit as under:

Please attach this amendment to the Letter of Credit.

Increase the amount by US$ 6.00 to US$183.00 in all.

UNDER PARTICULARS OF GOODS

The unit price to read as US$0.88 per piece instead of US$0.85 per piece.

Other terms and conditions remain unchanged.

ENDORSED
Dated MAY 21 1971
THE BANK OF TOKYO, LTD
TOKYO

KONG King Cheung
(Assistant Manager)

Edgar Y. K. WAN
(Manager)

附　録　233

別表第1
T 1018

根拠法規	輸出貿易管理規則第1条第1項
主務官庁	通商産業省

輸出（許可・承認）申 請 書

通商産業大臣又は _____ 税関長殿

※許可又は承認番号	
※有 効 期 限	

申 請 者

記名押印
又は署名　_____

住　　所　_____

申請年月日　_____

電話番号　_____

次の輸出の ｛ △ 許可を外国為替及び外国貿易管理法第48条第1項
　　　　　　△ 許可を輸出貿易管理令第1条第2項
　　　　　　△ 承認を輸出貿易管理令第2条第1項第　　号（及び第　　号）｝ の規定により申請します。

1. 取引の明細
(1) 買　主　名 _____　住　所 _____
(2) 仕　向　地 _____　経由地 _____
(3) 商品内容明細

| 商　品　名 | 型及び等級 | 輸出貿易管理令 || 単　位 | 数　量 | 価　　額 ||
		別表第1貨物番号	別表第2貨物番号			単　価	総　額
					計		計

（ただし、数量及び総額が_____％増加することがある。）

2. 代金決済
(1) 方　法 _____

(2) 通　貨 _____

※許可・承認又は不許可・不承認

この輸出 ｛許可｝ 申請は、 ｛外国為替及び外国貿易管理法第48条第1項
　　　　　 ｛承認｝　　　　　 輸出貿易管理令第1条第2項
　　　　　　　　　　　　　　 輸出貿易管理令第2条第1項第　号（及び第　号）
　　　　　　　　　　　　　　 輸出貿易管理令　　条第　項｝ の規定により

許可・承認	する。
許可・承認	しない。
次の条件を付して	許可する。
	承認する。

条　件

大蔵大臣の同意
日　付 _____
資　格 _____
記名押印 _____

通商産業大臣又は税関長の記名押印
日　付 _____
資　格 _____
記名押印 _____

附　録　235

輸出申告書

税関様式C第5010号

（申告書フォーム画像）

Shipper	Forwarding Agents
	B/L No.
Consignee	**NYK LINE** NIPPON YUSEN KAISHA
	COMBINED TRANSPORT BILL OF LADING
Notify Party	RECEIVED in apparent good order and condition except as otherwise noted the total number of Containers or other packages or units enumerated below(*) for transportation from the place of receipt to the place of delivery subject to the terms hereof. One of the original Bills of Lading must be surrendered duly endorsed in exchange for the Goods or Delivery Order. On presentation of this document (duly endorsed) to the Carrier by or on behalf of the Holder, the rights and liabilities arising in accordance with the terms hereof shall (without prejudice to any rule of common law or statute rendering them binding on the Merchant) become binding in all respects between the Carrier and the Holder as though the contract evidenced hereby had been made between them. IN WITNESS whereof the number of original Bills of Lading stated below have been signed, one of which being accomplished, the other(s) to be void.
Pre-carriage by	Place of Receipt
Ocean Vessel Voy. No.	Port of Loading
Port of Discharge	Place of Delivery	Final destination (for the Merchant's reference only)

Container No.	Seal No. Marks & Nos.	No. of Containers or P'kgs	Kind of Packages; Description of Goods	Gross Weight	Measurement
			見本		

(*)TOTAL NUMBER OF CONTAINERS, PACKAGES OR UNITS (IN WORDS)

FREIGHT & CHARGES	Revenue Tons	Rate	Per	Prepaid	Collect

ICS H/L	Ex. Rate	Prepaid at		Payable at		Place of B(s)/L Issue	Dated
	@	Total Prepaid in Local Currency		Number of Original B(s)/L		NIPPON YUSEN KAISHA	
		Laden on Board the Vessel					
	Date		By				

(JSA STANDARD FORM A)

Form No. C-1003R   **THIRD ORIGINAL**   (TERMS CONTINUED ON BACK HEREOF)

附　録　237

THE TOKIO MARINE AND FIRE INSURANCE CO., LTD.
Head Office: 2-1, Marunouchi 1-Chome Chiyoda-ku, Tokyo, 100 Japan Phone:Tokyo(03)212-6211
Telex:STILWATER J24858 Cable Address:STILWATER TOKYO

ORIGINAL

（書式見本１）
保険証券

Assured(s), etc.

ABC CO., LTD.

Invoice No. VT-A08765

POLICY No. 23 12345	Assured Code 19 9999 000	Amount insured US$220,588.00

Claim, if any, payable at/in WEST GERMANY Conditions
IMMEDIATE CLAIM NOTICE MUST BE GIVEN ALL RISKS.
TO CARSTENS & SCHUES GMBH,
RATHAUSSTRASSE 7, 2000 HAMBURG 1,
THE FEDERAL REPUBLIC OF GERMANY
(TELEPHONE: 040-302080) AND CLAIMS
WILL BE PAID BY THE SAID AGENT.

Local Vessel or Conveyance From interior port or place of (loading)
                            INT. PLACE(S) IN
Ship or Vessel called the   at and JAPAN   Sailing on or about
C/S THAMES MARU   YOKOHAMA   JULY 26, 1985
arrived at transhipped at   thence to
HAMBURG   INT. PLACE(S) IN WEST GERMANY
Goods and Merchandises

10 CASES (500 PCS.) OF VIDEO TAPE RECORDER.

(IN CONTAINER UNDER &/OR ON DECK)

SPECIMEN

Marks and Numbers as per Invoice No. specified above.   Valued at the same as Amount insured.
Place and Date signed in   No. of Policies issued
TOKYO   JULY 24, 1985.   TWO

THE TOKIO MARINE AND FIRE INSURANCE CO., LTD.

AUTHORIZED SIGNATORY   Examined..........

ORIGINAL	**LLOYD'S**	**CLAIMS SETTLEMENT INSTRUCTIONS**
		1. Lloyd's Agent at TOKYO is authorised to adjust and settle on behalf of the Underwriters, and to purchase on behalf of the Corporation of Lloyd's, in accordance with Lloyd's Standing Regulations for the Settlement of Claims Abroad, any claim which may arise on this Certificate.
THIS CERTIFICATE REQUIRES ENDORSEMENT IN THE EVENT OF ASSIGNMENT		2. In the event that Clause 1 is not completed claim papers should be sent to: Bain Clarkson Ltd., Bain Clarkson House, Harlands Road, Haywards Heath, West Sussex RH16 1GA.

Certificate of Insurance No. C14448/ 100340

This is to Certify that there has been deposited with the Council of Lloyd's a Contract effected by *Bain Clarkson Ltd.*, of Lloyd's, acting on behalf of *Panalpina Inc.* with Underwriters at Lloyd's, for insurances attaching thereto during the period commencing the *First* day of *October, 1991*, and ending the *Thirtieth* day of *September, 1992*, both days inclusive, and that the said Underwriters have undertaken to issue to *Bain Clarkson Ltd.*, Policy/ Policies of Insurance at Lloyd's to cover, up to *Limits as detailed below*, in all by any one *iron or steel steamer, iron or steel motor vessel (but excluding barges and sailing vessels with or without auxiliary power) and connecting conveyance including shipments by airfreight and/or air express and/or air mail and/or parcel post, General Approved Merchandise, Household Goods, Personal Effects and Automobiles*, from any port or ports, place or places in *the World*, to any port or ports, place or places in *the World*, and that *Panalpina Inc.* are entitled to declare against the said Contract insurances attaching thereto.

for the Council of Lloyd's.
Dated at Lloyd's, London, 3rd September, 1991.

Conveyance	From	
STEAMER	VANCOUVER	
Via/To	To	INSURED VALUE/Currency:
VANCOUVER	TOKYO JAPAN	CAD$ 15,354.36
Marks and Numbers		Interest

OOLU2026510
L.C.L.

C.P.C. TOKYO

1xL.C.L. STC 1000 CARTONS   6,124. KGS
ALTA SWEET CANADIAN CREAMED
HONEY IN PLASTIC TUB,
12x454 GRAM
SHIPPERS REF: E-38666
EXPORT CERTIFICATE NO:R-12024
ALBERTA DEPARTMENT OF AGRICULTURE
LABORATORY HONEY ANALYSIS # SE250-1393

fileno. 837494

We hereby declare for Insurance under the said Contract interest as specified above so valued subject to the special conditions stated below and on the back hereof.
LIMITS
US$3,000,000 by steamer and/or aircraft, but US$300,000 in respect of shipments on deck and subject to an "on deck" Bill of Lading.
US$5,000 per package by parcel post.
*Insured under Condition(s) No. ......1.......... as over

Subject to American Institute Cargo Clauses (September 1, 1965) (328-10) so far as applicable.
American Institute War Risk Only Open Policy (Cargo) (April 3, 1980) (878-110).
American Institute Strikes Riots and Civil Commotions Endorsement (Form No. 9) (April 3, 1980) (878-109B).
American Institute Marine Extension Clauses (April 1943) (878-48))
No survey is required for claims which appear unlikely to exceed £300.
For the purpose of claims for general average and salvage charges recoverable hereunder the subject-matter insured shall be deemed to be insured for its full contributory value.
Institute Radioactive Contamination Exclusion Clause.

CONDITIONS CONTINUED OVER

Underwriters agree losses, if any, shall be payable to the order of ___BEE MAID HONEY LIMITED___ on surrender of this Certificate.
In the event of loss or damage which may result in a claim under this Insurance exceeding £300, immediate notice should be given to the Lloyd's Agent at the port or place where the loss or damage is discovered in order that he may examine the goods and issue a survey report.
(Survey fee is customarily paid by claimant and included in valid claim against Underwriters.)

SEE IMPORTANT INSTRUCTIONS ON REVERSE

Dated
OCT 4, 1991
Signed
Authorised Signatory

This Certificate not valid unless the Declaration be signed by
PANALPINA INC.

Brokers: Bain Clarkson Ltd.,
15 Minories, London EC3N 1NJ.

6496CD

INVOICE

NO.
DATE:

CYBERDYNE INTERNATIONAL LTD.
15-5, SHIMBASHI 1-CHOME, MINATO-KU, TOKYO, 105-0004, JAPAN

CUSTOMER ORDER NO.

SOLD TO:

DATE SHIPPED
B/L NO.
B/L DATE
SHIPPED FROM
VIA

SHIP TO:

PORT OF ENTRY
TERMS

NO.	DESCRIPTION OF GOODS	QUANTITY	UNIT PRICE	AMOUNT

MARKS & NOS.

CYBERDYNE INTERNATIONAL LTD.

COUNTRY OF ORIGIN

ORIGINAL INVOICE

CERTIFICATE OF ORIGIN

I, _____GAIL WACH_____

For Bee Maid Honey Limited, hereby declare that the following mentioned goods:

NO. OF PKGS.	MARKS AND NUMBERS	WEIGHT NET LBS.	WEIGHT GROSS LBS.	DESCRIPTION
1000 Cartons	C.P.C. - TOKYO	12,000	13,500	Alta Sweet Canadian Creamed Honey in Plastic Tub, 12 x 454 gram

Shipped on Vessel _____O.O.C.L. EXECUTIVE VOY 11_____

Receiving Cargo at ___VANCOUVER___ on the date of ___SEPTEMBER 30, 1991___

Consigned to _____CANADIAN PRODUCTS CORPORATION_____

TOKYO,

NOTIFY: SAME AT: ROOM 205, KASUGA SKY-HEIGHTS,

1 6-1 KOISHIKAWA BUNKYO-KU, TOKYO 112, JAPAN.

are produced in Canada.

DATED at ___WINNIPEG___ on the ___27TH___ day of ___SEPTEMBER___ 19 _91_

BEE MAID HONEY LIMITED
(Representative)

Wach

A COMMISSIONER FOR OATHS
IN AND FOR THE PROVINCE OF MANITOBA
MY COMMISSION EXPIRES APRIL 22, 1993

The Winnipeg Chamber of Commerce has examined the Shipper's Affidavit concerning the Origin of the above shipment, and according to the best of its knowledge and belief, finds that the honey originated in CANADA.

SEP 3 0 1991

Alberta Department of Agriculture Laboratory Report
Honey Analysis # SE250-1393

WINNIPEG CHAMBER OF COMMERCE

輸入（納税）申告書
（内国消費税課税標準数量等申告書用）

税関様式C第5020号

申告年月日

IC	IS	IM	BP
RE-IMP	ISW	IMW	IBP

申告番号

あて先　　　　　　　　　長殿

船(取)卸港

積載船(機)名

入港年月日

原産地　　　　　　　（都市）　　（国）

輸入者
住所氏名印

代理人
住所氏名印

船(取)卸港符号

船(機)籍符号

貿易形態別符号

原産国(地)符号

輸入者符号

（調査用符号）

積出地　　　　　　　（都市）　　（国）

船荷証券番号

蔵置場所

倉又は移入先

品　名	単位	正味数量	申告価格（CIF） △内国消費税課税標準額	税率 △種別等・税率	関税額 △内国消費税額	減免税条項 通用区分

番号　税統細分

包表
区分

基　協　特　暫

減免税額

符号

定率　暫定

条項号　条項号

別表

輸　租

条項

酒砂物

減免税額

包表
区分

基　協　特　暫

減免税額

符号

定率　暫定

条項号　条項号

別表

輸　租

条項

酒砂物

減免税額

貨物の個数・記号・番号

関税法施行令第4条第1項第3号
又は第4号に係る事項　　有　無

評価申告書 I　　II 個別 包括

包括申告
受理番号

税関記入欄

評
価
申
告

税
額
合
計
(個数)

円　関　　税
　　（　　欄）
△　　税
　　（　　欄）
△　　税
　　（　　欄）

枚

※ 許可・承認印、許可・承認年月日

添付書類（許可・承認・申請等）
輸入承認又は
契約許可番号

仕　入　書
仕入書に代る他の書類
原産地証明書
本船積・ふ中請
搬入前申告扱

※税
関記
載欄
別表1・2第　号
関税法70条関係許可・承認等

法令名
食品・植物・家畜・薬事

※ 受　理　　※ 審　査　　※ 収　納

通関士記名押印

（注意）　1　※印欄は、記入しないで下さい。
　　　　2　この申告による課税標準又は納付すべき税額に誤りがあることがわかったときは、修正申告又は更正の請求をすることができます。なお、輸入の許可後、税関長の調査により、この申告による税額等を更正することがあります。
　　　　3　この申告に基づく処分について不服があるときは、その処分があったことを知った日の翌日から起算して2月以内に税関長に対して異議申立てをすることができます。

輸入食品等試験成績証明書

No. 7 Ï A- 864 号
昭和 62 年 5 月 29 日

依頼者　松沢貿易　株式会社　殿

昭和 62 年 5 月 27 日当協会に依頼された供試品について試験した結果下記のとおりであることを証明します。

財団法人　日本食品検査協会
横浜検査所
横浜市中区北仲通2-15

記

品名及びブランド名	Altasweet Canadian Creamed Honey	貨物の記号及び番号	N/M
輸入数重量	1,500 (C/S C/T B/G) 8,172 kg		
船名又は航空機名	Ocean Commander 1	着港年月日	昭和 62 年 5 月 11 日
輸入業者名 住所 電話番号	松沢貿易 株式会社 東京都文京区小石川 1-6-1 03 (816) 0901	生産国又は製造所名 通関業者名 電話番号	カナダ Bee Maid Honey Ltd. スリー・エス・シンワ 株式会社 03 (453) 1394
見本持出許可申請書又は見本持出包括申請書番号		0289	昭和 62 年 5 月 27 日
検査に関する連絡担当者 電話番号	小野恵一 045 (201) 7031	検体採取者	スリー・エス・シンワ 株式会社

検査成績

試験項目	試験結果
テトラサイクリン系抗生物質 (オキシテトラサイクリン クロルテトラサイクリン テトラサイクリン)	検出せず

試験方法

蜂蜜中のオキシテトラサイクリン、クロルテトラサイクリン及びテトラサイクリン試験法（食検協発第23号、昭和55年11月）による。

──────── 以下余白 ────────

Information
(各種度量衡比較表)

長さ（度）

メートル	インチ	フィート	ヤード	マイル	尺	間
1	39.3701	3.28084	1.09361	0.000621	3.3	0.55
0.0254	1	0.083332	0.027778	0.000016	0.083818	0.013969
0.3048	12	1	0.33333	0.000189	1.00582	0.167637
0.9144	36	3	1	0.000568	3.01746	0.50291
1609.344	63360	5280	1760	1	5310.83	885.123
0.30303	11.9305	0.994211	0.331403	0.000188	1	0.16667
1.81818	71.5832	5.96527	1.98842	0.001129	6	1

容積（量）

リットル	立方メートル	米ガロン	合	升	斗	石
1	0.001	0.264172	5.54352	0.55435	0.055435	0.005544
1000	1	264.172	5543.52	554.352	55.4352	5.54352
3.78541	0.003785	1	20.9846	2.09846	0.209846	0.02098
0.18039	0.000180	0.047654	1	0.1	0.01	0.001
1.8039	0.001804	0.47654	10	1	0.1	0.01
18.039	0.018039	4.7654	100	10	1	0.1
180.39	0.18039	47.654	1000	100	10	1

重さ（衡）

グラム	キログラム	オンス	ポンド	匁	斤	貫
1	0.001	0.035274	0.0022046	0.26667	0.001667	0.000267
1000	1	35.274	2.20462	266.667	1.66667	0.266667
28.35	0.028350	1	0.0625	7.55987	0.047250	0.007560
453.59	0.453592	16	1	120.958	0.75599	0.12096
3.75	0.00375	0.132277	0.008267	1	0.00625	0.001
600	0.6	21.1644	1.32277	160	1	0.16
3750	3.75	132.277	8.26733	1000	6.25	1

〈表の見方〉 たとえばヤードの1の欄を横に見ていけば, 1ヤードを各単位に換算した値がわかります。
小数点以下の数字の取り方で多少違ってくる場合もあります。

INDEX
索　引

A

Acceptance	116, 128
Advising Bank	110
AFTA	214, 215
Agreement on General Terms and Conditions of Business	84
Air Freight	67, 165
Air Waybill	166, 169
Amendment	126
ANCOM	214
Applicant	108, 123
Application Form	120
Arbitration Clause	189
ASEAN	214, 215
At Sight	123
AU	214
Authorized Surveyor	190
Average	153
Award	188
AWB	166, 169

B

B/B	127
B/C	127
B/L	133, 137, 144, 148, 150, 151, 165, 167, 168
Bank Reference	82
Barter Trade	113
Beneficiary	108, 124
Berth Term	133
Bill Bought	127
Bill for Collection	127
Bill of Lading	109, 133, 144, 165
Blank Endorsement	167, 169, 170

Boat Note	190
Bonded Transport	140
Bonded Warehouse	136, 140
Bonded Warehousing Factory	140
BPC	218, 230
Business Inquiry	84, 85
Business Proposal	84
Business Process Outsourcing	218

C

Cap and Trade	199, 205
Capital Gain	17, 50, 193
Carriage and Insurance Paid to	99
Carriage Paid to	98
Carrier's Pack	145
CDM	199, 164, 205
Certificate and List of Measurement and/or Weight	173
Certificate of Analysis	172
Certificate of (Country of) Origin	165
Certificate of Health	173
Certificate of Origin	151
Certificate of Quarantine	173
CFR	97, 98, 100, 101, 106, 153, 161
CFS	68, 145
──── Cargo	133
──── CFS 貨物	68
Charter	106
Chief Mate	144
CIF	97, 98, 100, 101, 106, 153, 160, 161, 170, 171, 180, 181, 190
CIP	96, 97, 99, 101, 106, 153, 171
Circular Letter（回状）	80
Claim	159, 185

Clean B/L ·················144, 167
Clean Credit ·················109, 112
Clean Development Mechanism ···············
　164, 199, 205
Clean Draft ·················109, 112
Collection ·················125
Combined B/L ·················168
Combined Transport Documents ········166
Commercial Documentary Letter of Credit
　·················108
Commercial Invoice ·················151, 165
Compromise ·················184, 187
Confirming Bank ·················114
Consignee ·················133, 164, 166
Consolidator ·················168, 169
Consular Invoice ·················163, 165
Container Freight Station (CFS) ···············
　68, 144, 145
Container Vessel ·················133, 144
Conventional Vessel ··········133, 142, 143
Cost and Freight ·················99, 100
Cost, Insurance and Freight ········99, 100
Cost-Performance ·················106
Counter Offer ·················88
Counter Purchase ·········41, 113, 114
Counter Sample ·················91
Coverage ·················152, 153, 154, 156
CP ·················113
CPT ·················96, 97, 98, 99, 101, 106
Credit Agency ·················80, 82
Credit Bureau ·················80, 82
Credit Information ·················82, 83
Customs Invoice ·················163, 165
CY ·················68, 144, 145
──── Cargo ·················133, 144, 145
──── 貨物 ·················68

D

D/A ······103, 116, 117, 123, 124, 125,
　126, 127, 128, 150, 151, 161, 163
──── 手形 ·················126
D/P ······103, 116, 117, 123, 124, 125,
　126, 127, 128, 150, 151, 161, 163
──── 手形 ·················126
DAP ·················97, 98, 99, 100, 151
DDP ··········98, 99, 101, 102, 151, 153
DAT ·················97, 98, 99, 100, 151
Deferred Payment ·················103
Definite Policy·················157, 159
Delivered at Frontier ·················100
Delivered Duty Paid·················99, 101
Delivered Duty Unpaid ·················100
Delivered Ex Quay (Duty Paid) ········100
Delivered Ex Ship·················100
Delivery ·················103, 129
──── Order ·················152, 168
Demurrage·················69, 134
Direct Shipment ·················106, 146, 147
Direct Vessel ·················146, 147
Dirty B/L ·················143, 144, 165, 167
Discount ·················92
Dispatch Money ·················69, 134
Dock Receipt ·················144, 146
Documentary Bill of Exchange,
　Documentary Draft·················103, 165
Documentary Credit ·················112, 113
Documentary Draft·················108, 112
Documents against Acceptance ···103, 127
Documents against Payment········103, 127
Draft, Bill of Exchange ·················108
Dry Charter ·················134
Duplicate Sample ·················91
Duty Paid ·················100

E

EC·················209, 213

索　引

ECU ·································209, 213
EEC ·································209, 213
EEZ ·································201, 205
EMS ···································76
EPA ···9, 75, 137, 138, 180, 211, 212, 213, 215, 216, 217, 221, 223, 224
Escrow Credit ·····························113
Establishing Bank ························108
ETA ··································149, 150
ETD ··································149, 150
EU ·················3, 209, 210, 213, 214
EURATOM ····························209, 213
EURO ································209, 213
European Community ············209, 213
European Economic Common Market ······ 209, 213
European Union ················3, 211, 213
Ex Works································96
Exclusive Economic Zone ········201, 205
Expected Profit ·····················158, 160
Export Customs Clearance ·······135, 136
Export Declaration ················140, 141
Export License··························129
Export Permit ·····················139, 141
Export Standard Packing ················136
EXW ··············96, 97, 98, 101, 106

F

Fair Average Quality ·····················93
FAQ ····································93
FAS ·················97, 98, 100, 106
FCA ···············96, 97, 98, 102, 106
FCCC ································201, 203
FCL ····································68, 133
──── Cargo ············133, 144, 145
FDI ·····························49, 188, 191
Feasibillity Study ·····················191, 194
FI ·····································133, 134
FIO ····································133, 134

Fixed Laydays ·····················68, 69, 134
FO ·································133, 134
FOB ········97, 98, 100, 101, 106, 151, 153, 159, 161, 179, 181, 187, 190
Foreign Direct Investment ···49, 188, 191
Foreign Exchange Bank ··············80, 108
Foul B/L ················143, 144, 165, 167
Free Alongside Ship ················98, 100
Free Carrier ······························98
Free In·······························133, 134
Free In and Out ·····················133, 134
Free on Board ·······················98, 100
Free Out ·····························133, 134
Freight ····································106
──── Collect ············68, 106, 133
──── Prepaid········68, 106, 131, 133
FTA ········9, 75, 137, 138, 180, 211, 212, 213, 215, 216, 217, 221, 222
FTAA ································210, 214
Full Container Load Cargo ···68, 144, 145
Full Endorsement ·····················168, 170

G

GA Bond ·····························154, 155
GA Contribution······················154, 155
GATT··········172, 174, 206, 208, 209, 210, 211, 212, 215, 222
General Average Bond ··············154, 155
General Average Contribution ·····154, 155
G.H.Q. ···································13
Global Enterprise ····················181, 184
GMQ·····································93
Good Merchantable Quality ················93

H

Hard Currency ·····························102

I

IBRD ································206, 210

ICC（A）	155
ICC（B）	155
ICC（C）	155
IC-DV 制度	175
IJPC	161, 162
Imaginary Profit	158, 160
IMF	13, 45, 206, 210
Immediate Shipment	147, 158
Import Quota Items	172, 174
Incoterms	95, 102
Industrial Property	90, 181, 184
Innovation	219, 221
Inspection	135, 136
────── Certificate	135, 171, 172
Instalment Shipment	105, 106, 115, 145, 147
Institute Cargo Clauses	99, 101
Institute Strikes Clauses	155, 157
Institute War Clauses	155, 157
Insurance Certificate	158, 160, 163, 165
Insurance Charge	157
Insurance Claim	183, 186
Insurance Coverage	154, 156
Insurance Policy	137, 150, 164, 165
Insurance Premium	157, 160, 161
Insuree	152, 154
Insurer	152, 154
Intangible Property	181, 184
Integrated Bonded Area	139, 140
Intellectual Property	90
International Organization for Standardization	200, 204
International Rules for the Interpretation of Trade Terms	95
Invoice	90, 137
IQ Items	172, 174
ISO	200, 204
Issuing Bank	108
ITO	206, 210, 211

J

Japan Commercial Arbitration Association	185, 188
Japan Industrial Standard	92
JETRO	80, 83
JIS	92
Joint Venture	181, 184
Jointed B/L	167, 168
Judgement	186, 189
Just-in-Time	69, 104
J カーブ効果	15

K

Know-how	181, 185, 194, 197
KPO	218, 220
Know ledge Process Outsourcing	218

L

L/C	103
L/G	167, 169
Landed Quality Term	93, 146
Landed Quantity Term	94, 145
Laydays	68, 134
LCL	68, 133
Lease	134
Letter of Credit	103
Letter of Guarantee	167, 169
Letter of Indemnity	143, 144, 166, 168
Liner	67, 106, 133, 142, 143
Local B/L	166, 168
Local Credit	116
Long Ton	93
Loyality	193, 195

M

M/R	143, 144, 165, 167
Marine Insurance	151, 153
Marine Loss	152, 153
Marine Risks	153, 154
Maritime Loss	152, 153

索　引　249

Market Claim ·····················184, 187
Marking, Case Mark, Shipping Mark ········
　135, 136
Mate's Recipt ···143, 144, 146, 165, 167
Measurement Ton ························94
MERCOSUR ························210, 214
Metric Ton ·······························93
Mode of Packing ························133
Mode of Shipment ·················104, 105
More or Less Clause ··········94, 145, 146
Multinational Enterprise········16, 71, 181

N

NACCS ·····························176, 178
NAFTA ·····························210, 214
Negotiating Bank ························108
Negotiation ·························114, 125
Neo-conservatism ·············30, 201, 205
NIES ·································188, 191
Nippon Automated Cargo Clearance
　System···························176, 178
Non-Tariff Barriers ················175, 177
North-American Free Trade Agreement
　··································210, 214
Notify Party ·····························133
Notifying Bank ···························110
NTB ································175, 177

O

Ocean B/L ···························166, 168
OEM ···················7, 76, 181, 184
Offer on (Export) Approval ··············88
Offer on Sale or Return ··················88
Offer Subject to being unsold ············87
Offer Subject to Final Confirmation ······88
Offer Subject to Prior Sale ···············87
Offer without Engagement ···············88
Open Contract ·····················158, 159
Open Cover························158, 159

Open Policy ························158, 160
Opener ···································108
Opening Bank ···························108
Order Acknowledgement ·················89
Order Bill of Lading ················165, 167
Order Endorsement ···············168, 170
Order Sheet ·····························89
Original Credit ···························116
Original Equipment Manufacturer ···········
　181, 184
Original L/C ······························112
Original Sample ··························91
Outsourcing ·······················218, 220

P

Packing ··································135
──── List ···137, 150, 151, 164, 165
Parcel Post Recipt ·····164, 166, 168, 170
Parcel Recipt ······················168, 169
Partial Loss·······················152, 153
Partial Shipment ······105, 106, 145, 147
Patent ····················181, 185, 195, 197
Payment in Advance ····················103
Preliminary Advice ················112, 113
Pre-payment·····························103
Prompt Shipment ················147, 148
Provisional Insurance ····················157
Provisional Policy ·················157, 159

R

Received for Shipment B/L ········166, 168
Receiving Bank···························111
Red Clause Credit ······················113
Re-export ·························141, 142
Registered Trademark ····················90
Remarks ········143, 146, 165, 168, 190
Remittance ························103, 117
Re-ship ·····························141, 142
Running Laydays ····················69, 134

S

S/O	142
Sailing Schedule	131
Sale by Description	90
Sale by Sample	90
Sale by Specifications	90
Sale on Standard	90
Sample	91
Sanitary Certificate	171, 173
Seaworthy Packing	136
Selling Offer	89
Shipment	103, 129
Shipped on Board B/L	166, 168
Shipped Quality Term	93, 94
Shipped Quantity Term	94
Shipper's Pack	144, 145
Shipper's Usance	128
Shipping Advice	149, 150
Shipping Documents	108, 165
Shipping Notice	148, 150
Shipping Order : S/O	142, 143
Ship's Space	131
Short From B/L	168, 169
Short Ton	93
Sight Bill	116
Sight Credit	116
Sight Draft	116, 127
Space Booking	131
Special Clauses	152, 153, 156
Stale B/L	167, 169
Standard Export Packing	183, 186
Steam Ship Company	131
Stevedor	142, 144
Straight Bill of Lading	165, 167
Strikes Risks	155, 157
Subsidiaries	181, 184
Subsidiary Company	181, 184
Supplier's Certificate	171, 173
Survey Report	187, 190

Sworn Measure	171, 173

T

T/R	128, 173
Tally Man	142, 144, 165, 167
Tally Sheet	142, 165, 187, 190
Tenor	38, 120, 123
Test Report	135, 171, 172
The Maximum Quantity Acceptable	95
The Minimum Quantity Acceptable	95
Through B/L	167, 169
Time Bill	116
Time Charter	68, 134
Time of Delivery	147, 148
Time of Shipment	104, 147, 148
Total Loss	152, 153
TPP	9, 217, 219
Trade Claim	183, 186
Trade Mark or Brand	63, 90
Trademark Registered	90
Trade Reference	82
Tramper	106, 142, 143
Transferring Bank	114
Transport Documents	164, 165
Transportation Claim	183, 186
Transshipment	106, 146, 148
Traveller's Check	111
Traveller's Letter of Credit	109
Trip Charter	68, 134
Triplicate Sample	91
Trust Recipt	128, 173

U

Unifixed Laydays	68, 134
Uniform Customs and Practice for Documentary Commercial Credit	146
Usance	38, 123, 127
——— Credit	116
——— Draft	116

索　引　251

V

Value Added Tax …………………100
VAT ………………………………100
Voyage Charter…………………68, 134

W

War Risks ……………………155, 157
Weather Working Days …………69, 134
Wet Charter ………………………134
Without Recource ………………115
WTO ……3, 16, 17, 72, 76, 181, 200,
　204, 207, 208, 212, 215, 220, 222

あ

相手方ブランドによる委託生産…………76
相手方ブランドによる受託生産……………
　7, 181, 184
アウトソーシング………………214, 218
斡旋…………………………185, 188, 189
後払い………………68, 103, 104, 108, 127
アンデス共同市場………………210, 214

い

依存効果………………………………59, 60
委託加工貿易………………6, 7, 181, 183
一次販売店………………………………65
一覧払い……………………………123, 128
──── 信用状 ………………………116
──── 手形 …………………116, 127
一等航海士………………………………142
一般取引条件……………………………89
移転価格…………………………………74
委任状……………………………………115
依頼書………………………………120, 121
依頼人……………………………108, 109, 110
インコタームズ……………………95, 96, 98
インターネット…………………………81
インターバンクレート………………35, 37
インタレストパリティ…………………40

インフラ…………………………49, 75
インフラストラクチュアー………192, 195
インフレーション………………………63
インボイス……90, 140, 141, 168, 170,
　177, 179

う

ウィーン条約…………………131, 174, 175
ヴェブレン効果…………………………59
受取銀行…………………………………111
受取式船荷証券…………………166, 168
裏書………………………………………158
売りオファー……………………………89
売り違い御免条件付きオファー…………87
運送クレーム……………………183, 186
運送契約……………………66, 67, 129
運送状………………………………164, 165
運送人渡し条件…………………………98
運賃………………………95, 101, 106
──── 後払 ………………106, 131, 133
──── 込渡し条件 ……………99, 100
──── 保険料込渡し条件 ……99, 100
──── 前払 ………………106, 131, 133

え

営業状態…………………………………84
衛生証明書………………………171, 173
英トン……………………………………93
エスクロー信用状………………………113
エネルギー安全保障……………………30
円借り取引………………………190, 193, 196
円キャリー取引…………………190, 193, 196
円高………………………………15, 37, 162
円安………………………………37, 162, 190

お

欧州共同体………………………209, 213
欧州経済共同市場………………209, 213
欧州原子力共同体………………209, 213

欧州通貨単位 ……………………209, 213
欧州連合 …………………3, 209, 213
大口貨物 ………………………144, 145
沖荷役 …………………………………142
送り状 …………………………90, 137
オファーカーブ ………………………24
オファー ………85, 86, 87, 88, 89, 183
卸値 ………………………………………65

か

外貨 ……………………140, 176, 179
海外事業資金貸付保険 ……160, 162, 164
海外投資 ………53, 163, 190, 191, 196
───── 保険 …160, 161, 162, 191, 194
外貨準備 ……………………………41, 47
───── 増減 ……………………………45
外国貨物 ……………139, 140, 142, 176, 179
外国為替 ……34, 35, 38, 43, 44, 103, 108, 173, 174, 175, 176, 181, 214
───── 銀行 ………35, 54, 80, 125, 176
───── 市場 …14, 35, 36, 37, 48, 109
───── 取扱銀行 ………………108, 111
海上危険 ………………………153, 154
海上損害 ………………………152, 153
海上保険 ………99, 100, 151, 152, 153, 154, 157, 169
───── 証券 ………119, 163, 165, 168, 169, 171
海上輸送 ………………………………67
開設依頼 ………………………110, 111
───── 人 ……109, 110, 111, 115, 123
開設銀行 ………111, 114, 119, 123, 127
開設通知 ………………………………111
回転信用状 …………………………113, 115
買取 ……………114, 124, 125, 163, 166
───── 依頼 ……………………………115
買取銀行 ………111, 114, 123, 167, 169
───── 指定信用状 ………………113, 114
───── 無指定信用状 ………………113, 114

買取手形 ………………………………127
外部委託 ………………………214, 218
外部性 ……………………………200, 204
外部不経済 ……………………198, 202
外洋式船荷証券 ……………166, 168
価格政策 ………57, 58, 59, 60, 63
価格表 ……………………………………85
価格不確定オファー …………………88
下級財 ……………………52, 53, 59, 60
確定オファー ……………………86, 87
確定判決 ………………………………186
確定保険証券 ……………………157, 159
確認銀行 ………………………………114
確認信用状 ……………………113, 114
加工貿易 ………………………………140
貸付限度ワク …………………………83
貸渡し ……………………128, 172, 173
ガット税率 ……………………178, 180
合併事業 ………………………………162
過不足容認条件 ………94, 145, 146
貨幣の購買力説 ………………………44
仮陸揚げ ………………………181, 184
カルテル ………………………………29
為替差益 ………………40, 41, 162, 163
為替差損 ……15, 40, 41, 162, 163, 193
為替心理説 ……………………………43
為替相場 …34, 36, 37, 40, 41, 42, 43, 44, 48, 120, 125, 126, 128, 160, 163, 191, 193, 194, 196
為替手形 ………34, 108, 109, 111, 112, 113, 117, 120, 123, 125, 163, 165, 169
為替の先物予約 ………………………40
為替変動保険 ……40, 41, 160, 162, 163
簡易申告制度 …………………179, 183
環境問題 ……………………196, 197, 200
勘定受持人 ……………………120, 123
関税 …………100, 101, 173, 182, 214
───── 暫定措置法 ………176, 178, 181

関税定率法 ……176, 178, 180, 181, 183
―― 同盟 …………………205, 209
―― と貿易に関する一般協定
（GATT） …………………13, 174
間接金融 …………………………193, 196
間接投資 …………………………190, 193
間接リスク ………………54, 191, 194
鑑定報告書 ………………………187, 190
環太平洋経済連携協定 ………9, 217, 219
カントリーリスク ………49, 52, 53, 75, 191, 194
カンバン方式 ……………………69, 104

き

期間用船 …………………………68, 134
企業内分業 ………………73, 74, 75
企業内貿易 ………………………………74
危険 ………………………………………153
期限経過船荷証券 ………………167, 169
期限付きオファー ………………………86
期限付信用状 …………………………116
期限付手形 ……………………………116
期限の利益 ………………………………86
気候変動枠組み条約 ……………197, 201
技術移転 ……189, 190, 191, 192, 193, 194, 197
擬装クレーム ……………………………184
期待収益率 ………………………………49
ギッフェンの逆説 ………………………60
希望利益 …………………………158, 160
基本税率 …………………………178, 180
記名指図式 ………………………165, 167
記名式裏書 ………………………168, 170
記名式船荷証券 …………………165, 167
逆委託加工貿易 …………131, 181, 183
逆オファー ………………………………88
逆為替 ………103, 107, 117, 120, 163
逆資産効果 ………………………………63
逆見本 ……………………………………91

キャピタルゲイン …17, 190, 191, 193, 194, 196
キャリヤーズパック ……………144, 145
救償 ………………………………157, 159
求償貿易 …………………………101, 113
協会貨物約款 ……………………………99
―― (A) …………………………155, 156
―― (B) …………………………155, 156
―― (C) …………………………155, 156
業界紙（Trade Journal）………………80
協会ストライキ約款 ……………155, 157
協会戦争約款 ……………………155, 157
供給者証明書 ……………………171, 173
供託金 …………………………………177
協定税率 …………………………178, 180
共同海損 ……153, 154, 158, 183, 187
―― 宣言盟約書 ………………154, 155
―― 分担金 ……………………154, 155
業歴 ………………………………………84
許可前引取り ……………………177, 179
居住者 ………………………………6, 46
金現送点 …………………………………42
銀行間相場 ………………………35, 37, 38
銀行信用照会先 …………………82, 83
金本位制 …………………………41, 42
金融工学 …………………………………47
金融派生商品 ……………………………47
金利裁定 …………………………………43

く

具体的な取引 ……………………………84
クリーン開発メカニズム …164, 199, 201
クレーム …………………………182, 185
グローカル ………………………72, 224
グローバリゼーション …32, 71, 72, 222
グローバル化 ……………………………30

け

経済統合 …………………30, 210, 214

経済の発展段階 ……………52, 212
経済のブロック化 …………209, 211, 215
経済連携協定 …………9, 75, 211, 212, 215
経常移転収支 ………………………45, 46
経常収支 ……31, 32, 42, 45, 46, 47, 50
契約書 ………………………………90
結合船荷証券 ………………167, 168
決済方法 ……………………………41
ゲーム論 ……………………………28
検疫証明書 …………………171, 173
限界効用 ……………………………43
現金買取相場 ………………………38
検査 …………………………129, 135, 139
――― 証明書 ………………171, 172
原産地証明書 …137, 163, 165, 170, 177
現実全損 ……………………152, 153, 156
原信用状 ……………………………116
検数人 ………………141, 144, 165, 167
検数表 ……141, 144, 165, 167, 187, 190
建設的広告 …………………………60
現地生産 ……………………………194
原見本 ………………………………91
検量証明書 …………………171, 173

こ

庫入れ申告 …………………………176
航海条例 ……………………………20
航海用船 ……………………………68, 134
公共財 ………………………………5, 200
工業所有権 …2, 90, 181, 184, 186, 194
――― 問題 ………………………208
航空貨物運送状 ………164, 165, 167, 169
航空輸送 ……………………67, 164, 165
広告 …………………………………81
工場渡し条件 ………………………96
構成全損 ……………………152, 153, 154, 156
公認鑑定人 …………………187, 190
購買力平価説 ………………………43, 44
合弁会社 ……………………83, 181, 184

子会社 …………………181, 184, 188
国際化 ………………………………71
国際価格比 …………………………25
国際市場で交換可能な通貨 ………102
国際収支 ……31, 32, 42, 45, 46, 47, 54
　　101, 224
――― 表 …………………………45
――― リスク ……………………54
国際商業会議所 ……………96, 98
国際商事仲裁協会 …………185, 188
国際貸借説 …………41, 42, 43, 44
国際通貨基金（IMF）…………13, 206, 210
国際標準化機構 ……………200, 204
国際復興開発銀行（世界銀行／IBRD）
　……………………………13, 206, 210
国際貿易機関 ………………206, 210
小口貨物受取証 ……………168, 169
国内信用状 …………………………116
国内船荷証券 ………………166, 168
国民所得 ……………………………52
穀物条例 ……………………………20, 23
国有化政策 …………………………203
誤差脱漏 …………………………45, 47
故障付き船荷証券 ……143, 144, 165, 167
国境持込渡し条件 …………………100
固定税率 ……………………178, 180
固定相場制 …………………………13, 14
個品運送契約 ………………67, 142, 143
個別評価申告 ………………177, 179
個別予定保険 ………………157, 159
――― 証券 ………………157, 159
コルレス関係 ………………………110
コルレス先 …………………111, 114
混載業者 ……………………168, 169
コンテナー船 ………106, 133, 143, 168
コンテナーヤード …………98, 142, 144
梱包 …………………………129, 135, 171
――― 明細書 ………163, 165, 169, 171

さ

在庫 …………………………………………69
最終確認条件付きオファー ……………88
最少引受可能量 …………………………95
最大引受可能量 …………………………95
裁定 ……………………………185, 188, 189
── 取引 ………………………………40
再販売 ……………………………………65
財務状態 …………………………………84
再輸出 ……………………………141, 142
在来船 ………133, 141, 142, 143, 146, 147
先売り御免条件付きオファー …………87
先物相場 ……………………………38, 40
指図式裏書 ……………………………168, 170
指図人式船荷証券 ……………………165, 167
査証（VISA） …………………………170, 172
サービス収支 ………………………45, 46
サービス貿易 ……………………………181
サブプライムローン ……………………17
サプライチェーン ………………………70
産業革命 …………………………………12
産業内分業 ……………………73, 74, 75
産業内貿易 ………………………………74
三国間貿易 ……………………4, 6, 162, 164
残存輸入制限 ……………………………14
暫定税率 ……………………………178, 180
サンフランシスコ平和条約 ……………13

し

仕入書 ………………………………177, 179
自家積 ……………………………133, 142, 144
直積 …………………………………147, 148
直物相場 ……………………………38, 40
時間節約的 ………………………………67
仕切書 ……………………………90, 168, 170
識別機能 ……………………………180, 183
資源エネルギー総合保険 ………160, 162, 163, 164, 191, 194
試験成績表 ……………………135, 171, 172
資源ナショナリズム ………30, 201, 202, 205, 206, 207, 208
自行ローン ……………………………128
資産アプローチ …………………………42
資産効果 …………………………………63
資産選択 ……………………………42, 46
市場占有率 ………………………………81
市場調査 …………………………………79
市場分野別協議 …………………………16
事前確認 ……………………………174, 176
事前の開設通知 ………………………112
執行判決 ………………………………186
シッパーズパック ……………………144, 145
シッパーズユーザンス …………………128
指定地域外検査 ………………………177, 179
支店 …………………………………80, 189
紙幣本位制 ………………………………42
資本収支 …31, 32, 42, 43, 45, 46, 47, 49, 50
資本集約的産業 …………………………26
資本の自由化 ……………………213, 214
資本利得 …………17, 50, 190, 193, 196
仕向地持込渡し〈関税込み〉条件 …99, 101
仕向地持込渡し〈関税抜き〉条件 …99, 100
社会基盤 ……………………49, 192, 195
自由化 ……………………………………2
重金主義 ……………………………18, 19
重商主義 ……………18, 19, 20, 30, 208
── 的政策 ……………………………31
修正 …………………………………126, 127
自由貿易 ……………………9, 10, 20, 23, 30
── 協定 ………………………9, 75, 211, 215
受益者 …108, 109, 110, 111, 113, 114, 115, 116, 122, 124
出資比率 ………………………………189
需要構造 …………………………………28
需要の価格弾力性 …………………60, 61
償還請求 ……………………………115, 116
償還請求権付 …………………………116

償還請求権付信用状 ……………113, 115
上級財 ……………………………52, 53
商業送り状 ……119, 123, 141, 163, 168
商業革命 …………………………………11
──── 信用状 ………………………108
条件付きオファー ………………………87
証券投資 ……46, 49, 50, 190, 196, 200
商工会議所 …80, 83, 170, 171, 185, 188
商工人名録（Trade Directory）………80
商事仲裁 ………………………………185
仕様書（Specifications）…………90, 91
──── 売買 …………………………90, 91
上層吸収価格政策 ………………………62
譲渡可能信用状 …………………113, 114
譲渡取扱銀行 ……………………………114
譲渡不能信用状 …………………113, 114
商標 …………………………63, 91, 194, 197
──── 権 ………………180, 181, 183, 184
──── 政策 ………………………57, 63, 64
──── の識別機能 ……………………63
──── の品質証明機能 ………………63
──── 売買 ……………………………90
情報管理 ………………………………194
食糧安全保障 ……………………………30
所得収支 ………………………31, 32, 45, 46, 48
新重商主義 ………………………………30
申請書 …………………………………120
真正品 …………………………………180, 183
浸透価格政策 ……………………………62
新保守主義 ………………………30, 201, 205
信用危険 ……………160, 161, 162, 163, 164
信用状 …90, 103, 104, 105, 108, 109,
  110, 112, 114, 115, 116, 119, 120,
  122, 123, 124, 125, 126, 127, 133,
  148, 151, 152, 168, 169, 170
──── 開設銀行 …108, 114, 123, 124,
  127, 152, 167, 169
──── 原本 …………………………112
信用状態 ………………………………84

信用状統一規則 ……………145, 146, 169
信用状発行銀行 ………………………125
信用情報 ……………………82, 83, 84
信用調査 …………79, 82, 84, 187, 190
──── 会社 …………………………82, 83

す

衰退期 …………………………………55, 56
垂直的分業 ……………………5, 75, 212, 216
推定全損 ………………152, 153, 154, 156
水平的分業 ……75, 211, 212, 214, 216
ステベ …………………………………143, 144
ストライキ危険 ………………………155, 157
スミソニアン合意 ………………………14
スミソニアンレート ……………………14

せ

正貨輸送点 ……………………………42
税関 ……………………………………139
──── 送り状 ………163, 165, 170, 172
政策の危険 ……………………………54, 191
生産関数 ………………………………28
生産管理 ………………………………194
生産の迂回化 …………………………4
政治的リスク …………………………54
成熟期 …………………………………55, 56
成長期 …………………………………55, 56
製品計画 ………………………………57, 58
世界化 ……………………………………2, 71
世界企業 ……………………71, 76, 181, 184
世界銀行 ………………………………206, 210
世界標準 ………………………………72
世界貿易機関 …………………………3, 207
接受銀行 ………………………………111, 119
絶対優位仮説 …………………………21
ゼロサムゲーム ………………………28
潜在需要 ………………………………79, 80
宣誓検量人 ……………………………171, 173
戦争危険 ………………………………155, 157

索　引　257

全損 …………………………………152, 153
宣伝活動 ………………………………………81
船内荷役業者 …………………………………142
船腹 ……………………………………………131
　──の予約 …………………………………131
戦略物資 ……………………129, 175, 177

そ

送金 ………………41, 103, 117, 119, 150
相互依存 ……………………………………213
　──の費用 …………………………………30
総合収支 ………………………………………47
総合保税地域 ………………………………140
相互需要曲線 …………………………………24
相互需要の原理 ………………………………24
総代理店 ………………………………………66
総積 ……………………………………133, 144
即積 ……………………………………147, 148
訴訟 ……………………………………186, 189
その他資本収支 …………………………45, 46
損害賠償請求 ………………182, 185, 187

た

第一次オイルショック ………………………14
第三控え見本 …………………………………91
対外直接投資 …………………………………49
対外投資 ……………………………………46, 49
対顧客売り相場 …………………35, 37, 38
対顧客買い相場 …………………35, 37, 38
滞在需要 ………………………………………79
滞船料 …………………………………69, 134
対内投資 ……………………………………46, 49
第二次オイルショック ………………………15
第二見本 ………………………………………91
代理店 ……65, 66, 80, 83, 84, 180, 183
　──契約 ……………………………8, 66, 84
　──手数料 …………………………………8, 66
代理人 ……………………………………………8
ダイレクトメール ……………………………81

多角的通商交渉 ……………………206, 210
多角的貿易交渉 ………………………76, 211
多国籍企業 ……………16, 71, 181, 184
ダーティフロート ……………………………14
単一商標政策 …………………………63, 64
単純指図式 …………………………165, 167
単独海損 …153, 154, 155, 156, 183, 187

ち

地域経済協定 ………………………………208
知的財産 …………………………………………2
　──権 …………………………………49, 194
知的所有権 …………………90, 186, 189, 197
着信主義 …………………………………88, 89
着荷通知先 …………………………………133
注意書き ……………………………143, 144
仲介貿易 ………………………6, 181, 184
仲介貿易保険 ………………160, 162, 164
注記 ……………………………………166, 167
中継貿易 ………6, 7, 137, 138, 140, 181
仲裁 ……………………………185, 188, 189
　──条項 ……………………………186, 189
注文請書 ………………………………………89
注文書 ………………………………89, 90, 109
調査専門会社 …………………………………80
調停 ……………………………185, 188, 189
直接金融 ……………………………193, 196
直接投資 ……46, 48, 49, 50, 188, 190,
　191, 193, 194, 196, 197, 200, 201
直接リスク ………………………54, 191, 194
直航船 ………………………………146, 147
直航船積 ……………………146, 147, 148

つ

通関 ………101, 139, 142, 143, 145, 171
　──時確認 …………………175, 176, 177
　──情報処理システム ……176, 178
　──手続 …98, 101, 129, 145, 176
通商革命 ……………………………………11

通商摩擦	202
通知銀行	110, 111, 112, 113, 114, 119
積替	106, 146, 147, 148
積込式船荷証券	166, 168
積戻し	141, 142

て

定期船	106, 133, 142, 143
定期発注方式	69
定期便	67
定型取引条件	95
碇泊期間（Laydays）	68, 70, 134
定量発注方式	70
手形買取銀行	108, 115, 125, 127
手形期間	38, 123, 127
手形決済日	128
手形支払書類渡し	103, 127
手形名宛人	123, 124, 127
手形の決済方法	38, 120, 123
手形引受書類渡し	103, 127
手形振出人	115, 122, 123, 124, 127
適商品質条件	93
デフレ	16
デフレーション	63
デモンストレーション効果	59, 60
デリバティブ	47
電子機器製造受託サービス	76
電信為替売り相場	38
電信送金	37

と

同業者信用照会先	82
投資収益率	49, 50
投資収支	45, 46
等生産量曲線	26, 194
導入期	55, 56
登録商標	90
通し船荷証券	167, 169
特殊価格	177, 179
特殊決済	103, 174, 176
特約（Special Clauses）	155, 156
——— 条項	152, 153
——— 販売店	83, 84
特化	74
特許	5, 182, 184, 186, 194, 197
——— 制度	208
ドック・レシート	144, 146
特恵関税	205
特恵税率	137, 138, 170, 172, 178, 180
ドーハラウンド	72, 76, 211, 215, 222
トリガー制	16
取消可能信用状	113
取消不能信用状	113
取立	124, 125, 126, 127
——— 手形	127
取次店	84
取引関係樹立についての申込み	84
取引条件に関する一般協約書	84
ドル・インフレ	14

な

内貨	139, 176, 179
内国貨物	139, 176, 179
並為替	102, 103, 104, 107, 117, 120
南米南部共同市場	210, 214

に

荷受人	133, 164, 166, 167, 169
荷落信用状	109
荷落ち信用状または無担保信用状	112
荷落手形	109
荷為替信用状	110, 111, 112, 116
荷為替手形	40, 103, 108, 114, 115, 116, 120, 125, 126, 127, 148, 151, 163, 165, 166, 167, 169
ニクソン・ショック	14
二国間貿易	4, 6
二次販売店	65
荷印	135, 136, 137

荷姿 …………………………………133
日米構造協議 ……………………………16
日本工業規格 ……………………………92
日本貿易振興会 …………………………83
荷渡し指図書 …………………………168

ね

ネオコン …………30, 201, 205, 206
ネガティブリスト方式 …………………14
値引き ……………………………………92
眠り口銭 …………………………………66

の

ノウハウ ………2, 182, 185, 194, 197
延べ払い輸出 ……………………………41

は

買収銀行 ………………………………115
排出権取引 ………………197, 199, 201
排除原理 …………………………………5
配船表 …………………………………131
排他的経済水域 ………201, 204, 205, 208
配当性向 …………………………………50
売約書 ……………………………………89
白地裏書 …………………165, 167, 168, 170
博覧会 ……………………………………80
バーゼル条約 …131, 176, 177, 204, 206
バーター ……………………………113, 114
パックスアメリカーナ ………………12, 71
パックスブリタニカ ……………………12
発信主義 …………………………………88
早出し料 ……………………………69, 134
判決 ………………………………186, 189
反対オファー ……………………………88
反対買付 ……………………………41, 113
反対見本 …………………………………91
販売経路 …………………………………65
販売時点情報処理 ………………………70
販売促進活動 ……………………………81

販売店 ……………………………………8
―― 契約 …………………………66, 84

ひ

控え見本 …………………………………91
比較生産費説 ……………………………21
比較生産費の原理 ………………………76
比較優位 ………………22, 26, 27, 75, 221
比較優位説 ………………………………21
比較劣位 ……………………………22, 221
非関税障壁 ………………………175, 177
引合 ………………………80, 84, 85, 183
引受 ………………………116, 117, 127, 128
非居住者 ……………………………6, 46
引渡 ………………………………103, 129
引渡しの時期 …………………………104, 148
引越しの時期 …………………………147
非自由化品目 ……………………173, 175
非常危険 …54, 160, 161, 162, 191, 194
引越しの時期 …………………………147
被保険者 ………………………152, 154
標準品売買 ………………………90, 92
費用節約的 ……………………………67
費用対効果 ……………………106, 107
品質保証 ………………………………180

ふ

フィージビリティースタディ ……191, 194
付加価値税 ………………………99, 100
不確定オファー ………………………87
付加条件 ……………………………152
複合一貫輸送 ………………………98, 99
複合運送 ………………………………67
複合輸送証券 …………………164, 166
複数商標政策 …………………………64
艀中検査 …………………………177, 179
艀中通関 ……………………………142
普通輸出保険 ………………160, 161, 163
物価 …………………17, 19, 43, 44, 50
―― 水準 ……………………………48

物物交換（バーター）……………41
物流政策 ………………………57, 64
不定期船 …………………106, 142, 143
埠頭持ち込み渡し〈関税込み〉条件 …100
船会社 ……………………………131
船側渡し条件 …………………98, 100
船積 ………………………………103, 129
船積案内 …………………149, 150, 151, 152
船積指図書 …………………………142, 143
船積書類 ……108, 109, 116, 117, 122,
　123, 124, 125, 126, 127, 128, 137,
　149, 150, 151, 152, 163, 164, 165,
　166, 167, 169, 171, 173
船積数量条件 ………………………94
船積通知 …………………129, 148, 150
船積の時期 …………………………147, 148
船積の方法 …………………………104
船積品質条件 ………………………93
船荷証券 ……109, 119, 133, 137, 144,
　147, 149, 150, 152, 163, 164, 165,
　166, 167, 168, 169, 170
付保条件 …………152, 153, 154, 156
プラザ合意 ……………………………15
プラスサムゲーム ……………………28
ブランド ………………………76, 91
プレミアム ……………………………92
プロダクトミックス ……………57, 58
プロダクトライフサイクル ……52, 55, 56
分割船積 ………105, 106, 115, 145, 147
分業の利益 ……………20, 73, 74, 76
分析証明書 …………………………171, 172
分損 ………………………………152, 153

へ

平均中等品質条件 ……………………93
並行輸入 …………………8, 9, 179, 193
米トン ………………………………93
ヘクシャー・オリーンの定理 ……23, 26
ヘッジファンド ………………………46

別送品 ……………………………179
ベネルックス三国 …………213, 215
便益関税 ……………………178, 180
変動為替相場制 ……………………35
変動相場制 ……………………14, 40
返品条件付きオファー ………………88

ほ

貿易クレーム ………………183, 186
貿易差額 ……………………………19
貿易・サービス収支 ………………45
貿易収支 ……31, 42, 43, 44, 45, 46, 48
貿易促進効果 ………………212, 216
貿易転換効果 ………………212, 216
貿易と関税に関する一般協定 ……206, 210
貿易の自由化 ………………14, 213
貿易の利益 ……………………30, 31
貿易保険 ……40, 41, 151, 152, 160, 161,
　161, 162, 164
貿易摩擦 ……………………15, 16, 161
包括危険主義 ………………155, 156
包括評価申告 ………………177, 179
包括予定保険契約 …………158, 159, 160
包括予定保険証券 …………158, 160
包装明細書 …………119, 137, 163, 165
法定平価 ……………………………42
飽和期 …………………………55, 56
北米自由貿易協定 …………210, 214
保険求償 ……………………………186
保険クレーム ………………183, 186
保険者 ………………………152, 154
保険証券 ……137, 160, 169, 171, 187, 190
保険証明書 …………………160, 163, 165
保険明細書 …………………………163
保険料 ……………95, 99, 100, 101, 157
保護主義 ……………………………30
保護貿易 ……………………9, 10, 30
ポジティブリスト方式 ………………14
保証金（Bond） ……………162, 163

索 引 261

保証状 …………………………167, 169
補償状 ……………143, 144, 166, 168
保税 ………………………………139
保税運送 …………………139, 140, 142
—— 申告 ……………………………176
保税回送 …………………………140
保税貨物 …………………………140
保税蔵置場 …135, 136, 139, 140, 141,
　　142, 143, 145, 176, 179, 181, 184
保税工場 ……………………139, 140
保税地域 …99, 100, 139, 141, 142, 182
ボーダーレス化 ……………………30
ボートノート ………………187, 190
本船貨物受取証 ……143, 144, 166, 167
本船検査 …………………141, 142, 177, 179
本船持込渡し条件 …………………100
本船渡し条件 ……………………98, 100
本人 …………………8, 65, 109, 110, 111
本邦ローン ………………………128

ま

前払い ……………68, 103, 104, 108
—— 輸入保険 ………160, 162, 164
マーケット・クレーム ………184, 187
マーケットシェア …………………63
マーシャル・ラーナーの安定条件 …42
マーストリヒト条約 ………213, 215
マスメディア ………………………81

み

見積書 ………………………………85
見本 ……………………………………91
—— 市 ……………………………80
—— 売買 ……………………………90

む

無回転信用状 ………………113, 115
無確認信用状 ………………113, 114
無為替輸入 …………………179, 183

無故障船荷証券 ………143, 144, 165, 167
無差別曲線 …26, 27, 194, 195, 197, 198
無償還請求権付信用状 ………113, 115
無体財産権 ……………………90, 181, 184
無担保信用状 ………………109, 112

め

銘柄売買 ……………………………90, 91
メートル・トン ……………………93, 94
免責事項 …………………155, 157, 158

も

申込書 ……………………………120, 121
元売り ………………………………65
戻し口銭 ……………………………66
モラトリアム ………………………54
モントリオール議定書 ……131, 174, 175

ゆ

郵便小包受取証 ………164, 166, 168, 170
輸出許可 …………………139, 141, 142, 143
輸出検査証明書 ……………………135
輸出検査法 ………………135, 171, 172
輸出自主規制 ………………………16
輸出承認 ……………………………98, 129
（輸出）承認条件付きオファー …………88
輸出申告 ……129, 140, 141, 142, 170
—— 書 ……………………………140
輸出促進産業政策 …………211, 215
輸出促進政策 ………………………73
輸出代金保険 …………160, 161, 163
輸出地数量条件 ……………………94
輸出地品質条件 ……………………93
輸出通関 …………………………135, 136
輸出手形保険 ………126, 160, 161, 162
輸出の承認 ………………………129
輸出標準梱包 ……………………183
輸出変更 …………………………141
輸出保険 …………………………160, 161

輸出保証保険 ……………160, 162, 163
輸出前貸し ………………………113
輸出用標準梱包 …………136, 186
輸送費込渡し条件 ………………98, 99
輸送費保険料込渡し条件 ……99, 100
輸入確認 …………………174, 176
輸入許可 …………175, 177, 178, 182
── 書 ……………………175
輸入公表 …………………172, 174, 176
輸入需要の弾力性 ………………42
輸入承認 ……173, 174, 175, 177, 183
── 書 …………………99, 101
輸入申告 ……8, 177, 181, 182, 183
輸入制限 …………………………20
輸入代替産業 ……………………72
── 政策 …………………211, 215
輸入代替政策 ……………………73
輸入担保貨物保管証 ……………128
輸入地数量条件 …………………94
輸入地品質条件 …………………93
輸入届出 …………………175, 177
輸入の評価申告 ………8, 177, 179
輸入割当 …………………172, 174, 175
── 品目 …………………172, 174
ユーラトム ………………209, 213
ユーロ ……………………209, 213

よ

容積・重量証明書 ………………171
容積トン …………………………94
用船 ………………………………106
── 契約 ……68, 133, 142, 143
要素賦存説 ………………………23
予算線 ……………………26, 195, 198

ら

ラウンド …………………206, 210

り

利益 ………………………………65
陸揚数量条件 ……………………94
陸揚品質条件 ……………………93
利子率 ……………………49, 50
リース ……………………………134
リーズアンドラッグス …………41
リスク管理 ………188, 194, 200
リスケジューリング ……………54
リストラ …………………………16
略式船荷証券 ……………168, 169
領事送り状 ……164, 165, 170, 171, 172
旅行者小切手 ……………………111
旅行者信用状 ……109, 110, 111, 112
臨時開庁 …………………141, 142, 179

れ

レーガノミックス ………………15
列挙危険主義 ……………155, 156
レントシーキング ………214, 218

ろ

ロイズ（Lloyd's） ………………151
ロイヤリティー …………192, 195
労働集約的産業 …………………26
労務管理 …………………………192
ローカリゼーション ……………72
ローマ条約 ………………213, 215
ロンドン保険協会 ………99, 101

わ

和解 ………………………184, 187
ワシントン条約 ……131, 173, 174, 175, 177
ワッセナー協約 ………129, 175, 177

《著者紹介》

小川智弘（おがわ・ともひろ）

［著者略歴］
1943年　群馬県前橋市生まれ。
1976年　外資系企業勤務を経て大学院に進学。
1984年　慶應義塾大学大学院経済学研究科博士課程単位取得満期退学，経済学修士。
2001年　共栄大学国際経営学部助教授，2006年同大学教授。
2009年　同上大学定年退官。この間多くの専門学校，短期大学，大学等で教鞭をとる。
2009年　神奈川大学経済学部非常勤講師，現在にいたる。

［主要著書］
『実践貿易実務入門』（単著）創成社，1992年（初版出版）
『ビジネス英語・用語の基礎知識』（共著）創成社，1997年（初版出版）
『新ビジネスイングリッシュ入門』（単著）創成社，2001年（初版出版）
『国際経営経済用語辞典』（共著）創成社，2007年（初版出版）

（検印省略）

2008年1月11日　初版発行
2013年4月20日　改訂版発行　　　　　　　　　　　略称 ── 貿易総論

国際貿易総論 ［改訂版］

　　　　　　　著　者　小 川 智 弘
　　　　　　　発行者　塚 田 尚 寛

　　　発行所　東京都文京区　　株式会社　創 成 社
　　　　　　　春日2－13－1
　　　　　　　電　話 03（3868）3867　FAX 03（5802）6802
　　　　　　　出版部 03（3868）3857　FAX 03（5802）6801
　　　　　　　http://www.books-sosei.com　振 替 00150-9-191261

定価はカバーに表示してあります。

©2008, 2012 Tomohiro Ogawa　　組版：トミ・アート　印刷：S・Dプリント
ISBN978-4-7944-2362-7 C3034　　製本：カナメブックス
Printed in Japan　　　　　　　　落丁・乱丁本はお取り替えいたします。

―――― 創成社の本 ――――

国際貿易総論	小川智弘 著	2,600円
新版 ビジネス英語用語の基礎知識	小川智弘 編著	1,500円
新・ビジネス・イングリッシュ入門	小川智弘 著	1,600円
現代マーケティングの新潮流 ― 脱コモディティへの道 ―	酒巻貞夫 著	1,700円
流通革新のマーケティング	酒巻貞夫 著	2,600円
商店街の街づくり戦略	酒巻貞夫 著	2,500円
商店街の経営革新	酒巻貞夫 著	2,100円
サービス・マーケティング	小宮路雅博 編著	2,000円
マーケティング超入門	簗瀬允紀 監修／肥沼佐栄子 著	1,500円
ブランドマーケティングマネジメント入門	簗瀬允紀 著	2,200円
グローバル・マーケティング	丸谷雄一郎 著	1,800円
わかりすぎるグローバル・マーケティング ― ロシアとビジネス ―	富山栄子 著	2,000円
ITマーケティング戦略 ―消費者との関係性構築を目指して―	大﨑孝徳 著	2,000円
ブランド・マーケティング研究序説Ⅰ	梶原勝美 著	3,800円
ブランド・マーケティング研究序説Ⅱ	梶原勝美 著	4,200円
マーケティング・ブック	小川純生 著	1,600円
国際流通論 ― 理論と政策 ―	鷲尾紀吉 著	3,200円
CSRとコーポレートガバナンスがわかる事典	佐久間信夫／水尾順一／水谷内徹也 編著	2,200円
グローバル化が進む中国の流通・マーケティング	謝憲文 著	2,800円
現代消費者行動論	松江宏 編著	2,200円
広告の理論と戦略	清水公一 著	3,800円
共生マーケティング戦略論	清水公一 著	4,150円

（本体価格）

―――― 創成社 ――――